本书为北京建筑大学文化发展研究院资助项目

光明社科文库
GUANGMING DAILY PRESS:
A SOCIAL SCIENCE SERIES

·历史与文化书系·

北京中轴线上的桥梁

王锐英 | 著

光明日报出版社

图书在版编目（CIP）数据

北京中轴线上的桥梁 / 王锐英著. -- 北京：光明日报出版社，2022.3

ISBN 978-7-5194-6533-9

Ⅰ.①北… Ⅱ.①王… Ⅲ.①桥—介绍—北京 Ⅳ.①K928.78

中国版本图书馆 CIP 数据核字（2022）第 057478 号

北京中轴线上的桥梁

BEIJING ZHONGZHOUXIAN SHANG DE QIAOLIANG

著　　者：王锐英

责任编辑：王　娟　　　　责任校对：崔瑞雪

封面设计：中联华文　　　责任印制：曹　净

出版发行：光明日报出版社

地　　址：北京市西城区永安路 106 号，100050

电　　话：010-63169890（咨询），010-63131930（邮购）

传　　真：010-63131930

网　　址：http://book.gmw.cn

E - mail：gmrbcbs@gmw.cn

法律顾问：北京市兰台律师事务所龚柳方律师

印　　刷：三河市华东印刷有限公司

装　　订：三河市华东印刷有限公司

本书如有破损、缺页、装订错误，请与本社联系调换，电话：010-63131930

开　　本：170mm×240mm

字　　数：359 千字　　　　印　　张：20

版　　次：2022 年 3 月第 1 版　　　印　　次：2022 年 3 月第 1 次印刷

书　　号：ISBN 978-7-5194-6533-9

定　　价：98.00 元

导 读

说到北京桥梁的图书文章太多了，但大多是针对一座座桥梁，或叙说它的前世今生，或讲一讲它的故事传说。本书着眼于北京中轴线上及其历史影响范围内的桥梁，通过桥梁建筑蕴意，探寻桥梁与北京城和中轴线的历史空间关系，在天地交通的历史时空中展现桥梁的文化脉络，便于读者通过这一座座桥梁去瞻望北京的历史长河，在正阳桥上等待帝都的大门开启，在金水桥上迎接五千年的庄严，走上万宁桥可以回顾过去、瞻望未来，还有市井中的银锭观山，悠悠胡同中板桥入画……北京的古道、古渡、古桥曾经走过了金戈铁马，如今的长安街上迎来了盛世繁华，古往今来令人思绪万千。

本书将中轴线区间和桥梁分布空间分为下述三大段，这也是本书的阅读线索：

第一段，回顾历史：自正阳桥和正阳门为起点，向北至景山，展现的是元大都的规划思想与兴建历史脉络，以及古代朝廷的重要政务和节气时令，还有人们的空间心理，大致也是这个方向。

第二段，桥梁漫步：自地安门（厚载红门），包括东步量桥、西步量桥，经万宁桥，至鼓楼、钟楼，作为一个区间，瞻前顾后、左巡右视，因为这是大都的重要一区。然后，围绕中轴线和水脉，本书将从故宫的西、东两侧，顺水向南，介绍什刹海、金水河、西苑三海、玉河和通惠河上的部分桥梁，它们与中轴线息息相关。

第三段，瞻望未来：自前门向南过天桥至永定门桥，以至于永定门外凉水河上的永胜桥，这个方向符合古代皇朝祭天的走向，也是明代北京外城向南拓展的方向。而且直到清代，北京的主要出城方向也不是永定门，而是出正阳门后右转向西，自广安门出城，或是向东出朝阳门至东便门大通桥到通州北运河。永定门主要是象征性的，不是交通要道。

关键词：北京桥梁　北京中轴线　龙脉　古桥　桥梁文化

序一：纵览中轴桥梁，串联历史脉络，丰富文化内涵

周正宇

北京是千年古都又是国际化大都市，古往今来，各种各样的大小桥梁遍布城乡，在桥梁文化与桥梁建造技术方面拥有独特魅力，值得大书特书。但总览已经发表的北京桥梁历史文化的书籍，一座座桥梁就像大珠小珠落玉盘，逐一观览各具风采，有沿河而下的，有顺路而行的，有分区域汇总的，但感觉缺少与北京城的空间关系。一座桥就是一个节点，几座桥就连成一线，各条线交错构成了北京的交通网络，每座桥都不是随意建造的，在800年古都北京和现代北京的历史空间中，都有其富有意义和价值的地位与作用。

《北京中轴线上的桥梁》可谓独辟蹊径，专门从北京的城市空间格局和街道与水系的脉络入手，将北京中轴线上的桥梁逐一串联起来，视野宏大，并且有着足够的历史深度和广度。作者通过追寻古都北京的风水理念，注重古人的视角，结合现代人的视野，走在书中谈及的桥梁之上，就像刘秉忠、郭守敬站在你的身边指点迷津，顺桥前后可穿透历史的迷雾，横桥左右可看遍历史的风景。这不是孤立的一座桥，而是与周边的桥梁相互呼应，与中轴线的建筑共同构成天经地义的空间安排，与北京城的历史与发展关联一体。通读本书，走在中轴线的桥梁之上，将自然、历史、文化与社会现实融会贯通起来，这种走在桥上看历史的眼光，给人以新的启迪。

作者王锐英之所以能够具有这样的视野，除了用心之外，还在于他是道路桥梁专业出身，有着理工科的背景，同时在北京建筑大学长期从事建筑文化的研究和教学，又有了城市规划、交通规划与设计的观念和素养，故而能够与众不同。特别是本书围绕北京的中轴线，论述北京中轴线上的桥梁，可以说是把准了古都北京城市规划思想与桥梁历史的脉搏，把城市、建筑、道路、水脉和桥梁串联起来，丰富了北京中轴线的历史意蕴和文化内涵，对于北京正在申报中轴线世界文化遗产将发挥重要作用。当然北京桥梁的视野，不是中轴线桥梁

所能够完全概括的，还有交通的视野、河流水系和水文化的视野、科学技术的视野、文学艺术与桥梁美学的视野，等等。但中轴线的视野在北京乃至全国和全世界都是独一无二的，而且对于北京桥梁的研究、桥梁文化的传承和文化旅游事业的发展都具有独特的价值和历史意义。

北京的桥梁众多，其中古桥又是独具北京文化特点的历史文化遗产，尤其以中轴线上和皇家园林中的桥梁最有特色，既有历史文物价值，又兼具皇家气派和市井风味。本书纵览中轴线上的桥梁，串联起绵延不绝的历史脉络，发掘了丰富厚重的文化内涵，让这些古桥焕发出了新的活力和光彩，必将为中轴线申报世界文化遗产增添新的一笔。

我与王锐英是大学同学，是已届退休的老同学了，我们都是从大学毕业即投身北京的交通及道路桥梁领域的专业工作者。我也曾主持和参与修建了许许多多的桥梁，对自己建造的桥梁自然有着深厚的感情。每座桥梁都凝聚着规划、设计、施工、监理等各个领域建设者的心血，可以说一座好的桥梁不仅具有交通的功能、工程技术的价值，更是一件艺术品。它给我们带来的是交通的便利、城市的景观、登高望远的景致、奔向远方与未来的信心。由此观想古人每修建一座桥梁之前都要焚香礼神，当它建成那天也应有竣工大典，还要勒碑记功，费尽移山心力，期待安度永久。桥梁是有意义的，也是有生命的。北京古代的、近代的、现代的桥梁，真是值得记忆、值得保护、值得大书特书的。

希望王锐英老同学以此书为开端，我们不仅要建好桥，更要说好桥，期待一部全面论述北京古代和现代桥梁发展历史的著作早日问世。

——周正宇，曾任北京市交通委员会党组书记、主任，现任北京市政协人口资源环境和建设委员会主任。

序二：念古析今叙古桥

梁欣立

人的繁衍生息，除了阳光和空气之外，离不开大地赐予的水，水是孕育生命之源。宽广浩瀚的海洋让人们慢慢享用，重山奔淌出的河流让人们眷恋生长。远古的“北京人”选择了靠山望海的北京湾生存下来，为以后“北京”的建立奠定深厚的基础。随着进化渐渐聪明起来的人类，与天地自然博弈为生存，与野兽和敌人搏斗以稳固自身的生存空间，你来我往中都特别驻足于河湖水网滋养生机之地。从聚落、乡村、集镇、城堡到城市，由山间至平原，他们用双足走出条条道路，涉水渡过无数河湖沟岔，积累了千万年的力量和智慧，终于在河流上架起座座桥梁，方便了往来和相互交融。史书所记“周武王灭纣，未及下车，封召公奭于燕”，时为公元前1045年，为北京建城之始。城旁是河，出入自然也会有跨河的桥梁。北京最早是什么时候有古人建造起实物的桥梁，已经说不清楚了。而现存最古老的石桥为金代建造的举世闻名的卢沟桥，于金明昌三年（1192年）建成，距今已有八百多年历史。辽金时期北京开始建都，在都城历史发展与地理变迁中，城池的建设不断进步与完善，并且出现了首条北京都城建筑中轴线。在古代北京城市水系的变迁、古城街道肌理和胡同格局的形成、古代城市交通地理空间的变化等诸多方面，存在着复杂的内在联系，其中体现在将中国传统易经五行八卦风水学说运用于城市规划建设中，而作为城市建筑重要组成的桥梁，在漫长的历史长河中愈益彰显出其特殊的历史价值与人文魅力，北京桥梁已成为弥足珍贵的北京历史文化遗产。

清代段玉裁《说文解字注》讲道：“桥，水梁也。凡独木者曰杠。骈木者曰桥。大而为陂陀者曰桥。”以前给“桥”下的定义，是人为涉水而搭造的人工建筑。而今出现了铁路桥、公路立交桥、外科手术的血管搭桥、无线传输的信息桥、国家与国家及各民族之间的友谊桥，等等，关于“桥”的概念仅用“架在水面上，把两岸连通的建筑”做解释，就明显不够确切了；但桥终究是从藤桥、木桥、石桥、钢铁桥、水泥桥…… 发展而来的。北京古桥历史悠久，木桥易于腐朽，最近的也终无踪影；而最古老的石桥则保留了八百年以上，座座古桥蕴含着丰富的内涵，年复一年的人行车往留下了多少奇闻轶事。从皇城故宫到京城内外，河湖沟汊上跨越了大大小小的桥梁，有为皇宫大殿配套的礼仪桥，有为防御而设的城门吊桥，有为道路涉河的大石桥，有为平日生活的跨沟小桥，还有园林溪水的观景桥，等等，桥桥有讲究，桥桥有故事。

说桥就必须先讲河流。经过亿万年的岁月锤炼，北京地处太行山与华北平原的边缘，西部和北部为山区，东部与南部为缓坡冲积平原，河流的源头来自山区，由大山中蜿蜒流出，夹带着大量泥沙自然流溢形成众多河流湖泊，塑造了北京湾的地貌。这些河流汇合形成了潮白河、蓟运河、永定河、北运河和大清河五大水系，总趋势是从西北流向东南平原，最终汇入海河进入渤海，都属于海河水系。

北京商周时期称燕，战国时期属燕都蓟城。唐代中叶，蓟城发展成幽州治所，称为幽州城。辽金时期虽然建都于此，但对河流水道人工干预较少。直到元代，为了解决大运河南粮北运的问题，治水是当务之急。元至元二十八年（1291 年）皇帝听从了郭守敬的建议，下旨命令有治水经验的郭守敬率数万民夫开挖河渠、疏通京西河道，引昌平白浮泉水和西山诸泉之水，加大京城河流水量，沿河设闸控制水流，架桥方便往来，做到发展漕运、城市供水和排水以及农田灌溉等多种目的综合利用。

明代重建北京，清代继承好后进一步完善了城市建筑，北京古都的城市形态基本延续到 20 世纪 50 年代。京城西是永定河，北是清河、潮白河，主要供京城的水源是高梁河。历史上引高梁河进城有四处主要分岔点：一是西直门外高梁河分为西、北护城河二支。二是在德胜门西受松林闸节制，水再分流二支，一支继续向东经北护城河接坝河，另一支折向南经铁棂闸进入积水潭水域，成为京城的水源。三是什刹海往东到万宁桥，分为东流的玉河与南穿西步量桥（西压桥）入北海二支水路。四是北海水域东北有一支水分岔流入蚕坛、画坊斋、濠濮间、故宫等一路，另一支入北海、中南海、外金水河一路。在京城中轴线上，横跨各条水脉的著名桥梁有永定门外护城河桥、天桥、正阳桥、天安门外金水桥、太和门广场内金水桥、万宁桥等，而遍布京城水域河道上的古桥有百十座。

北京古桥是随着都城的建设，并成为政治、经济、文化、军事的城市过程中，伴随人口激增、往来频繁，出于实际需求而建造的道路桥梁。在无战事的和平年间，农耕丰收，财政盈余，便开始筑宫殿，造园林，遍植花草树木，修建游赏观景桥。作为建筑物的古桥也有“寿命”，自然灾害会冲毁，兵荒马乱会破坏，年久失修会坍塌，开发建设会拆除，能保留下来的古桥少之又少，几乎都成了文物古迹，理应受到法律的保护。

辽金元明清五朝消失的不少古桥，有一些是值得研究，值得讲一讲的。在北京中轴线上，永定门护城河桥南，原来是座二层小楼，顶头丁字路分东街和西街，往南无道路。天桥本是皇帝祭祀天神和农耕祈天时必经的“敬天”之桥。正阳门前的正阳桥为三孔三桥连体宏大，今已被道路覆盖，了无踪迹。天安门前七座金水桥等级分明，举世瞩目。太和门广场弯弓形河道上五座内金水桥，点缀着紫禁城的壮丽辉煌。地安门左右东步量桥和西步量桥，是皇城外东西城往来的主要通道。万宁桥八百年岁月，如今仍负重着繁忙的城市交通。中轴线两翼周围还有许多古桥，例如天坛的丹陛桥、虎圈旁的虎坊桥、东安门的望恩桥、东西斜街交汇的甘石桥、景山西街的鸳鸯桥、烟袋斜街西口的银锭桥等；还有故宫中的文渊阁石桥、断虹桥、武英殿三石桥，三海范围内的瀛台桥、金鳌玉蝀桥、永安桥、陟山桥、濠濮间石桥、五龙亭七桥、小火车桥等，形式多样，桥史绵长。

王锐英先生经多年收集整理研究完成的《北京中轴线上的桥梁》一书，详尽介绍了北京中轴线上及其辐射范围内消失的和现存的古桥，引用大量史料文献和诗文典故，将古人、古桥、古事、古情与北京城市空间规划结合起来加以解说，并且讲解了古桥建造中方位测量、材料应用、雕刻艺术、历史文化等内容，通过座座古桥建筑，让读者重新认知和了解北京古都的立足和北京城的往事。

桥之人存所需，桥之涉水所设，桥之水上所傲，桥之饰刻所美，桥之玲珑所动，桥之跨越所通，桥之沟通所融，桥之水毁所泣，桥之塌毁所灭，桥之造者所谜，桥之历史所魂，桥之发展无限……

——梁欣立，北京史地民俗学会秘书长、《北京古桥》作者。

目　录
CONTENTS

引　言[①]

北京，一座天汉之桥。

北京，古称幽燕、幽都、幽州，幽幽之中自有深意，北京就是一座沟通天地万物的桥梁。

按照中国数千年以来形成的法天象地的传统观念，将天下分为九州，各自对应天上的某个星宿，或将星宿分配给地上的九州，这种对应关系称之为星象分野。“宿”字读为xiù，音秀，表示天上的星座。如王勃《滕王阁序》：“豫章故郡，洪都新府。星分翼轸，地接衡庐。”是说江西南昌地处翼宿、轸宿分野之内。李白《蜀道难》：“扪参历井仰胁息，以手抚膺坐长叹。”参指参宿为益州分野，井指井宿是雍州分野，蜀道则跨益、雍二州，可以摸到参、井二宿，以此比喻蜀道之高峻。

对于幽州，《汉书·地理志下》：“燕地，尾、箕分野也。”燕地幽州的分野当在二十八星宿之东方七宿的尾、箕之间，也有说在箕、斗之间。二十八宿分为四象，即东方苍龙、南方朱雀、西方白虎、北方玄武，每象有七个星座，都在黄道带内。箕属东方的角、亢、氐、房、心、尾、箕七宿最后一宿，倒数第二是尾宿，斗属北方的斗、牛、女、虚、危、室、壁七宿之首，此斗不是北斗而是南斗。此处，“箕”字读为jī，音积，本义簸箕，因四星组合形如簸箕。斗是量米用的，箕是扬粮食用的，它们都是农具，常常并称。尾、箕和斗的分野位居东北方位，正好横跨在银河之上，形似过河的渡口。所以，《尔雅·释天》说：“析木之津，箕斗之间汉津也。”《晋书·天文志上》即曰：“天汉起东方，经尾箕之间，谓之汉津。”相对应的幽州北京即为汉津，天汉指银河，汉津之意即为银河上的渡口。直接点明析木之津为桥梁的是北宋的邢昺在《尔雅疏》中道：“析木之津……以箕星为隔，隔河须津梁以渡，故谓此次（星次）为析木之

---

① 本书为北京建筑大学文化发展研究院资助项目，北京建筑文化研究基地、北京古桥研究院、北京史地民俗学会合作课题。

津也。”

很巧，按照西方星座传统，尾、箕、斗三个星宿分别归属于天蝎座和人马座。人马座（又称为射手座）是一个黄道星座，人马座 A 星位于银河系中心方向，最亮星为箕宿三（人马座 ε），每年 7 月 7 日子夜，人马座中心经过上中天（天顶），所以这部分银河是最宽最亮的。而且冬至点就在人马座，冬至这一天北半球各地白昼最短、黑夜最长。

与二十八星宿同样古老的还有一种星空划分方法，这就是十二星次，尾、箕两宿合为析木星次，析木在汉津，因而幽州又名为析木之津，简称析津。《晋书 · 天文志上》亦曰：“自尾十度至南斗十一度为析木……燕之分野，属幽州。”五行中东方属木，北方属水，析木正好处于二者边界，木浮于水，因名析木。析津两字真正成为北京的地名是在辽代。辽开泰元年（1012 年）设幽州为燕京，是为辽南京，治所名为燕京析津府。有一本北京最早的地方志，其书名即为《析津志》，又名《析津志典》《燕京志》，元人熊梦祥所撰，即得名于此。

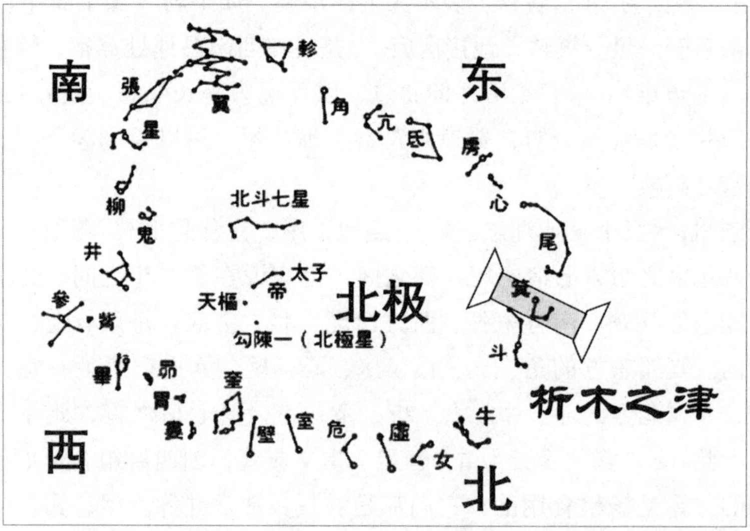

二十八宿与析木之津天文图（面向北极仰视图，本书绘制）

析木之津为渡口，析木本义为剖析、伐木、木作，其意象完全可以理解为伐木渡河，就是在天河上搭建一座浮桥或木桥。屈原在《楚辞 · 离骚》中曰：“朝发轫于天津兮，夕余至乎西极。”是说早晨从天汉的天津出发，傍晚就达到最远的西边。朱熹对此注释：“天津，析木之津，谓箕斗之间汉津也。盖箕北、斗南，天河所经，而日月五星于此往来，故谓之津。”银河北为紫微垣、太微垣、天市垣三垣，寓意为天帝的宫殿和皇都，而析津之外即为天下畛域。故析木之天津桥可不是一般的桥梁渡口，实为天帝所居的皇都要津，即帝都正门外的金水桥。所以，屈原《离骚》的意思是从王城的大门外的金水桥出发，从此离开了朝廷，也离开了是非之地。

金水桥渊源深厚，正如隋唐洛河上的天津桥，宋汴梁、金中都、元大都皇城外的龙津桥，直至明清皇城外的金水桥。析津即天津、龙津，而且元大都顺承门外有一座桥的名字就叫“析津桥”。由此可以看出，北京早就被赋予了“日月五星于此往来”的天上要津的重要地位，而且也唯有北京当得起这座宇宙间唯一的天河桥梁的称号。在此还要说明一下，北京最终没有独占这座天桥，而是把名字送给了东南方向的天津市。不过天津市在历史上其本义是天津卫，一个保卫析津之桥的卫士。

北京中轴线与天安门外金水桥

北京中轴线与天安门外金水桥（摄影 王锐英）

历史上，涉及北京的历史书籍，大都在开篇的建制沿革中，要交代北京的星象分野和星次，成为叙说北京天文地理故事传说的开场白。本篇依样画葫芦，旧瓶装新酒，就让我们从析津分野这个天河渡口，走一走北京的桥。

北京桥梁的历史文化特征

桥梁本身就是人类文化的结晶，北京的桥梁就是北京文化的代表作。什么是北京文化呢？北京文化是指北京从一座中国北方的军事重镇发展为全国的政治经济中心及对外交往与交流中心的历史过程中，所创造的物质财富与精神财富的总和，代表着中华文化特质和当时文化发展最高水平并积淀传承至今的文化结构、文化要素和精神气质。三千年来，北京古都文化积淀厚重、丰富多彩。若要深入理解其中的北京桥梁文化，需要从北京交通文化、北京水脉文化和北京建筑文化三大方面入手。

第一，北京交通文化。交通文化是指人类在交通运输活动中创造的物质和精神财富的总和，包括有关交通方面凝聚形成的各种文化现象。道路与桥梁就是最基本最主要的交通设施、交通环境和交通文化的载体。

第二，北京水脉文化。对于水文化，大家都可理解。本书为什么不说水文化而要讲水脉文化呢？因为水文化非常博大，包括饮水、观水、用水、治水、喻水等方方面面，而与桥梁相关的水文化总体上可以归为水脉文化，关注的是河湖水系和水的流动与冲动，桥梁是跨越水道的建筑物，水道也是水利和航运的基础和依靠。所以，桥梁的水脉文化指桥梁和水相关的一切，即物质与精神财富的总和。

第三，北京建筑文化。建筑文化同样也是博大精深，品物流形如万花筒般令人眼花缭乱。建筑文化自然也是人类在建筑方面所形成的物质与精神财富的总和，如果将桥梁自身作为建筑的一种独特类型，同时将桥梁融入北京城市与建筑的时空序列之中，与周边建筑相得益彰，就能深入体会到北京桥梁的独特品位。本书着重从北京古都中轴线角度来解读桥梁建筑文化，包括桥梁作为城市空间规划的基准、建筑礼制空间秩序的重要组成部分、建筑文化的纽带等。其中亦结合具体桥梁的材料、结构、技术和建造工艺与装饰，融会贯通桥梁美学品位与桥梁建筑艺术欣赏。

处于天地山海之间的道路桥梁自然成为联络山海天地的重要纽带，在北京就成为古都北京的历史空间坐标和交通文化标识。桥梁文化建基于道路与水脉相互交叉的节点之上，作为独特的交通建筑物和构筑物的综合体，既具有厚重坚实的一面，也有轻盈跨越的本事，它既是凝固的也是流动的，其跨越式形态结构、连通性文化意象和韵律性美学品位自可成为独立的一种文化现象。正如现代诗人卞之琳的《断章》所言："你站在桥上看风景，看风景的人在楼上看你。明月装饰了你的窗子，你装饰了别人的梦。"桥梁本身是沉默寡言的，它从来不想出人头地，甘愿躺卧在人们的脚下，默默地付出。作为风景的桥梁可以成为焦点，更多的只是一个观景平台，成为文化生活中的一种"凭栏"境界、一种"来往"情趣。本书努力地将沉默寡言的桥梁推送出来，让人们从上到下、从左到右、从前到后、从里到外地看一看北京桥梁的前世今生和它的工作、它的奉献、它的牺牲。桥梁就像人一样有生老病死，也有灵魂和轮回新生。它坚守在沧海横流之上，为人类跨接着此岸和彼岸，成为人与社会和自然之间相互沟通交流的伟大桥梁。

北京桥梁文化在深远浓厚的北京地方文化的浸染之下，形成了下述四点特征：

第一，北京古都桥梁独步天下。北京是六朝古都，交通万邦、历史绵长，都城、皇城和紫禁城恢宏壮观，宫殿庙宇和皇家陵寝气度非凡，其间就布局了众多带有历史回响、风水脉络、古典美学、皇家气派的各式桥梁，如卢沟桥、内外金水桥、万宁桥等，它们既是重要的交通节点，还是礼制空间、城市空间规划的重要标志，也是中国传统风水龙脉建筑的重要组成。

第二，北京漕运闸桥历史悠久。桥梁既是交通设施也是重要的水利设施，特别在北京，桥、闸、坝一体的水利交通设施自古以来就有很多，仅是元代郭守敬主持修建的通惠河上就有著名的广源闸、澄清闸等 24 座闸桥，在节制水流、引水灌溉、导流行船、交通两岸、泄水行洪等方面起到了巨大的作用，成为北京水利交通和桥梁建设上的独特景观。

第三，北京园林桥梁美不胜收。作为天下名城，无论皇家还是达官贵人，无论文臣武将还是经商巨贾，历朝历代在此经营缔造了鳞次栉比的官府豪宅，从西苑三海到三山五园，还有不下千百座大小不一、甲于天下的各式园林，点缀其间的桥梁如金鳌玉蝀桥、十七孔桥、玉带桥等更是瑰丽多彩、美不胜收，达到了中国古典桥梁美学的最高境界，成为一道道引人入胜的独特风景。

第四，北京小桥流水遍布城乡。北京的小桥流水虽然比不上江南水乡的温婉秀丽，也没有南方廊桥索桥的巍峨高大，但无论是平步于城乡市井路途，还是行进在山野古道之中，众多的桥梁带给北京人的是平凡朴实，是亲切随和，是北方的粗犷和野性。就如同铺展在巍峨宫墙之下遍布街巷胡同中的青砖灰瓦四合院和灰头土脸的乡野村居，可惜的是它们大多湮没在历史的尘埃之中，不过也留下了马市桥、甘石桥、甘水桥、青龙桥、化石桥（花石桥）、虎坊桥、臧家桥、炸子桥、蚂蜂桥、李广桥、北新桥、厂桥、红桥、板桥、桥湾、鲜鱼口小桥、白桥、半步桥等许多地名，伴随小桥却也充满了市井传说，不仅成为北京人街谈巷议津津乐道的谈资，更是北京胡同的雅俗共赏的记忆，让人们消遣、感触和缅怀，也让一众北京史地民俗和桥梁爱好者们，就像寻宝一样趋之若鹜、费心费力、痛并快乐地探索着它们的蛛丝马迹、故事传说。

第一章

北京中轴线

第一节　中轴起点

北京中轴线目前在申报世界文化遗产，可是你知道吗，富有独特壮美秩序的古都北京中轴线上也有不少桥梁呢。要细说中轴线上的桥梁，先大致看看中轴线上有多少建筑吧，因为几乎每座桥梁都与相邻的建筑有关，有的就是建筑的一部分，而且中轴线的起点就是桥梁，到底是哪一座呢，请你先猜一猜。

据各种文献和说法，现今的北京中轴线的南端是以永定门为起点，北端至钟楼，全长 7.86 千米。认真说起来，作为历史的北京城应该以永定门桥为中轴线的起点。有人将永定门外的路西的燕墩（烟墩）作为起点，根据是《日下旧闻考》所记“燕墩在永定门外半里许，官道西”，还有清代杨静山《燕墩》诗云：“沙路迢迢古迹存，石幢卓立号燕墩。大都旧事谁能说，正对当年丽正门。”不过，在地图上就能看出来有些牵强，因为燕墩并不是刚好在中轴线上，距离中轴线有 50 多米，也不是传说的 300 米，根本就没有正对丽正门，也没有正对任何城门。而且传言起于元代和京城五镇，但未见元代文献记载，都是传说。把将燕墩作为明清北京中轴线的附属建筑更为恰当。不过应该关注的是燕墩旁边的“沙路迢迢”，至今附近还有沙子口地名，说明直到清末永定门外的中轴线道路还是沙土路呢。

一、中轴线的历史文化意蕴

说到北京中轴线，它可不仅仅是贯通古都中心前后建筑的简单一条直线，不仅有起点、有终点，还应该有中心点、有方向、有角度（含经纬度、磁偏角）、有时间、有意义，这七点可称为中轴线的七政，都应该讲清楚。

自元大都开始，北京城就成为一座在总体规划思想指导下贯彻《周礼·考工记·匠人营国》制度而建造的巨大城市。北京的空间格局、尺度和主要建筑物的安排是无与伦比的，也是极有讲究的，当然桥梁在其中也是发挥了极其重要的作用。

北京城的格局是元大都奠定的，有许多谜题待解，比如说元代是蒙古人为主的，却为何将帝都建得如此具有华夏意味，比之历史上的任何城市，在遵守易学风水传统上都要守规矩，体现出对中华传统文化的尊崇。要真正理解元大都城市空间规划和中轴线安排的意蕴，需要探寻和解析其原初空间几何象数，也就是元代北京城及建筑物的大区域空间定位关系和文化寓意，这对于保护传承北京建筑文化和中轴线文化有着重要的意义。

元大都的城市空间几何象数即象天设都之数，是基于中国传统易学和风水学说所表现的一种关于帝都天地时空的“象天法地”“宏深钜丽”安排，历史悠久、众说纷纭。其中主要包含了阴阳五行、天干地支、四象八卦、节气时令因素，讲究坐北朝南、背山面水，建中定极、藏风聚气，择地而居、因地制宜，这是中国风水学说和营建思想的核心内容，代表了人类对地球环境、宇宙模式、天文地理和天地时空周期性演进历程的高度概括化的认知，一种混合了巫术、神话、经验和科学知识的自洽体系。将此认知系统化地应用于元大都的规划建设中，不仅是数千年中国城市建设的经验积累，也是第一次全面的展示，这是无与伦比的创造。

当然，易学风水中既有潜在的初步的科学认知，也有相当多的迷信说法。限于篇幅，在此不做科学迷信的鉴别比较，仅仅为理解元大都的规划，探寻其易学风水的空间表现。只是因为元大都是建立在易学风水学说基础上的，若不从此一角度加以研究和说明，就无法真正理解和掌握750年前的元大都，也就无法切实认清现在的北京，实现北京古都文化的传承和发展的目的。

天地人之间的神秘关系，被称为“象”和“数”，合称“象数”，《周易》把象数分为地数、天数，以象征阴、阳两种不同性质的事物，并推及指涉地理位置、方位朝向、距离尺度、形状大小、数值安排等。象和数是《易经》的基础，所有变化皆由此出。后发展为象数之学。所谓“在天成象，在地成形”，就是将地上的都城规划和建筑形式仿照宇宙星辰的天象格局秩序和等级，使宫殿、城垣、道路、河流、桥梁等有机联系起来，通过仰观俯察、秩序经天，逐步形成了象天设都规划思想和一系列法则，以突出帝都的天地中心地位，以都城建筑的整体礼制宣扬帝王“奉天承运”的统治意志，显示“为人君者，取象于天”的尊贵。象天设都是民族生活方式、文化心理、哲学思想、礼仪制度、政治目的、建筑意图和天文崇拜相互交融的综合体现，成为中国古代都城规划建设和宫廷建筑设计的一种核心传统。

中国文化对于北极星的尊崇有着悠久灿烂的历史，至今“中轴对称”“坐北朝南”等还是最主要的建筑规则，这个传统的具体内容和做法包罗万象，孔子一语道破，《论语·为政》第一章曰：“为政以德，譬如北辰，居其所而众星共之。”共之，即拱之，指众星环绕其运动。其根本思想源自中华文明奠基于农耕文明，地理位置又处于北半球四季分明的温带，自古对于春夏秋冬四季轮回就有风调雨顺的祈望。随着经验的积累产生了节气时令的科学认知，对于日月星辰运动规律的观察和总结，加深了对于天地人伦的思考，形成了观天测时安排农时的生活方式，以及阴阳五行八卦、易经谶纬学说以协调人与社会与自然的关系。特别在建筑规划上，坐北朝南以获得最好光照和通风方面，并在朴素的自然科学观念之上形成了北辰崇拜思想。

在城市规划上“象天设都，法天而治”，即寻求“天子”“僚臣”和“象征物”（如城池、皇宫和建筑）与“存在物”（即想象中的天体世界——天帝、署官和星座）的相互对应，其核心就是北辰崇拜。天界就是以北极大帝的帝星为中心，以三垣（紫微垣、太微垣、天市垣）、四象、五宫、二十八宿为主干构成的庞大体系。天帝所居的紫微垣，位居五宫的中央，即“中宫”。在先民眼中，北极为天之枢纽、天之中心，天帝在这里设紫微宫垣而居，施政于天下。满天的星斗都环绕着帝星，犹如臣下奉君，形成拱卫之势。地上皇帝的京邑必须效法上天，筑宫城于地之中心——土中。天之中宫既称作“紫微垣”，人间皇帝所居的金銮殿和宫城必定要建中立极以效法上天，在“地中”修筑“紫禁城”。天有银河天汉，皇宫必设护城河，天有天津之渡，皇城必设天津之桥。于是，以中轴线为核心布置宫室、衙署等重要建筑，中轴线就成了形成城市秩序的核心。如在其正南一面辟出一条通向皇帝宝座的御道即“通天之路”，这条道路称为“天街”，天街上的桥梁称为“天桥”。以此塑造出“天人合一，君权神授”“君临天下，面南为尊”的帝都面貌。北京的紫禁城和皇城历经元明清，这一天地秩序得到持续地加强和延展。不过，所有人类文明都有着对太阳的礼赞、对太阳神的崇拜，同样中国建筑也还保留着追逐阳光的“抢阳”安排，与北极崇拜相得益彰，在元大都有着完美的体现。

二、桥梁才是中轴线的历史起点

北京中轴线在不同的朝代有着不同的起终点。元大都的中轴线起点有说在丽正门，即今国旗杆北侧、长安街南边缘处。因为丽正门是大都的南城门，由此向东，古观象台就是城墙的东南角楼，向西则正对着长安街上的双塔寺。

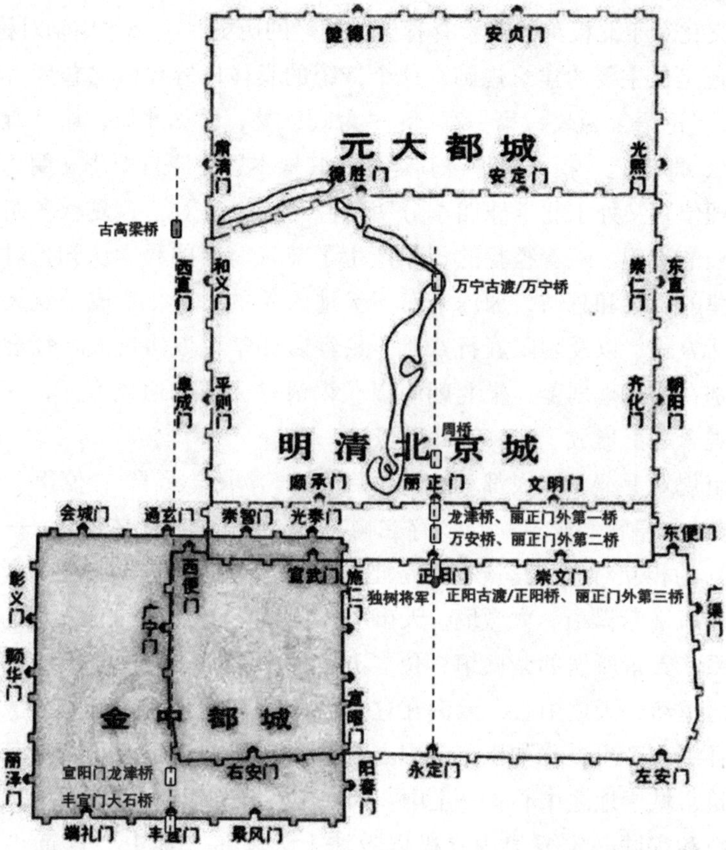

金中都与元大都及明清北京城址和中轴线与桥梁位置关系示意图
（本书绘制）

1267 年修建元大都南城墙的时候，因与双塔寺发生冲突，元世祖忽必烈下旨“远三十步环而筑之”，把双塔寺就保留了下来。就此证明了大都南城墙和丽正门的位置就在今长安街上。

既然提到了双塔寺，值得简要叙述一下这座寺庙以及寺庙里曾经有两座比元大都还要早的桥梁。双塔寺全称大庆寿寺、双塔庆寿寺，位于西长安街电报大楼到西单图书大厦前，始建于金大定二年（1162 年）。元初重建，明代曾名大兴隆寺、慈恩寺，因寺内西南隅有两座玲珑秀丽、巍峨壮观的砖塔，左右相拥而立，而被俗称为“双塔寺”。双塔位于寺之西侧，偏西北的九层高塔，为光天普照佛日圆明海云佑圣国师之塔，偏东南的七层高塔，为佛日圆照大禅师可庵朗公之灵塔。刘秉忠（1216—1274 年，初名侃，法名子聪，字仲晦）就是可庵朗公弟子。中统年间，源于海云禅师的推荐，刘秉忠能够得到忽必烈（1215—1294年）的重用，负责规划和营建了大都城。

双塔寺

在双塔寺中有一著名石刻，为金章宗亲笔所书“飞渡桥”“飞虹桥”六个大字。金章宗也是书法大家，学宋徽宗瘦金体几可乱真，笔力强健有力，有王者之风范。此刻字直至明代嘉靖十七年（1538年）尚存。金章宗于大定二十九年（1189年后）登基，桥名题字应在此后。同年，金章宗继承父志开建卢沟桥，于金明昌三年三月十一日（1192年4月24日）建成，金章宗定名“广利桥”。大致可以说，双塔二桥和卢沟桥是金章宗的三座桥梁丰碑，也是北京留下名号最早的一批桥梁（第一座应该是建于1153年金中都中轴线上的龙津桥）。据《春明梦余录》记载：“元庆寿寺：旧有石刻金章宗飞渡桥、飞虹桥六大字，嘉靖十七年（1538年）毁。”① 可惜，400年后，双塔寺也在1954年扩建西长

① ［清］孙承泽. 春明梦余录：卷六十六 寺庙［M］. 上海：上海古籍出版社，1989：1273.

安街时被拆除了。巧合的是，与西长安街飞虹桥相对应的，在明代东长安街北侧也有一座飞虹桥，其名多记为“飞龙桥”，传说为郑和下西洋带回的石料砌筑。另据《北京的桥》一书讲：“过去在府右街南口挖出一座三孔石桥旧址基，可能是庆寿寺院内的建筑遗迹。”称为庆寿寺石桥，桥下水道估计与双塔二桥有关。

回到中轴线，其实不见踪影的丽正门并不是中轴线起点，因为丽正门前还有一座龙津桥，即丽正门外第一桥，大致在今国旗杆下。提到“丽正门外第一桥”，想当然地以为自此开始进入帝都，然后就有第二、第三以至于层层递进的桥梁。其实不然，丽正门外第一、第二、第三桥是自城门向南数的，方向向外。在大都的观念包括文化和政治意义，龙津桥再往南的第二桥才是中轴线的起点，因为只有这座桥号称“国桥”，它就是万安桥，大致就在人民英雄纪念碑南侧。可见元《析津志》记：“万安桥，在五门外，古今号为国桥。”① 这座国桥作为大都的中轴线起点应该是合情合理的，可以将其看作元大都中轴线的礼仪起点。

当然，再仔细追究起来，丽正门外还有第三桥，即正阳门下的正阳桥才是最合理的规划和建设起点。因为刘秉忠建造大都的基准点就在正阳桥下，当然那时还没有正阳门和正阳桥。文献记载：“世祖建都之初，问于刘太保秉忠，定大内方向，秉忠以丽正门外第三桥南一树为方以对。上制可。”这座桥就是正阳桥的前身，说明在建元大都之前已经有桥了，而且还有一棵大树被忽必烈授予“独树将军”称号，这位“独树将军”才是大都中轴线的南端点，可以将其看作中轴线的定位起点。

如果从象天设都的理念来看，中轴线北端点为钟鼓楼（齐政楼），如果以崇天门即今午门位置为中轴线的中心点，与之等距离的南端点则应在前门大街天桥处。天桥和邻近的斗姆宫大致是元大都和明北京城前期（扩建南城前）的中轴线南端点，可以将其看作大都建设完备后，代表进入大都领地的界标起点。虽然尚无法断定元代于此是否修建了什么建筑物，一切都是推测，当然也是基于天地象数的合理分析。而且天桥的地理位置，在元代也是一般人来到大都时能够看清大都城门的最远距离了，疲惫的心开始激昂奋发，希望、景仰、忐忑、膜拜，这里就是中轴线的心理起点。自此之后，直至今天的北京，我们还是应该以桥梁作为中轴线的起点，现今的它就是永定门外的永定门桥。

---

① ［元］熊梦祥．析津志辑佚·河闸桥梁［M］．北京：北京古籍出版社，1983：97.

第二节 太极意象

一、天下大都

北京中轴线确实不是一条简单的直线，在元大都初建时就被赋予了天下大都之太极意蕴。考察元大都的城市规划安排，可以发现其为天下大都的宏大气象。

（一）元大都乃为天下大都

元大都可分为南北两部分，以德胜门、安定门城墙一线为界，元代时为东西向河道和道路，南部为城市和皇城中心，北部以北至北土城之间的大片空旷区域，实则规划为草原之都，体现蒙古民族的信念。相对北部草原，大都南部则为水陆之都，又按太极图分为东部陆原之都和西部山水之都，体现中华传统文化的天地宇宙观；三都呈现品字形布局，开创了北京品位。

（二）元大都乃为太极之都

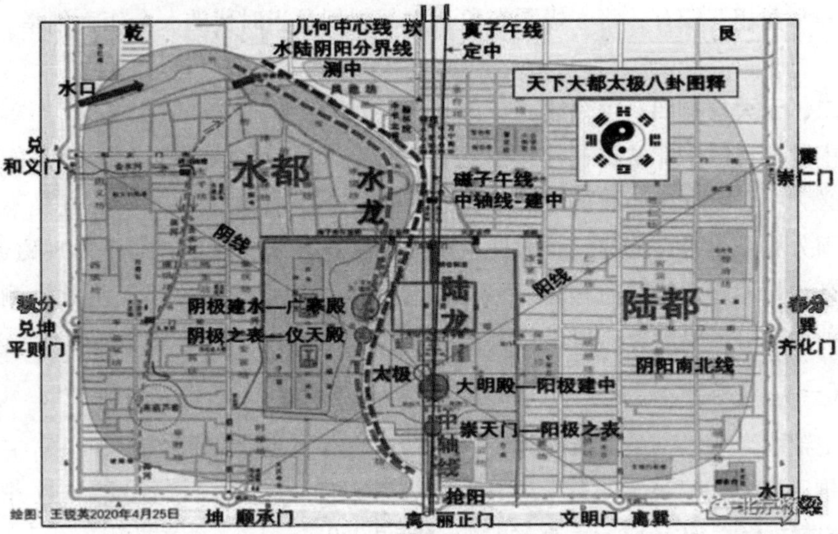

元大都太极图像（本书绘制）

太极意象的形象表现为太极图，元大都南部水陆之都就是一幅太极图。太极图起源于古人利用圭表对太阳日影的观测，形成一条螺旋形曲线，两侧为“阴阳鱼”，以此表达阴阳互动观念。东方即东半部为阳，中心有个鱼眼即阳极点，表现为阳气中心；西方为阴，中间鱼眼为阴极点即阴气中心。每天子时午夜阳气从无到有，随着太阳的升降，至午时到达最旺盛；然后阴气产生，也是由弱至强，至子夜达到最高点。接着阳气产生，依此反复循环。设想北京就是一幅太极图，东部为阳，阳气起点为钟鼓楼、万宁桥和地安门组成的子时“一元复始”之象，方位为子，顺时针经朝阳门转向丽正门，丽为火，方位为午，呈现午时至阳。阳极点即为大内的大明殿，其表征为崇天门，坐于中轴线即陆龙龙脉中心。大都的西部为阴，起点为丽正门和金水桥，顺时针经平则门转向地安门和万宁桥。阴极点为琼华岛上的广寒殿，其表征为团城仪天殿，坐于“三海大河”水龙龙脉中心。太极图中阴阳分界线本为曲线，这就是我们看到的自后海德胜门水关为起点，经什刹海银锭桥，迳万宁桥西、西压桥下蜿蜒南转北海、中南海的“三海大河”东岸线，元代至周桥，明清经中山公园后到达天安门金水桥下为止。以此曲线为基础、以万宁桥西侧岸线为切点作南北直线，成为大都的南北几何中心线，正好将大都分为相等的东西两部分。在这条几何中心线上，太极图的几何中心点即为大都的太极点，具体位于今养心殿前，成为大都、皇城和宫城的东西南北阴阳分界中心。由此阳极大明殿和阴极广寒殿、陆龙和水龙相互依存，将太极图布象于大都规划是当时代的一个伟大创举。

二、元大都有四条中轴线

中国自古以来非常重视建中立极，以体现皇权天命神授。象天设都的首要任务必为中心点和中心线的确立。基于太极图式，体现皇权的中心点是不能坐于阴阳分界的太极点上的，必须处于阳极点。另外宋元时期，早已发现磁偏角，所以必须处理好北极与磁极不一致的关系，并设定合理的安排。由此推测，并在各种地图上反复测算，得出元大都中轴线布局如下：

（一）建筑中轴线

中轴线为元代磁子午线即大都建中线，贯穿元明清三朝城市和皇宫主体建筑（推测以元代建筑为主体），中心点为崇天门（今午门位置），北过齐政楼（今鼓楼位置），估计取元大都当时的磁偏角 2°06’05”（本文推测）。

（二）真子午线

真子午线为大都定中线，与中轴线交会于崇天门（东经 116°24’13”，北纬 39°55’13”），北过中心台，南过斗姆宫。中心台位于鼓楼东、斗姆宫位于

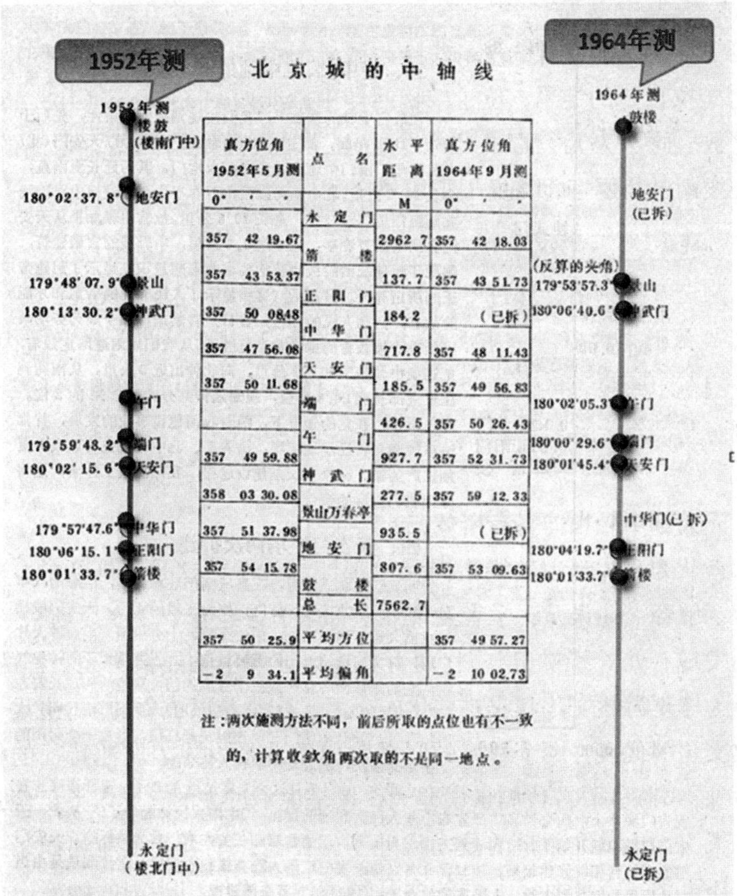

北京城的中轴线

真方位角 1952年5月测	点名	水平距离	真方位角 1964年9月测
0° ′ ″		M	0° ′ ″
	永定门		
357 42 19.67		2962.7	357 42 18.03
	箭楼		
357 43 53.37		137.7	357 43 51.73
	正阳门		
357 50 0848		184.2	(已拆)
	中华门		
357 47 56.08		717.8	357 48 11.43
	天安门		
357 50 11.68		185.5	357 49 56.83
	端门		
		426.5	357 50 26.43
	午门		
357 49 59.88		927.7	357 52 31.73
	神武门		
358 03 30.08		277.5	357 59 12.33
	景山万春亭		
357 51 37.98		935.5	(已拆)
	地安门		
357 54 15.78		807.6	357 53 09.63
	鼓楼		
	总长	7562.7	
357 50 25.9	平均方位		357 49 57.27
−2 9 34.1	平均偏角		−2 10 02.73

注：两次施测方法不同，前后所取的点位也有不一致的，计算收敛角两次取的不是同一地点。

北京中轴线真方位角（与子午线夹角）测量历史数据（1952 年 5 月测量为 2°09’34.1”，1964 年 9 月测量为 2°10’02.73”）

天桥西，距离均为 55 元步（108.46 米），取天地之数——天地之数即“大衍之数”，“衍”通“演”，是推演的意思。出自《易经·系辞上传》。辞曰：“大衍之数五十，其用四十有九。”据此天地之数，可以推演出天地间的万事万物，实为卦象演绎。其含义是基于 1 至 10 的十个数字的有关性质。其中 1、3、5、7、9 为奇数、阳数、天数代表天，合计五个，求和为 25。其中 2、4、6、8、10 为偶数、阴数、地数代表地，合计五个，求和为 30。天数 25 和地数 30 之和为 55，即天地之数。因为太极永恒，天五恒阳，故计算时去 1 去 5，则为 49，这就是“其用四十有九”之意。

（三）城市几何中心线

几何中心线为大都测中线，并且与磁子午线相互平行，是太极图阴阳分界线规整化（拉直）的结果，位于鼓楼西即中轴线西侧 55 元步（108.46 米），亦取天地之数。此点为元大都的几何中心点，即大都城墙四隅对角线的交会点。几何中心线南过斗姆宫，与真子午线相交。

（四）建筑施工测设基线

施工测设基线，估计穿过中心阁，过中心台东 49 元步（96.63 米），用后废止。亦取"大衍之数五十有五，用之四十有九"之意。向南经过大内观星台，位于厚载门东 104 步；再向南经过今天安门旅游服务中心大楼，此点亦为一个重要的测量基准点。

三、元大都中轴指向各有所依归

有学者认为元大都中轴线指向元上都即古开平，这是不确切的。一是误差颇大。为了解释上述误差，学者发现元上都东边曾经有个"演兵场"，元大都景山位置则发现有处"亲耕田"，将两者相连以证明中轴线指向元上都的合理性，为此解释为体现游牧文化和农耕文化的交汇，这是难以成立的。"演兵场"何时成为游牧文化的代表？两个都城的联系为何不选足以代表城池特征的标志性建筑呢？另外，"欺负"古代测量误差大，也是说不过去的，此误差已经远远大于元代进行天文大地精准测量的技术误差了。在此，笔者除了前述四条中轴线数据之外，还可举一点证明元大都的测量精度。如连线门头沟的妙峰山山门和朝阳门外的东岳庙（元东岳仁圣宫）瞻岱门，可命名为妙岱连线。这条线长 38.5 千米，正好穿过鼓楼（元齐政楼）、德胜门水关（元抄纸坊下闸，铁平章桥又名安济桥，桥下高梁河水流入玄武池）、颐和园昆明湖（元瓮山泊）、南水关（南如意门和绣漪桥）。更加不可思议的是清乾隆皇帝也可能心领神会，又将玉泉山的东岳庙修建在这条线上，几乎分毫不差。二是把北京中轴线的偏移归为元代两都连线，不顾及"建中立极"于象天设都的天地依归，让明代皇帝及其风水大师们情何以堪呢？他们缘何要继承元朝的衣钵呢？另外，上述连线元上都以及观测和计算，均以永定门为起点也是没有道理的。永定门建于明代，晚于元大都开工 286 年，于情于理均不通。

所以，只有皈依象天设都，对于传统的帝都皇城的建中立极才是正解。建中立极，拱辰定向，在中国古代建筑与城市营造中具有悠久的历史。其最著名的一篇文字载于《诗经·鄘风·定之方中》："定之方中，作于楚宫。揆之以日，

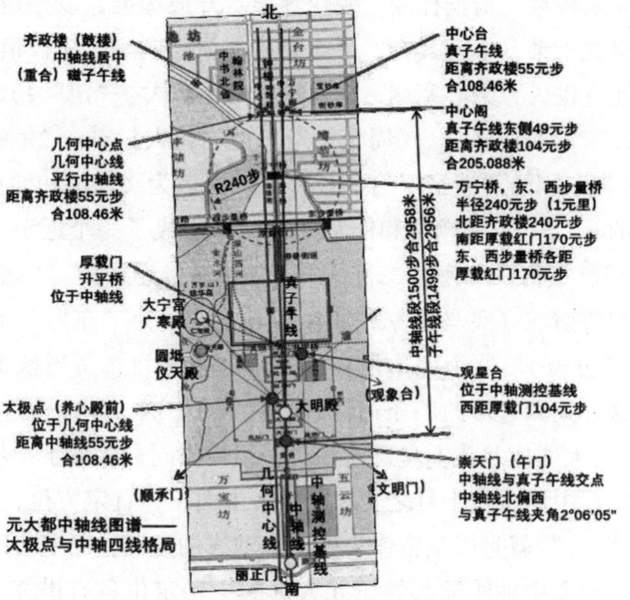

元大都中轴线图谱一——太极点与中轴四线格局（本书绘制）

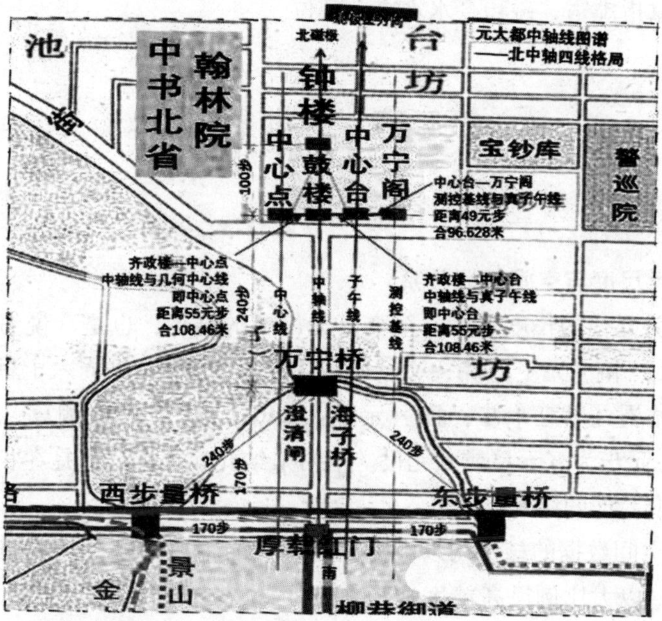

元大都中轴线图谱二——北中轴四线和三桥格局（本书绘制）

作于楚室。树之榛栗，椅桐梓漆，爰伐琴桑。升彼虚矣，以望楚矣。望楚与堂，景山与京。降观于桑，卜云其吉，终然允臧。灵雨既零，命彼倌人，星言夙驾，说于桑田。匪直也人，秉心塞渊，騋牝三千。”诗中之“定”指定星，又叫营室星，即室宿，二十八宿之一。《周礼·考工记·輈人》载：“龟蛇四斿，以象营室也。”通常与东侧的“壁宿”合为一体，西方名为飞马座和仙女座，最显著的特点就是它的α、β、γ三颗星和仙女座的α星构成了一个近乎正方形，被称为“秋季四边形”。室宿一和室宿二（飞马座α、β）连线为“西壁”呈正南北方向，壁宿一和壁宿二（飞马座γ和仙女座α）连线为“东壁”亦接近正南北和赤经0°线（春分点）。这个四边形在天空中非常醒目，每当秋季飞马座升到天顶的时候，这个大四边形的四条边恰好各代表了一个方向，简直就是一台“天然定位仪”，与大熊座北斗七星遥遥相对、相互协同，保障了一年四季定位对中的需求。所以，中国古代十月之交，定星昏中而正，宜定方位，造宫室。“定之方中，作于楚宫。”就是以室宿作为确定中轴线的参照，而壁宿则为辅助线。

鉴于此，北京中轴线即起始于元大都的中轴定位各有讲究，各有依归。如中轴线指向北磁极和抢阳之位；在中轴线两侧，崇天门和北顶（娘娘庙）的连线与真子午线是左右对称的；真子午线则指向北极星，今鸟巢在其位为巧合，而北顶连线意指虚宿，碰巧今水立方在其位。

第三节 天地象数

一、元代尺度与空间规划关系

（1）有关元代的长度尺度，至今尚无权威的结论，也是众说纷纭。陶宗仪《南村辍耕录》和《元史》相关文献所叙述的：“元大都城周六十里，皇城周二十里，大内城周九里三十步，且一元里为240元步。”据此测算，一元步为今1.972米，一元步为五元尺或六元尺。本书采纳此换算标准也是在相关历史数据基础上的推求验证的结果。

（2）对空间数据的核准均以历史文献记载的距离尺度（尺、步、里）和换算标准起算，以大比例尺高精度地形图和卫星影像地图实测数据（米、千米）为依据，按照实测数据反算元距离尺度，然后将反算的元尺度结果进行规整化处理，再次反算出现今数据，通过反复比对寻找出最合理的、能够对各个尺度进行通约解释的一种结果。依靠地图测算，肯定存在误差，所以计算分析的所有结果只是一家之言，仅供参考。

如元大都都城的里步长度的推算：按大都周长 60 里，一元里 240 步，合 14400 步；实测（亦参照有关文献）元明清城墙遗迹总周长约 28400 米，以此计算合计每步 1.972 米。复算东、西城墙各长 16 里 * 240 步 = 3840 步，计 7572.48 米，南北城墙各长 14 里 * 240 步 = 3360 步，计 6625.92 米；总长 28396.8 米，极其接近初测的 28400 米。故此，即取一元步合 1.972 米。此数值在厚载门外三桥合围之地通过核验，亦符合。此外，按一步五尺和六尺分别计算，每尺合 0.3944 米和 0.3287 米，以一尺 0.3944 米较为合理，接近明代尺寸。元代的步很大，可能是历史上长度单位最大的步伐，探寻其根据应该是以马步即马走一步为基础的，符合蒙古民族的骑马生活特点。

（3）上述核算，有一个基本前提，即刘秉忠规划大都的大部分关键尺度应该是个整数（整里、整步），即取元步、元里的整数值，而且此整数值要尽量地靠近中国古代堪舆象数和古代建筑模数，具有浓厚的文化寓意。还有几个基本考量，即当初刘秉忠建造大都过程中肯定存在一定的误差，大都建成后与其规划的尺度也不会完全吻合。700 多年以来历经元、明、清，城墙城门的位置还是会发生一些改变，如今在极其模糊的背景之下，又无法准确确定测量基准点（如到底是以城墙或城门的外皮、中心轴线、内侧为测点，不仅查无实据，即使实测也了无确切踪迹），在此情况下，加之元代尺度标准的欠缺，所有测绘数据都是值得怀疑的，都是一个参考。

（4）可作为依据的实测对象，一是现存的明清北京城城墙城门、皇城、宫城、建筑、桥梁、河道、观象台、主要街道等位置和走向，二是各种地图，并以卫星影像地图为准。精准的实测数据是必要的，但历史记载往往由着概念支持，并没有确切到例如墙外、墙内还是城墙中心轴线等，所以规整化、模数化方为合理的选择。即使历史的真实，也不见得完全按照规整化的数据测量和建造，反而因为当时测量技术的落后，施工修建等造成的误差可能很大。但这些基本上不影响我们准确地把握和理解，对其规整化数据所支持的，对易学风水概念的分析，以及由此形成的城市格局和空间尺度关系。简单来说，本书探寻的其实是刘秉忠的规划意图，这才是具有文化意味的象数。

二、元大都天文大地测量技术探寻

刘秉忠的规划意图如果细密到步、尺和度、分，其精度也是相当可观了，而且还必须在技术上能够实现，才能够支持将其规划意图落到实处。那么 750 年前的元代有这样高精度的天文大地测量技术吗？

根据历史文献和遗迹，我们看到元大都的几何中心线、中轴线和真子午线是不重合的，这是客观存在的事实，尤其磁偏角的存在亦是刘秉忠在规划元大都时必须面对的客观现象，只能利用，不可消除。不仅沈括发现了磁偏角的存在，在宋初，供职于司天监的天文学家杨惟德就曾在进献皇帝的《茔原总录》一书中指出："取丙午、壬子之间是天地中，得南北之正也。"到了清康熙四十八年（1709 年）曾将贯通北京城的南北中轴线确定为天文、地理意义上的"本初子午线"即零度线。这实际上是在天文和地理意义上，重申古代中国以本土作为世界中心的理念。它比 1884 年国际会议确定通过的以"英国格林尼治天文台的经线作为本初子午线"要早 175 年。① 相信刘秉忠、许衡、王询、郭守敬等一代天文学家的理论和技术，完全可以精确测定大都的真子午线和磁子午线，以及中轴线上的所有建筑物和桥梁。比如如何保证相距 4 千米的正阳桥和万宁桥的中心线完全重合在中轴线上，这在现在也不是那么容易的，不信你就离开经纬仪试试。

在元代，理清并精确测定中心台与真子午线、齐政楼与磁子午线、几何中心点与大都四至四隅的方位关系，对大都的都城、皇城和宫城及中轴线同时做出合理安排，做到上应天象、下符地理、中和人事，绝对是一个世界水准的"高科技"工作。由此可看出，作为人类历史上最大的按照规划设计意图建造的城市和庞大的皇家建筑群，必须非常重视中心点和中轴线的测设及其精度控制。其作业方法应依靠东、西、南、北四方的几何中心作图法，这种方法的前提是必须精准测绘东、西、南、北的距离和大地方位角（或坐标，当时的坐标表达是否依靠基准点，难以确定，但实现手段应该是非常类似的），并且要做到图纸与地面测量标记的一致，地面测量标记还必须极其稳固并加以保护。在此，本书提出一个未经验证的两个猜测。

第一个猜测，关于北京皇家园林中的昆仑石的起源和用途一直搞不清楚，尤其石碑两侧基座上连为一体的两个空洞到底是干什么用的，更是一头雾水。本书推测昆仑石起源于测量标尺和标识，类似于现代测量的觇标，其两侧空洞不是透空的，如果灌上水，可以用来取水平用。

第二个猜测，关于北京胡同的起源和词语变迁，众说纷纭、莫衷一是。本书提出一种最新解释——胡同、衚衕，衖通，本义为测量导线和布设导线的通道，以后演变为街巷，简写称为胡同。有学者认为胡同是从蒙语"忽洞格"或

---

① 朱祖希. 北京城中轴线的文化渊源［J］. 北京观察，2011（04）：58-60.

“呼都格”转变过来的。① 北京最早的“忽洞格”估计是水准测量用的水池或水井。元人呼街巷为衖通，与井有关，但却不是依井而起，而是因测量而形成的特殊名称。衖通为“元人呼”即为元人语，并非专指蒙古人语。所以，胡同应是元大都建设过程中的独特起源，也即北京城历史上的独特语言遗迹和城市建设遗产。当年大都建成后，这些测量通道的功能作废，转化为火巷街巷，但延续了其发音“衖通”变为“胡同”，影响所及将其他火巷街道也变成了胡同。作为测量通道，其最大特征应该是线路笔直和视线通达，从字义上看无论是衖通、衖衕，表达为两端通视之义。

元代的测量科技水平是世界级的，其顶尖科学家就是郭守敬（1231—1316年），同时代还有刘秉忠、许衡、王询等人，郭守敬和王询都是刘秉忠的学生。在郭守敬领导下，曾经进行过大规模的“四海测量”。② 四海测量称为“四海测验”，是郭守敬从1279年开始，在当时的元朝疆域之内27个地点进行。与现代测量值相比，平均误差在0.2°至0.35°之间，有两处则与现代值完全相等。虽然四海测验是在元大都开工建造之后12年进行的，但郭守敬等人的测量思想和技术并不是此时才形成的。此前三年（至元十三年，1276年），他就奉命修订新历法，四海测验就是为编制《授时历》奠定基础的。历时四年，郭守敬等制定出了通行三百六十多年的《授时历》，成为当时世界上最先进的一种历法。刘秉忠、郭守敬、王询、许衡等都是精通天文历算的大师。如刘秉忠精通天文、卜筮、算术，于易学风水无所不通，主持修建了元上都和元大都，可以说是首席规划师。忽必烈曾经给予其高度评价：“秉忠事朕三十余年，小心慎密，不避险艰，事有可否，言无隐情。又其阴阳术数之精，占事知来，若合符契，惟朕知之，他人不得与闻也。”③ 由此，亦可看出元大都规划中暗含的象数意图很深，只有忽必烈和刘秉忠清楚，当时连朝廷一众大臣都不知道。所以，在元代就发生过“私搭乱建”衙署宫殿，致使有人抱怨可能违背风水一说。直至今日，我们也很难见到关于大都规划意图的具体讲究，有的都是后人的猜测。

还有，许衡用近世截元法代替了上元积年法，推算出一年长度为365.2425日，这个结论比地球围绕太阳公转一周的实际数字365.2422日只差25.92秒，比欧洲著名的《格列高利历》还要早三百年。王恂在《授时历》中，提出了招差法（即三次内插公式），并运用招差法推算太阳、月球和行星的运行度数；又

① 王坤，梁艳琴. 内蒙古的“忽洞”多［N］. 内蒙古日报，2019-11-28.

② 喻沧，刘自健. 中国测绘史：第1—2卷［M］. 北京：测绘出版社，2002：313-317.

③ 元史：卷一五七 刘秉忠传［M］. 标点本. 北京：中华书局，1977：2461.

创造了“弧矢割圆术”即球面直角三角形解法，来处理黄经和赤经、赤纬之间的换算，准确率大大提高。

在工程测量精度方面，通惠河是最突出的实例。为解决大都漕运问题，郭守敬建议忽必烈：“上自昌平县白浮村引神山泉西折而南，过双塔、榆河、一亩、玉泉诸水，经瓮山泊至西水门入都城。”可是，上游白浮村的白浮泉发源地海拔 55 米，高出大都城地势最高的西北角约十米，两者之间还隔有沙河和清河等多条河谷冲沟，它们的地势都在 50 米以下，甚至还不到 45 米。因此，郭守敬所选的线路迂回昌平西北山麓，全长约 60 千米，坡降为万分之 2.5 不到，基本上沿 50 米等高线前进，既可保持河道较小的水位落差梯度，又能够拦截沿途所经的诸多水源，使流入运河中的水能有较大的水量。为此沿线地面高程和坡度大小的确定非常关键。郭守敬在治河中已经总结出，并成为世界上第一个提出海拔概念的人，所以通惠河的高程、坡度和长度的测量控制应该是在海拔概念基础上实施的。1990 年，侯仁之先生在《白浮泉遗址整修记》中说道：“今日新开京密引水渠，自白浮泉而下直至昆明湖，仍循元时故道，仅小有调整，足证当初地形勘测之精确。”可以看出，郭守敬的地形和工程测量技术实在是很高超的。

大都的建设正是得益于当时先进的天文大地测量技术。大都有四条“中轴线”，各具功能和寓意，且分别利用天文大地测量技术测定的。既要保证大都位置正南正北，同时取磁偏角并与真子午线交会于崇天门（今午门），使中轴线面向正阳（南偏东丙午之间），且处于一阳复生（北偏西壬子之间）的位置。推测崇天门与齐政楼的距离为 1500 元步（2958 米），涉及导线（真子午线）定向、长距离量距、图上作业和实地放线等测量技术。由此，亦从中轴线上的桥梁能够保证在一条中轴线上，可以判断当时的桥梁勘测和精确施工一定也是达到了很高的水准。

三、万宁桥和东西步量桥：天下大都的基准之尺

元大都是如何实现上述高精度的测量的呢？设想在大地上应该布设导线网，在不同位置还应立有标尺和基准线，以便测量和施工人员随时校正。位于地安门大街上的东步量桥和西步量桥估计就是测量技术遗存之一。

根据《析津志》，万宁桥与万安桥似乎是一对绝配，从名字上也是非常讲究的。万宁桥在皇城后门即厚载红门外但并不紧邻城门，而是在其北 170 元步的位置。恰好，万安桥也不是紧邻丽正门外，而是在其南也是 170 元步（大约在现今国旗杆北长安街南侧为丽正门的位置），约在今人民英雄纪念碑南侧台阶外

缘。以此再向南 240 元步当在正阳门和箭楼中间，此地为正阳桥南“独树将军”所在。而万宁桥与鼓楼相距也正好为一元里即 240 元步，还有前述的阳极大明殿与其表征点崇天门、阴极广寒殿与其表征点团城仪天殿的距离均为 170 元步，这些安排绝对不是巧合，而应该是有意为之的。

从万安桥号称“国桥”、万安与万宁的文字关系看，自有其深宏远义。自万宁桥向南，相距厚载红门（地安门）170 步，同时东南方向直线距离东步量桥（东不压桥）为 240 步，西南直线距离西步量桥（西压桥）也是 240 步，东西两座步量桥距离中间的厚载红门均为 170 步。这个可称为“厚载三桥”的等腰三角形应该是有意设计的，三座桥梁是自然需要，但其所在却不会自然形成，桥梁的位置肯定是人为选择安排的。而且以万宁桥为圆心，齐政楼、东步量桥、西步量桥则刚好位于半径 240 步的圆曲线上。为什么要在这个地方，在大地上做出这么一个标准的等腰三角形？大都建设、几何作图，必然需要测量，那么东、西步量桥的名字是否与此相关？

可以推想，元大都的中轴线上一共不下六座桥梁（群），与各个宫殿、门楼、牌楼和钟鼓楼同时进行精确定位，保证同步施工的需要，这个设计是复杂精确的，测量任务也是非常艰巨的。“步量”之义不可忽视，以步量度土地大小和距离长短，这是古代最为方便的做法。在这里的等腰三角形可称为“厚载三桥”之地，极有可能是刘秉忠设计的元大都的三角测量基准平台。步量的含义首先是测量，在此平台，无论向哪个方向去，或从哪个方向来，东西南北和四隅方向都可以随时校正测量尺度和方向，包括尺、步、里基本的距离单位。

第二章

中轴线上的建筑与桥梁

第一节　中轴线历史建筑

一、中轴线文保单位和既有文化遗产

2018 年 7 月，据官方报道北京中轴线申遗已确定天安门等 14 处遗产点，其中包括世界文化遗产 2 处、国家级文保单位 11 处、市级文保单位 2 处、未列入文保单位的 1 处（2004 年复建的永定门城楼），而桥梁仅有万宁桥 1 处。

中轴线文保单位和文化遗产名录见本书附录。

1946 年，老北京中轴线——正阳桥至故宫

北京中轴线上的皇城

二、中轴线土木建筑工程统计

这条中轴线仅指自永定门、天安门、故宫到钟鼓楼的城市建筑中轴线。

如果更加全面地统计，明清北京城中轴线在历史上一共坐落着不下于 82 组约 160 座各式各样的大小古代建筑工程和历史遗迹。本书依据有关资料汇集元代以来出现过的各种建筑遗迹和文献信息（元代建筑准确位置待考证，有些已经湮没）自南向北依次为：

（1）燕墩与帝都、皇都石碑（永定门外西侧，始建于元，明嘉靖三十二年（1553 年）包砖砌体）；

（2）永定门桥（永定门箭楼外护城河桥，始建于明嘉靖三十二年（1553 年），改建于清乾隆十五年（1785 年）；1950 年左右拆除，改为现代桥梁。现为一组五座，城楼南侧为东、中、西三座现代桥梁，自南而北跨南二环南侧辅路、主路、护城河，中间为广场桥，两侧为城市道路立交桥；南二环北侧辅路位于城楼北侧，为机动车地下通道桥一座；此地道桥北侧有人行地道桥一座，均下穿城楼北侧广场）；

（3）永定门瓮城和箭楼及东、西闸楼（1957 年拆除，一组三座）；

（4）永定门城楼和外城墙（1957 年拆除，2004 年复建城楼）；

（5）天桥和西侧的斗姆宫、东侧的红庙等：含天桥两侧石碑，始建清雍正七年（1729 年），光绪三十二年（1906 年）改建，1934 年拆除，2014 年移址复建；包括正阳桥疏渠记碑、新建地下通道一座，一组五座；

（6）正阳桥牌楼（前门五牌楼，多次拆改复建，最新2008年重建）；

（7）【元代丽正门外第三桥和独树将军—阙如】；

（8）正阳桥（正阳门箭楼前内城护城河桥，1950年左右拆埋于地下）；

（9）正阳门瓮城和箭楼及东、西闸楼（前门，1905年拆改，一组三座，仅存箭楼）；

（10）正阳门城楼和内城墙（城楼保存，城墙被拆除）；

（11）正阳门内西侧观音庙、东侧关帝庙（一组二座，1950年左右拆除）；

（12）棋盘街及其栅栏（1970年左右拆除）；

（13）中华门及外皇城墙（明称大明门，李自成改大顺门，清称大清门，民国时改为中华门，1959年拆除，地处东交民巷和西交民巷中间）；

（14）天安门广场和东、西千步廊、皇城墙（一组二座，1950年左右拆除）；

（15）【万安桥，元代国桥，丽正门外第二桥—阙如】；

（16）【龙津桥，元代丽正门外第一桥—阙如】；

（17）【丽正门，元代国门，位于今国旗杆北侧—阙如】；

（18）长安左门和长安右门（一组二座，1950年左右拆除）；

（19）东、西公生门（一组二座，1950年左右拆除）；

（20）东、西三座门（一组二座，1950年左右拆除）；

（21）外金水桥（天安门前皇城护城河桥，一组并列五座，中心为御路桥一，两侧为王公桥二、品级桥二，包含一对华表、一对石狮子）；

（22）东、西公生桥（一组二座）；

（23）天安门（明承天门，清天安门，1969—1970年重建）及内皇城墙；

（24）【元代东、西千步廊—阙如】（一组二座）；

（25）东、西朝房和街门（一组东西二座，东太庙街门和西社稷坛街门为后建）；

（26）【棂星门和东、西萧墙，元代—阙如】

（27）端门；

（28）【周桥，元代—阙如】；

（29）东、西值房和左、右阙门（一组东西二座，东为阙左门和庙门，西为阙右门和社门）；

（30）午门前筒子河涵洞（午门广场前接近左右阙门处地下，东西向连通筒子河）；

（31）【崇天门，元代，含左星拱门、右云从门—阙如】

（32）午门（含左右燕翅楼、门及宫城南墙）；

（33）内金水桥（故宫太和门广场内，一组并列五座，中心为御路桥一，两侧为王公桥二、品级桥二）；

（34）东、西朝房和廊庑门（一组二座，协和门、熙和门）；

（35）太和门（一组三座，含昭德门、贞度门）；

（36）【大明门，元代—阙如】；

（37）东、西文武阁和庑房（一组四座，东体仁阁和左翼门、西弘义阁和右翼门）；

（38）太和殿（明奉天殿、皇极殿，清太和殿，一组三座，含中左门、中右门）；

（39）【大明殿，元代—阙如】；

（40）中和殿（明华盖殿、中极殿，清中和殿）；

（41）保和殿（明谨身殿、建极殿，清保和殿，一组三座含后左门、后右门）；

（42）东、西库房和东、西禁门（一组三座，含景运门、隆宗门及军机处）；

（43）乾清门（一组三座，含内左门、内右门）；

（44）【延春门，元代—阙如】；

（45）东、西庑殿和街门（一组十座，含端凝殿和日精门、龙光门、景和门、基化门；懋勤殿和月华门、凤彩门、隆福门、端则门）；

（46）乾清宫及东、西耳殿（一组三座，含东昭仁殿、西弘德殿）；

（47）【延春阁，元代—阙如】；

（48）交泰殿；

（49）坤宁宫及东、西暖阁；

（50）坤宁门及东、西廊庑；

（51）御花园及天一门：一组 15 座，含天一门，琼苑东、西门，养性斋、绛雪轩、千秋亭、万春亭、延晖阁、堆秀山、位育斋和澄瑞亭（桥）、摛藻堂和浮碧亭（桥）、御景亭、四神祠等亭台阁轩；

（52）钦安殿；

（53）承光门（一组三座，含集福门、延和门）；

（54）顺贞门；

（55）【厚载门、大内观星台，元代—阙如】；

（56）神武门及宫城北墙；

（57）【升平桥，元代一阙如】；

（58）神武门外涵洞（故宫神武门外地下，东西向连通筒子河）；

（59）北上门（【疑似元代建筑】，1956 年拆除）；

（60）北上东门和北上西门（一组二座，1950 年左右拆除）；

（61）万岁门（景山正门）；

（62）绮望楼；

（63）景山、景山五亭（一组五座，中心万春亭，东侧周赏亭、观妙亭，西侧富览亭、辑芳亭）；

（64）寿皇殿牌楼（一组三座，匾额东侧继序其皇、中间顕承无斁、西侧世德作求）；

（65）寿皇门（砖城门）；

（66）戟门（1981 年火灾，1985 年重建）；

（67）寿皇殿（一组三座，含绣锦殿、衍庆殿和配殿、碑亭）；

（68）北中门（1953 年拆除，现为园墙门）；

（69）地安门内大街南端东、西雁翅楼（一组二座，1950 年左右拆除）；

（70）地安门内大街东、西黄瓦墙、黄瓦门（一组二座，改建）；

（71）地安门内大街北端东、西雁翅楼（一组二座，改建）；

（72）【厚载红门，元代一阙如】；

（73）地安门及皇城北墙（明北安门，清地安门，1954 年拆除）；

（74）东步量桥（一组二座，东不压桥，含澄清中闸，1955 年拆改填埋，1998 年挖出填埋，2008 年挖掘保护）、西步量桥（西压桥，1970 年左右拆改填埋）；

（75）万宁桥（一组二座，海子桥、后门桥，包括澄清闸、金龙桥新建）；

（76）火神庙（一组，西侧，改建）；

（77）【齐政楼，元代一阙如】；

（78）【中心台、中心阁，元代一阙如】；

（79）鼓楼（含垣墙）；

（80）【钟楼，元代一阙如】；

（81）钟楼（含垣墙）；

（82）内城北城墙（1950 年左右拆除）。

本书统计中的单位组，是按其位于中轴线上单独成立、对称成立均以一组对待。上述总计 82 处不少于 166 座大大小小建筑物、构筑物和部分重要碑碣等（刚好约平均一处二座）。

其中完全消失的有 32 处。包括元代湮没的有：丽正门外第三桥和独树将军、万安桥、龙津桥、丽正门、东西千步廊、棂星门（及东西萧墙）、周桥、崇天门（及星拱门、云从门）、大明门、大明殿、延春门、延春阁、厚载门及大内观星台、升平桥、厚载红门、齐政楼、中心台和中心阁、钟楼，共 18 处。明清以来完全拆除的有：永定门瓮城箭楼和闸楼、正阳桥、正阳门观音庙和关帝庙、棋盘街及其栅栏、中华门及外皇城墙、东西千步廊和皇城墙、长安左门和长安右门、东西公生门、东西三座门、北上门、北上东门和北上西门、地安门内大街南端东西燕翅楼、地安门及皇城北墙、内城北城墙，共 13 处。挖掘重新掩埋 1 处：正阳桥。

其中考古挖掘保护仅仅有 1 处：东步量桥（东不压桥，含澄清中闸）。

改建、重建甚至面目全非的改造：永定门护城河桥、永定门城楼、天桥、正阳桥牌楼、天安门、戟门、北中门、地安门内大街东西黄瓦墙黄瓦门、地安门内大街北端东西燕翅楼、火神庙，共 10 处。

上述统计以元明清以来至民国时期出现的各式大小建筑物为对象，包括了坐落在中轴线上、围绕中轴线和能够进出中轴线空间的建筑物，无论殿、门、楼、阁、亭、轩、台、碑、房、库、廊庑、城墙、桥梁、涵洞，均一一涵盖。其中城楼与城墙、瓮城与箭楼和闸楼分为两组。

此外，位于中轴线上的永定门内大街、前门大街（正阳门大街）、天安门广场及御路（石板路）、皇城紫禁城御路（石板路）、地安门内大街、地安门外大街、钟鼓楼广场（钟楼湾）等，作为古代城市道路广场工程合计 7 处，还有紧邻上述 82 处建筑的周边建筑工程，如天坛坛墙和坛门、先农坛坛墙和坛门、东江米巷“敷文”坊和西江米巷“振武”坊、太庙、社稷坛、紫禁城内东西宫殿等（将紫禁城或皇城作为整体纳入中轴线是合理的）、景山东西街和景山前后街、旧鼓楼大街、元大都北城墙遗迹等，还有各条大街上邻街传统商铺、饭馆、戏院、教堂、银行、邮电局，以及邻近的街巷宅院，特别是著名的老字号的房屋等历史建筑，均宜计入中轴线古代土木建筑工程范围。中轴线涉及的近现代土木建筑重要节点内容，自南向北还有永定门西侧铁路桥（拆除）、永定门至天坛的铁路（拆除）、天坛西门外的火车站（拆除）、永定门至前门大街有轨电车及轨道（拆除）、前门大街有轨电车及轨道（复建）、正阳门东西火车站（一组二座）、正阳门下中国公路零公里标志、毛主席纪念堂和雕塑（一组）、人民英雄纪念碑、国旗杆和基座、天安门广场及周边近现代建筑（一组二座，含中国历史博物馆、人民大会堂）、长安街东西地下通道、天安门观礼台等十几处。

关于中轴线上的建筑及包含范围，各方面和专家学者的统计口径并不一致，少则说42座，也有说60余处。有的统计不包括永定门护城河桥、午门前涵洞、神武门北涵洞、各处城墙，反而有正阳门桥、万宁桥、金水桥、火神庙等，有的也没有燕墩、千步廊、东西三座门、燕翅楼、内城北城墙等。所以，本书统计只是一个偏重土木建筑工程的角度，166座也只是不完全统计，仅供参考。

第二节 中轴线历史桥梁

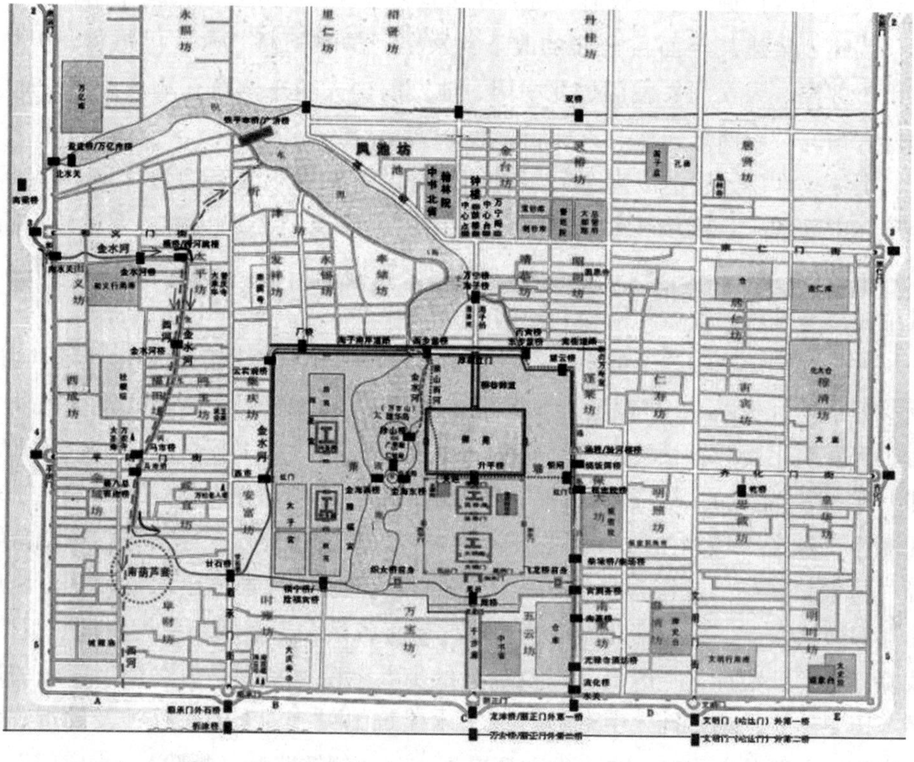

元大都桥梁分布图（本书绘制）

元、明、清三代北京中轴线上除了各具风采、雄姿伟丽的古代建筑之外，算起来历史上曾经有过11条东西向水道，出现过11组、20余座桥梁涵洞，若按7.8千米计，平均700米就有1道（组）。它们自南至北分别为：

（1）永定门桥。外城南护城河桥（永定门箭楼外护城河桥），始建于明嘉

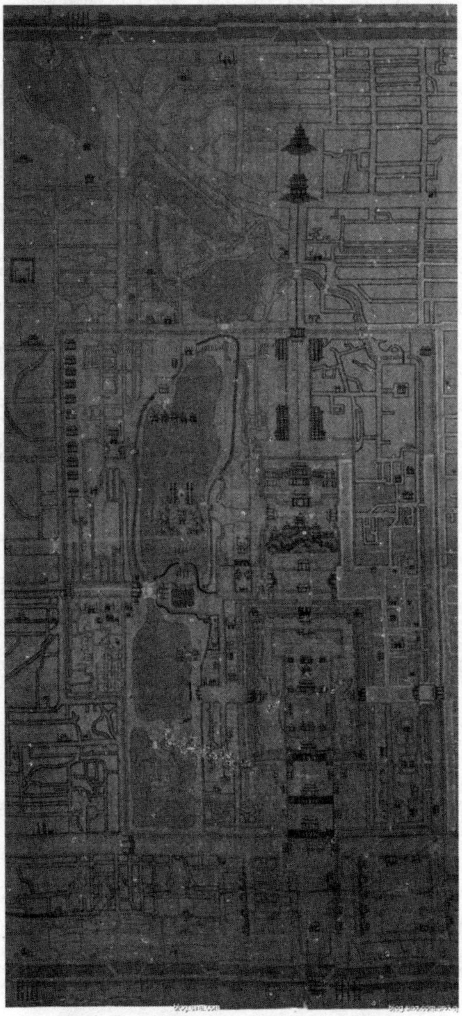
1747 精绘北京城图中的中轴线与桥梁

靖三十二年（1553 年），改建于清乾隆十五年（1785 年），1950 年、1970 年、1990 年、2000 年前后多次拆改重建，现为现代桥梁，成为北京改建次数最多的桥梁；

（2）天桥。永定门大街龙须沟桥，始建清雍正七年（1729 年），光绪三十二年（1906 年）改建，1934 年拆除，2014 年复建；邻近有新建地下通道；

（3）正阳桥。内城南护城河桥（正阳门箭楼外护城河桥），始见记载为元大都丽正门外第三桥，跨金中都闸河，桥南曾有底定北京中轴线的“独树将军”，古桥建于明正统四年（1439 年），现埋于地下；

（4）万安桥。元大都国桥（元大都丽正门外第二桥，跨元大都金口新河，约在今人民英雄纪念碑南侧，早已湮没）；

（5）龙津桥。元大都南护城河桥（元大都丽正门外第一桥，约在今国旗杆台座处，早已湮没）；

（6）外金水河桥。天安门前外金水河桥（建于明永乐年间，东西并列七座，中心为御路桥一，两侧为王公桥二、品级桥二、公生桥二）；

（7）周桥。元大内皇宫桥（元大内棂星门内、崇天门外，约在今故宫端门和午门之间，早已湮没）；

（8）午门外涵洞。故宫午门南侧沟通东西筒子河涵洞；

（9）内金水河桥。故宫午门里内金水河桥（建于明永乐年间，故宫太和门广场内，一组并列五座，中心为御路桥一，两侧为王公桥二、品级桥二）；

（10）神武门外涵洞、升平桥。故宫神武门北沟通东西筒子河涵洞（元代为升平桥，早已湮没）；

（11）万宁桥。地安门北御河桥，初建金代，元至元四年（1267 年）建，又称通惠河海子桥、北门桥、地安桥、后门桥，含澄清上闸。

上述桥梁（涵洞）皆为南北方向上跨河流水道的石砌拱桥或方形涵洞。在这些现存桥梁之中，数正阳桥和万宁桥最为古老，其起源时间推测应在金代开发太宁宫（大宁宫）时期，明确记载于元大都的修建（至元四年，即 1267 年），而且作为北京中轴线的奠基节点，其意义极其重大。尤其万宁桥几经明清重修，不仅留存至今，目前还在使用之中。1984 年，万宁桥成为北京市级文物保护单位，2014 年 6 月 22 日，随同大运河成为世界文化遗产。

建造时间明确在元初的还有当时号称国桥的万安桥、丽正门外第一桥龙津桥、大内崇天门外周桥、厚载门外升平桥，均具有相当的历史地位。论建筑规格和艺术水平最高的当属龙津桥和周桥，而且非常难得的是唯有周桥留下了建造者的姓名——河北曲阳的石匠杨琼，还受到了忽必烈的嘉奖。可以说，杨琼是元大都最早最著名的工程师，作为桥梁工程师，仅次于修建赵州桥的李春。

据多种文献推测，周桥位于端门和午门之间的位置。但是倾向于认为周桥就是今日故宫内金水桥前身的也不少。不过在周桥西边附近还有一座名为断虹桥的桥梁，长期以来一直在竞争周桥的地位和名号。因为有人认为该桥处于元大都大内中轴线上，所以周桥的桂冠应该挂到它的桥头。关于这一点争议颇大，近些年来否定断虹桥为周桥的意见稍稍占了上风。无论如何，周桥的艺术难以超越，断虹桥的故事更是迷人，尤其雕刻艺术确实具有金元风格，也是最值得称道的。按说崇天门前的周桥应该与厚载门前的升平桥相互呼应，同为大内南北之桥，可惜它们均已湮没。一同湮没的还有丽正门前的龙津桥。关于龙津桥、周桥的演变历史很是悠久而复杂，本书后面有详尽的解读。

第三章

走桥中轴线

第一节　桥梁方位与朝向

一、中轴线的桥梁如何走？

中轴线的桥梁如何走，好像意义不大，不如中轴线如何走更有解释的必要。其实都有重要的意义，都涉及建筑、道路和桥梁的方位和走向。

象天设地的中轴线与附着于其上的建筑、道路和桥梁，共同构成了一个带状的秩序空间，与今日的文化探访路概念一样，是一个立体的文化带。因为道路本身具有带状空间和交通纽带功能，桥梁的作用则是起联系、跨越与节点景观的功能。根据北京中轴线的历时性和共时性，简单来说，可以将其设定为自永定门桥为起点，经天桥、前门、天安门广场、金水桥和天安门、故宫、景山，地安门至万宁桥和钟鼓楼终点的一条走廊，其中有的建筑可以穿行，如城门，有的需要在两侧绕行，如宫殿、景山，但是每一座桥梁都应该能够走到。考虑历史现实，如哪个朝代，以什么身份，是皇帝还是大臣，就要斟酌。

本书将中轴线区间和桥梁分布空间分为下述三大段：

第一段，自正阳桥和正阳门为起点，向北至景山，考虑的是元大都的规划思想与兴建历史脉络，以及古代朝廷的重要政务和节气时令，还有人们的空间心理，大致也是这个方向。

第二段，自地安门（厚载红门），包括东步量桥、西步量桥，经万宁桥，至鼓楼、钟楼，作为一个区间，瞻前顾后、左巡右视，因为这是大都的重要一区。然后，围绕中轴线和水脉，本书将从故宫的西、东两侧，移步向南，介绍什刹海、金水河、西苑三海、玉河和通惠河上的部分桥梁，它们与中轴线息息相关。

第三段，自前门向南过天桥至永定门桥，以至于永定门外的凉水河上的永定桥，这个方向符合皇家祭天的走向，也是明代北京外城向南拓展的方向。而且直到清代，北京的主要出城方向也不是永定门，而是出正阳门后右转向西，自广安门出城，或是向东出朝阳门至东便门大通桥到通州北运河。永定门主要是象征性的，不是交通要道。

桥梁有上下，在桥为上，离桥为下，这是人所共识的常识。桥梁亦有左右，还分上游、下游，有人清楚，但也有人糊涂。另外许多桥梁还有前后、有内外。每看三国故事，一路人马无论是杀出城外或退回城里，无论是攻城还是守城，总是出现城门、护城河与吊桥的景象，这可以说是中国古代城池关口的三大建筑要素。在中国古代建筑的城门、大门或关楼之外，多数都是有河、有桥的。虽然许多桥梁是不分内外的，但是像护城河、护城河桥即具有边界、护卫性质的河与桥梁，肯定要分别内外的。对于非护城河，如果它位于一座城池的防御圈内，一般也是如此“设置”其内外的，如北京宛平城的西门、城外的卢沟桥和永定河三者之间的相互关系即是如此。扩大来看，其他号称北京四大拱卫之桥的朝宗桥、八里桥等，虽然它们分别距离北京最近的城门都在十几千米或二十几千米以上，可以说都是北京城防卫圈外围之“护城桥”，都有内外之分。一座桥，如果有着护卫和分界作用，河流就是界限，根据其护卫的区域就可以确定此岸还是彼岸、桥内还是桥外、城里还是乡下，甚至天上还是地下，而城墙和城门一定是修建在其内侧。这些讲究既是桥梁实际功用的表现，久而久之也就成为桥梁文化的重要寓意象征，成为人间与皇家、人间与仙境、人鬼和生死，甚至蛮荒与文明的分界线。当你走近北京中轴线的桥梁时，是否清楚桥梁的上下左右和前后里外的关系呢？且听我说。

二、上桥和下桥

关于桥上和上桥，以及走到桥梁中间的含义，几乎毫无疑问，都是指站在桥面之上，也可以说在桥内。但是说到桥下就有着几重意思，一是指桥底下即桥梁桥孔结构之下，二是指桥头边界之外的道路，三是指桥梁旁边即桥外。

按照桥梁专业的划分，一座桥梁通常分为三大部分：上部、下部和基础。桥梁上部指桥梁墩台支座以上的部分，包括桥跨的梁体、拱券（拱碹）、桥面构造和铺装、侧墙、栏杆（栏板和望柱）和灯柱及装饰等，基本上是人可以看到和接触的部分。根据所用材料分为传统的石梁桥、木梁桥、石木梁桥、石拱桥、砖石拱桥、悬索桥等；现代有梁桥、拱桥、刚构桥、斜拉桥、悬索桥和组合式桥梁，按材料和结构分为混凝土、钢筋混凝土、钢、预应力、板梁、T形、箱型、桁架、简支、连续等各种结构形式。

桥梁下部指墩台部分，大概念也可以说是桥梁基础，包括桥台和支座、桥墩和支座、墩台顶部的盖梁、桥台处的金刚墙、侧墙、翼墙、燕翅（墙）、挡土墙、锥坡护坡等，大部分时间一半露出水面以上，一半被淹没在水下。桥梁下部也是根据建筑材料分类，但不如上部的花样多，通常分为重力式和轻型结构两大类。重力式墩台指依靠砖石混凝土等的自身重量能够自我独立的结构，轻型墩台在没有外力作用下可以自立，但在桥梁上部作用和外在地震力作用下，则必须与上部结构共同受力才能达到稳定的结构，如薄壁墩、柔性墩之类。特别是拱桥桥墩，如果是重力式，当其中一墩或一孔坍塌，不会影响其他孔；如果是轻型的，只要一墩或一孔坍塌，将会导致“多米诺”效应，可能波及所有桥孔。所以多孔连拱桥，至少在其中要间隔设计重力式桥墩。

桥梁基础大多数是看不见的，包括各种地基指原状土石或稍加处理的部分，人工基础和基础顶部的承台、水底的防冲刷海漫、水力消力坎、导流设施等。人工基础类型有古代的木桩、石桩，多数在桩顶加石板做承台，砖石垒砌并用腰铁、穿桩铁柱相互勾连形成扩大基础。古代木桩就是挤密桩，适合细碎的沙石土、砂性土和壤土、泥土，现今可做成石灰桩、砂石桩、混凝土桩、旋喷桩等。现在桩基础多为钻孔灌注桩、贯入桩（打入桩）、钢管桩、挤密桩等，还有扩大基础、筏板基础、沉井基础等。

以平面空间看，以桥台伸缩缝为界，以内（注意桥梁分内外）梁跨桥面区域为桥上，以外的部分直到连接道路处为桥下，此部分为过渡段，古代称为桥堍，又称为桥头引道（坡道）、桥头搭板（结构），往往呈八字形状，向桥梁方向逐渐收口。至于引桥是指桥梁高度比较高，在主跨之外与道路衔接部分，往往也是做成桥梁，有的做成高路堤。

三、桥左和桥右

桥梁的左右一般依照道路的左右，古人文献中就常记左右，但往往未清楚交代当时道路的走向，致使后人分辨不清，造成误解。

例如关于赵州桥的第一次修缮，见于桥下出土的石柱刻字，其上云：“隋人建石梁几二百祀，壬申岁七月□水方割陷于梁北之左趾，下坟岸□崩落，上排簉又嵌欹，则修之可为……速攻其石膏，复仍累土以负，兹补栏植柱，靡不永固，俾壮名不坠于远近。……贞元九年四月十九日。”这一段记述的是赵州桥建成后约二百年，即唐贞元八年（792 年），大桥北侧桥台的左边台趾处被大水冲坏，下边的堤岸崩塌，牵动了上面的“排簉”（指大拱上的小拱）开裂歪斜，故补石重砌，填土培护，复添栏板望柱，裨使永固，以复旧观。赵州桥实为南北走向，文中梁北之左趾，到底是指桥台的西侧还是东侧呢？有文章说是西侧，也有说是东侧，反正一“踏”糊“途”。一般来说，面对人和车辆的前进方向，左即左矣，右则右矣，是不会糊涂的。可是具体到一条道路上来说，因为交通往来，又如何区分呢？

道路的方向方位既是一种现象，也是一种历史文化传统。从现象来说，首先是受河流水运的影响，船舶从下游向上游行驶为上行，反之为下行。从历史文化来看，《易·谦》：“天道下济而光明，地道卑而上行。”这说的是天地关系，以礼制等级划定大方向。所以又有《清会典·礼部五·仪制清吏司》：“凡官文书，上行，下行，平行，各别其制。”即规定官府文书由下级致上级称上行，反之由上级致下级则称下行，又有平级之间的文书平行。古代如此，现代其实也是如此。现代道路和铁路交通的方向区分是以里程桩号为准：背对桩号小的方向，或者面对桩号大的方向来区分左右，可是桩号的起点往往位于等级相对重要的地方。例如，从首都北京出发的国道，零起点桩号 K0+000 在北京旧城门下，象征起点位于前门门洞处。以道路起终点或上下行来说，桩号增大方向就是下行，桩号减少方向就上行。离开北京是下行，朝向北京就是上行。方向明确了，道路左右还是说不清楚。此时，还必须明确以上行还是下行为前进方向，否则也是无法区分。

说起道路的左右，有一句成语：仁右道左，即以仁为右为上，以道为辅佐。见于《礼记·表记》：“仁者右也，道者左也。仁者人也，道者义也。”是说在仁爱和道义两者的关系中，仁处在优先主导地位，道则居于随从的地位。因为“仁”的出发点是人、人性，“道”的出发点则是要求人的行为合乎法则，而法则本身就必须以人性为依归。当然，仁与道两者不可偏废。仁右道左，以及尊右、副左、辅佐的本源，应该与人以及大多数动物的右利手、左手为辅助的习性相关，即与人多为右撇子有关。所以，左也有旁边的意思，如“道左”。古人接待远方来客必候于客人下车或下马的左边，即候于道左，便于出手相扶。因为人们总是在左边上下，无论坐车、骑马、骑自行车还是三轮车都是如此。这样，左右是以来客自身之左右为准的。

在中国古代，无论日常驾车还是驾驭战车，御夫即驾车者都是居右，而乘客或主尊则居中位于御夫之左，从而形成的虚左、尊左传统。如行驶在路上需要避让前方车辆时，以让出路的左面来表示对对方的礼貌和友好。这既是从来客也是从主人角度出发的，其实这都源自右手或右侧臂膊持力大而威武，不仅有威胁感也容易伤人。而左手或左侧相对软弱，可以示弱，故有安全感。

四、交通规则与桥梁左右

显然，从赶车人右手持力的角度、主人或乘客上下车的便捷性考虑，车辆靠左行驶是最有利的。故而历史上许多国家的交通规则为左行。在汽车时代，开车不同于赶马车，右手的作用不那么突出了。既可左行也可以右行，主要还是看乘客上下如何方便安全。至今，人们对于不同的国家为什么实行左行或者实行右行，以及中国从民国开始改左行为右行，尚有不同见解。不过还有一个视点可以做出合理的解释，而且是真正的视点即视知觉心理。简单来说，与阅读规律有关，大多数人们通常都是自左至右、自上而下阅读的，我们看到事物的注意力总是从左上角开始。当然像阿拉伯文自右至左的格式还是非常少见的，自有其文化背景。首要注意力的视觉特征对于驾驶员座位在左侧、车辆靠右行驶是有好处的，特别有利于驾驶员的及时反应和对相对行驶车辆与自己的车辆之间动态关系的判断。

古代道路桥梁的宽度均比较窄，车辆也不像现代社会那样多，所以只是针对会车才有了左行或右行的规则，但不会划定单方向的车道。现代社会交通量非常大，对双向交通加以区分，设置固定的单向行车道就非常必要。但是由于上下行的车辆数量和荷载不完全一样，当相差比较大时，这样的区别往往会对路面和桥梁结构造成不对称的损害。

古代也有因为车辆行驶方向的变化造成桥梁损坏的情况发生。罗英在《中国石桥》之赵州桥中写道："昔日车辆多靠左行，重载大板车驶到上坡道时，往往走之字形的路线而上。这座桥（指赵州桥）的引道上坡道约11%，而桥上桥面的坡道也有7%。大车由北向南，在引道上行驶时由东北向西南而上，至桥端时乃改由西北向东南而上。由于行驶缓慢，板车压桥的时间因此延长，推车上坡，因车轮与桥面的摩擦力发生一种斜横向平推力，致使北半截石拱，时时被迫向东潜移。复以桥梁历经岁月，桥拱石多少有些风化，因而失却严紧，逐渐移动，日积月累，致使北半截石拱东侧（上述石刻所说的梁北之左趾）有向外鼓出而西侧则有向内弯之迹象；同时因这种平推力也会使东侧拱圈顶渐向南偏。车辆如由南往北，也会发生同样的作用，桥梁也会受到同样的影响，不过以车行反向，因石拱变形的方向也就相反。……大车过桥，重车由南往北可能较由北往南者多一些，因城市粮食和日用品的供应，多来自四乡。所以，这座桥西侧五圈坍塌较东侧三圈塌落的时期早百余年，就是这个缘故。由此，同时也暴露了纵向并列砌置石拱结构的弱点。"① 看来，车辆行驶方向的变化与桥梁结构的受力状态有很大的关系。尤其现代交通，车辆刹车时轮胎对路面和桥梁的水平摩擦推力还是不可忽视的，日积月累造成的疲劳变形和破坏也是很大的。

五、左右文化与桥梁方位

真正有方位意义的左右，在中国传统文化中则是指上南下北、左东右西。东方为左，西方为右。如山左山右，江东江左，如老北京城的左安门、右安门，左文右武之宣武门、崇文门。所以，不仅建筑，中国古代桥梁作为古建筑遗产，只要涉及其方位意思的，如果没有特别注明解释，可以认为只要桥分南北东西，就应该按中国传统文化的意思来理解其南为前、北为后、东为左、西为右。如你站在桥中间，想象俯视整个桥梁，则"梁北之左趾"，应该是指北桥台的西侧，"梁南之左趾"，应该是指南桥台的东侧。当然，面对赵州桥，或面对任何一座桥，讨论它的方位，不能够绝对化也不能随意，站在桥上面北而立，还是站在桥北面南而立，总要形成一种环境空间方位的共识，特别要注意与桥头建筑的关系，比如北海公园的永安桥北桥头的狮子。

第二节　路神与桥神

一、路有路神，桥有桥神

桥梁分为上游和下游不仅是自然存在的，也的确是非常重要的、需要区别对待的。

桥梁不仅是跨越结构，也是水工导流结构。因为造价和建造难度，古代桥梁和大部分现代桥梁都是按照必需的最短尺度（跨径）建造的，所以常常会压缩河床，发生洪水时桥下水位比较高、冲刷力和浮力都非常大，也容易受漂浮物堵塞桥孔，对桥梁造成相当大的危害。所以在上游墩台处要设计成导流形状，如迎水尖、分水尖和金刚嘴（斩龙剑），桥梁、桥券和桥孔最好使用坚固的大块石砌筑。还有就像赵州桥在世界上首创"敞肩拱"，即在主孔券两侧填土肩墙位置增加腹拱，形成"空腹式"拱桥，特称之为"空撞券"，增加排水面积达到16.5%。而下游墩台最好伸长伸远一些，以增加基础面积和导流长度，防止漩

---

① 罗英. 中国石桥［M］. 北京：人民交通出版社，1959：157.

涡和冲刷掏空基础。因为上游迎水最怕水大流急，需要压制水头，下游流水则希望畅通宣泄。除了上述工程措施之外，人们还祈求神灵保佑风调雨顺，寄托海晏风清的美好愿望。

路有路神，桥有桥神。东汉应劭著《风俗通义》卷八："共工之子曰修，好远游。舟车所至，足迹所达，靡不穷览，故祀以为祖神。"唐王瓘著《轩辕本纪》云："帝周游行时，元妃嫘祖死于道，帝祭之以为祖神。"元脱脱等著《宋史·礼志》注引崔实《四民月令》云："祖，道神也。黄帝之子曰累祖，好远游，死道路，故祀以为道神，以求道路之福。"看来，路神有多种传说。而且路神与财神有些混淆不清，但路通财通，也是有道理的。有些地方如南方称为"路头菩萨"又称"行神""五路神"，北京有不少五道庙，五道庙供奉的就是路神。路神据说姓何，名为"何路"，看来是从人们日常问路问出来的。

中国著名的桥神非为鲁班不可。不过传说中的桥神也是有些模糊，好像还得分是什么桥。比如奈何桥，就是由孟婆把守的。黄泉路上有奈何桥，奈何桥边有三生石，三生石上有孟婆汤。在民俗文化中，桥梁是过往生者的危机所在，也是死者灵魂转世的枢纽，生与死在此轮回，桥梁实在是生命之桥。

二、祭桥文

让我们欣赏两篇元代的祭桥文①，这是元代著名学者王恽写的修桥祭文。

其一《修五门前桥，祭岁君地祇文》："应门将将，前临天津，玉辂所驰，虹梁必陈。爰构爰缔，筑之陾陾，神维垂佑，迄于有成。"翻译为：皇都大门威严赫赫，前临天津桥，皇帝的玉饰车驾所经过的地方，必有高大的桥梁陈列，于是为缔造坚固的桥梁结构，人们精心建造，在桥神的护佑之下，终于成功。这位桥神不知是哪方神圣，下一篇则将五方帝作为桥神。

其二《五方帝祭文》："因方殊号，尊以帝称，殿临五部，有赫其灵。维桥之作，鞭石驾梁，尚冀拥卫，大来百祥。"翻译为：因东西南北中五帝各处一方，各有帝王名号和尊称，为此祭祀五帝的享殿分为五部，五帝各居其位以显赫其灵。今日建造桥梁，祈求神灵举鞭驱石，架起大梁，并希望获得神灵卫护，永葆吉祥。

三、镇水兽

这是建造桥梁时祈神保佑。面对洪水滔天，中国传统除了物理上的导治，

① ［元］王恽．秋涧集［M］//钦定四库全书：秋涧先生大全集·卷六十七．北京：紫禁城出版社，2007：20.

便是文化和心理上禳灾斗法习俗，讲究以铁牛、石狮震慑水害，以饕餮、蚣蝮等怪兽吸水，在拱券顶部悬挂斩龙剑，以模拟斩杀水龙，形同门楣墙头上的照妖镜作为厌胜之物。这些厌胜物种类很多，包括龙、凤、龟、麟，还有貔貅、葫芦、文昌塔、金蟾、蜈蚣、大象、石敢当等。石头本身就是其中一种，所以龙门石或拱心石不见得雕刻，但必为一独特的整块石头，而且细究起来还非常符合拱券对称受力的特点。古人还有使用铁器、钱币等镇邪镇水的习俗，如前些时候新闻报道在黄山屯溪老大桥的桥墩处发现铁蜈蚣。蜈蚣又名叫天龙，五行属土可镇水，如北京中南海就有座桥名称“蜈蚣桥”，印证“蛟龙怕蜈蚣”的传说。江南地区也有蜈蚣桥，据说取其结构形状，形似趴窝的蜈蚣，应该是连串的桥墩与蜈蚣的多脚相类似吧。

桥梁之上最普遍的就是镇水兽，又称避水兽、吸水兽、息水兽。它们有着不同的形态，有的被安置在桥梁正中栏板处或望柱上，或雕刻或绘画，有的在拱桥桥券顶部的拱心石、龙门石、券顶石上，多雕刻为俯视河水的龙首（龙头）形状。其形为龙，有称饕餮，更多为蚣蝮，是中国古代神话传说中的龙生九子之一，好水，能喝水。卢沟桥中心一孔的两面和西面第五孔上还保存三块高浮雕吸水兽拱心石，皆用汉白玉雕琢，傅熹年以为是金代原物。还有安置在墩台侧墙、分水尖处或迎水端墙上，再有就是在桥梁外侧的八字翼墙（燕翅）上。这些部位的镇水兽可以分为上游迎水的吸水兽、避水兽和下游送水的吐水兽，比如故宫武英殿东侧的大名鼎鼎的断虹桥，在其东、西两侧即上、下游拱券正中拱心石的镇水龙首就各有讲究，西侧龙头头顶中心的漩涡为逆时针旋转，表达了人们祈求顶住上游洪水压力的期望，东侧则为顺时针旋转，表达人们渴盼尽快宣泄掉洪水的期待。

在北京石刻艺术博物馆中就有一只券顶石龙首，据博物馆介绍就是西压桥北侧拱券上的。有专家考证此镇水兽为元代雕刻。龙首高 80 厘米、宽 118 厘米、厚 70 厘米，体量巨大，形象威猛。石刻为高浮雕，顶饰鹿角叉，面目狰狞，骨骼突出，双目圆睁，眉头紧拧，披发中分，对称双螺旋发髻，前爪趴伏外露，此物征集于北海后门附近，原在石桥中孔上嵌置。

在桥梁两侧燕翅上设置的镇水兽多为身形完整的蚣蝮，类似鳄鱼，龙身鳞片。蚣蝮所在均为燕翅上适中位置，其水平高度几乎与桥孔顶部同高或稍低于桥孔，其实表达的是最高洪水位的意思。像万宁桥燕翅上的蚣蝮雕塑分为上中下三层，与水位标尺联系起来，表达控制水位和可否通航的意思。在水很大的情况下，如果看到蚣蝮在水中若隐若现，那就到了需要抢险的状况了。所以蚣蝮还有触发洪水警报的功能，就像现今立交桥下的水位标尺。由此看到，在南

北京石刻艺术博物馆藏西压桥拱顶镇水兽龙首

方桥梁墩台处的蜈蚣身影，甚至桥墩内镶嵌铁蜈蚣，不仅反映古人乞求桥梁稳固的良好愿望，推测其应为水位标尺，也有标识水位的功能作用。

《元故宫遗录》中所记周桥："皆琢龙凤祥云，明莹如玉。桥下有四白石龙，擎戴水中甚壮。绕桥尽高柳，郁郁万株，远与内城西宫海子相望。"内城西宫海子当指中南海的中海，桥下四白石龙擎戴水中，可理解为浮在水面，似为水所"擎戴"，如此当为四条镇水蚣蝮。

再远还有镇水石牛、铁牛、铁锚一类，最著名的莫如张家湾的铁牛寺复改铁锚寺、三家店的铁锚寺、北京颐和园十七孔桥东侧的铜牛、河北沧州的铁狮子又称"镇海吼"、山西蒲州黄河大铁牛等，大铁牛最重居然达到 72 吨。为什么镇水多为牛呢？因为按照五行学说，牛属土，土能克水，故用牛。杜甫就有诗："君不见秦时蜀太守，刻石立作三犀牛。"《蜀王本纪》中也有："江水为害，蜀守李冰做石犀五枚。二枚在府中，一枚在市桥下，二枚在水中。"这已经不完全为了桥梁了。说到昆明湖东堤的铜牛，乾隆专门在其身上篆刻一篇《金牛铭》，体现出以牛镇水的意思：

故宫断虹桥拱顶镇水兽龙首（摄影 王锐英）

万宁桥镇水兽蚣蝮

夏禹治河，铁牛传颂。义重安澜，后人景从。
制寓刚戊，象取厚坤。蛟龙远避，讵数鼍鼋。
濸此昆明，潴流万顷。金写神牛，用镇悠永。
巴邱淮水，共贯同条。人称汉武，我慕唐尧。
瑞应之符，逮于西海。敬兹降祥，乾隆乙亥。

此外，颐和园铜牛还有一个说法，说它是京城的水位标记。只要大水抵达铜牛脚下，北京城必将洪水滔天。

四、抱鼓石

桥梁栏杆尽端的抱鼓石，又称为戗鼓石、靠山石、靠山兽、顶栏石，其实也是镇水石或镇水兽的一种。通常我们看到的抱鼓石多为圆鼓形状，而金元时期的抱鼓石独具特色。

故宫断虹桥靠山兽（摄影 王锐英）

一是卢沟桥的桥栏抱鼓石最为特殊，东侧南北两处为大象造型，西侧南北两处为狮子造型，均为立兽，萌态十足，可以说是在全中国独一无二，有人推测为金代遗存或遗留风格。为什么用狮子和大象呢？探寻起来就与桥梁的内外有关了。狮子威严，多为守护神，置于门户之外面向远方。大象乃是吉祥动物，面向哪个方向均有安详如意的意思，所以相对狮子来说，将大象置于桥梁外侧而面向内，估计是为了迎接吉祥，还是颇为讲究的。

与此类同，北海永安桥桥头南北各有一座牌坊，还有两对石狮，一对在桥南头朝南，南边为团城城墙；一对在桥北头朝北，正对永安寺山门。这两对石狮都有百年以上历史，可从石材到造型都不一样，应该说不是同一时期雕凿的。过去老北京有句谚语：“永安寺的狮子头朝里。”讲的就是永安桥北端这对石狮，因其狮子面朝北，又在永安寺山门前，与常规建筑前的石狮坐北朝南（坐门朝外）不同，该谚语指办事或处理问题“与众不同”，有贬损嘲笑之意。实际上推测其朝向是以桥为主体，桥上为内，桥两端就为外了。原来，永安桥的狮子是把守桥梁的，是为了永安桥更加永安，不是用来护卫山门的。

二是如故宫断虹桥、通州永通桥（八里桥）和张家湾通济桥（萧太后桥）的抱鼓石也非常独特，传为金代造型，其形似狮子又似麒麟而顶生一角，形为蹲兽可称为蹲龙，头颈上鬣毛后掠飞起，与望柱相联结。整体造型，背驮风云，含胸疾进，身体瘦劲而肌肉强健，两只前爪用力地支撑，好像使尽全身力气将栏杆顶住。端详其形态似乎为卧兽蚣蝮蹲立起来了，其本相应该是鳄鱼，毫无疑问均为镇水兽一类。在故宫景仁宫，景仁门内有石影壁一座，传为元朝的遗物，这座影壁的基座左右，前后各有一对与断虹桥几乎一样的蹲龙。

五、桥头建筑

镇守桥梁并且区分桥梁内外的大多靠牌坊和牌楼。如金鳌玉蝀桥东边牌坊为玉蝀，蝀为彩虹代表东方；西为金鳌，金为西代表西方。而且牌坊上的匾额题字都必须朝向桥外，这就不仅内外有别，还能够标识东西南北，成为交通导向标识物。单独一座牌坊的也有，如正阳桥牌楼，就立在正阳桥南侧，外书正阳桥三字，表明在正阳桥之外。除了桥头牌坊（牌楼）、石碑、石幢和纪念碑之外，有些桥梁还在面向河水的栏板正中或桥券正中镶嵌有桥名匾额、石牌、碑刻，除了标识桥名也是为了镇水，就像压胜画符。古人对于桥头匾额是很重视的，如“堆云、积翠、大桥、金鳌、玉蝀、太液桥、陟山门，嘉靖二十一年（1542年）三月初一日添扁”①。

最大的桥梁镇水之物则是修建在桥头的桥头堡，还有龙王庙、关帝庙、真武庙、观音庙和过街楼等。桥头堡以及牌楼、门阙、亭子等作为桥梁附属建筑具有桥梁装饰、标识、防卫和供人歇脚、避雨等作用，亦是桥梁美学的要素之一。有的还有稳定桥梁的力学作用，如赵州桥南侧紧邻桥头就曾经建有一座关帝阁，一方面是为了镇水，其实是为了压住桥头基础以抵住石拱桥的巨大水平推力，一方面也可能是桥南头就是村庄的入口。为此本书笔者专门考证，并基于桥梁内外朝向，指出其北侧应该还有一座巨大建筑物以抵住桥北端的基础和

---

① 明内廷规制考：卷一 宫阙［M］. 影印本. 上海：上海博古斋，1991：253.

水平推力，方为合理，极有可能是赵州城的前身南平棘古城的南城门，有待考古证实。赵州桥让关帝阁压向桥头、锁住堤岸，甚至在桥上紧挨着关帝阁又修建了鲁班庙、柴王庙，均为针对大地震、大洪水等物理和精神文化意义上“镇物”，也以此保佑着赵州桥岿然屹立了1420余年。

在研究中还发现赵州桥的存在时间可能不止1420余年。据《太平寰宇记·卷六十》“河北道九·赵州·平棘县”条下引《水经注》云：“汶水又东，径平棘县南，有石桥跨水，阔四十步，长五十步，桥东有两碑。”“平棘城南门，夹道有两石柱，翼路若阙焉。”“南平棘故城，汉县，废城在今县南。”① 中国互联网“有识之士博客”博文《赵州桥可能是东汉造》亦指出此观点，且推测赵州桥可能建成于东汉。由相关文献判断，平棘县城即南平棘故城，其城址在今赵县南临洨河，“汶水”应该为“洨水”之误写。因此跨水石桥应该是南平棘城南门外洨河石桥，更是“一跨”而过长五十步（约60米）的大石桥，桥头还有两通石碑。赵州桥桥身全长64.4米，宽9米（只此不合），跨径37.02米。看来，唯有赵州桥符合这些信息，上述关于桥头建筑的讨论恰恰也是一个有力旁证。《水经注》作者郦道元（约466—527年）生于北魏，其成书早于李春于600年建造赵州桥约80年，说明赵州桥建造时间不晚于515年前北魏时期。

另外，桥头堡的实际功用在悬索桥即吊桥上是最鲜明的，总是作为拉索和吊索的索塔支撑，多数情况下成为桥梁的“关口”“门户”，甚至盖起门楼成为镇桥雄关，成为大桥的门户。如果以桥为界，虽然很多桥难以区分内外，但大致说来，首先看桥梁的具体位置和功能，比如，建在护城河上的桥，城门方向此岸为里，彼岸为外。在大型建筑物面前的桥梁亦如此，如宫殿、庙宇、陵寝等门前，靠门一侧为里，隔桥为外。按照区域划分，往往村镇、县市边界，就像道路有进有出、有上行（如进京）有下行（如出京）一样，也可区分桥梁的里外。所以在传统建筑文化中，尤其古代山水画里，将桥梁看作阴阳之隔、人间与仙境的分界，因此当然必须在皇宫与民居之间以仙桥分界了。下面就让我们按照上桥和进入方向走一走中轴线上的桥梁。

---

① [宋] 乐史. 太平寰宇记：卷六十 河北道九·赵州·平棘县 [M]. 北京：中华书局，2008：498.

第四章

独树将军

第一节　正阳古渡

一、正阳古渡是决定北京城成长壮大的第一桥渡

北京中轴线的起源和桥梁应该追溯至金中都的中轴线和龙津桥。金中都龙津桥是正阳桥和元大都龙津桥、明清金水桥的标准范本。不过，等介绍金水桥时再做详细解读吧，现在还是从正阳桥说起。

古代北京交通地理形势图（本书绘制）

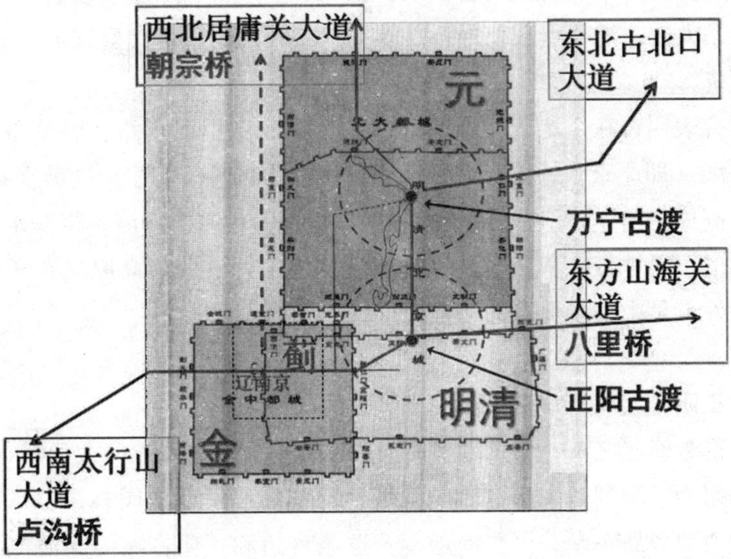

古代北京中轴线与古渡桥梁关系图（本书绘制）

自元明清以来，延续金中都中轴线龙脉的是一南一北两座著名的古桥，它们就是正阳桥和万宁桥。在北京的中轴线上，正阳桥和万宁桥都有着同样久远的历史，其前身早在辽金之前，甚至在修建桥梁之前应该是北京小平原上的两处重要交通关口和渡口，它们既是北京城自元大都以来的中轴线初始坐标点，也是北京自古以来的几条大道的交会点。

如果说卢沟桥的前身“卢沟古渡”是决定北京城起源的第一桥渡的话，那么北京前门正阳桥的前身正阳古渡，则是决定北京城成长壮大的第一桥渡。

深究起来，北京中轴线极有可能就是建立在古代自南向北的一条笔直的大道上，大道的南端是正阳古渡，北端就是万宁古渡。大道南端向南过正阳古渡后，拐向西南方向有几条斜街包括大栅栏、杨梅竹斜街等，然后穿过不同历史时期的古蓟城、唐幽州、辽南京、金中都，可直达卢沟古渡和卢沟桥。大道的北端向北过万宁桥后，则斜向西北方向的鼓楼西大街以及旧鼓楼大街的前身，可经德胜门和健德门古道，直达昌平、军都陉和塞外。这种格局的形成分别与这两处的古河道和古桥渡关系密切。

如果从更大的地理空间关系看，尹钧科先生所著《北京古代交通》一书中指出：“北京城市聚落的起源就是由于它处在与东北、西北、西南几条古代大道的交会点上。”根据侯仁之先生的研究，古代北京地区与外界的联系，存在着

“太行山东麓大道”“居庸关大道”“古北口大道”和“燕山南麓或山海关大道”。那么这四条大道的汇合点在何处？许多文献将其定位于古代蓟城或广安门附近，均过于笼统。

据研究表明，在今北京城西侧的“白云路、三里河东路、展览路至西直门火车站一线（即原京张铁路环城段）很可能即为古时经蓟丘、过瀔水、入南口，西进蒙古高原之路”。此说法可能性很大，但从古代在今海淀一带是水网密布的相当辽阔的沼泽地带，从交通便利性来看，北上西进蒙古高原之路还有更大的一种可能性就是中轴线前身的古代大道。

二、正阳古渡有着众多中国古代帝王的身影

元大都未修建之前，北京地区的南北交通均需绕过“三海大河”，另外统治者如金章宗为了顺利往来于宫城与太液池琼华岛以及西山园林，也都需要从南北两端绕道琼华岛东岸。再往前追寻，这条古道和正阳古渡的起源应该更加久远，甚至可能是秦皇驰道的一部分或重要分支。

秦始皇广修驰道，“东穷燕、齐，南极吴、楚”，其中就有一条是由咸阳东行，沿太行山东麓到达蓟城，然后东行，经燕郊、夏垫、三河、段甲岭至无终（今天津蓟县），可达碣石、辽东。此路是蓟城通往东北的主要道路，“路宽丈余，季节性通车马，遇洪则阻，冬春通，夏秋断，历年需要修复。”最早除了本地的燕、蓟国王之外，可以追寻到齐桓公救燕，北伐山戎。① 从秦始皇东巡碣石到曹操北征乌桓，从汉光武帝追击敌军到隋炀帝东行、唐太宗东征，都曾经在这条古道上留下过历史烟尘。值得叙说一句，北京自古以来可能是走过或留驻过帝王最多的一座城市，更不知有多少帝王走过这个古渡口。最为凄惨的是宋太宗在离此不过五里地的地方兵败高梁河，后来徽、钦二帝更以俘虏身份经驻北京。贞观十八年（644 年），唐太宗东征高丽，大将李世绩率步骑六万余人从陆路来到幽州，诸军在蓟城南郊大举誓师后，出征和回朝所走的路线就是这条古道即京榆古道。第二年贞观十九年（645 年），唐太宗李世民为哀悼东征阵亡将士，诏令在蓟城立寺纪念，但未能如愿。武则天万岁通天元年（696 年）才完成工程，赐名“悯忠寺”，即今日法源寺。

笔者认为通向西北的“居庸关大道”，号称“蓟辽走廊”的“古北口大道”

---

① “南伐至召陵，望熊山；北伐山戎、离枝、孤竹；西伐大夏，涉流沙；束马悬车登太行，至卑耳山而还。”［汉］司马迁. 史记：卷三十二 齐太公世家［M］. 北京：中华书局，1982：1361.

“燕山南麓或山海关大道”即京榆古道的起点，虽在历史上有所移动，但稳定下来的位置就在正阳古渡附近。理由有两条，第一，这几条大道均为从古幽州蓟城的东门而出，直到跨过从闸河向东南流的高梁河后才开始分岔而行。第二，道路路线的形成是以可达性和便捷性为主导，交通功能总是追求效率最高即时间最短、速度最快、消耗最少。其中山口、桥梁、渡口等作为交通控制节点的约束，一般依据“面—点—面”的连通原则，“节点”必然要起到“聚集”与“发散”的作用，而这些控制“节点”的定位，必然会经过漫长的历史积淀而形成为重要节点，这就是正阳古渡的特殊位置与价值所在。自中原而北上的“太行山东麓大道”的准确终点也可以认为正是穿过辽南京城或金中都到达的正阳古渡口。

三、中轴线的水龙与水口

正阳古渡向北就是万宁古渡，它与“三海大河”都有着深厚的内在渊源关系。从古代北京城市的水系变迁，就可以发现这座古桥渡对于北京城的形成有着特殊的意义。

“三海大河”是一个通俗称呼，指的是流经北海、中海、南海的一系列水泊，其前身是永定河在全新世早期和晚全新世早期行水的主河道，称为㶟水古道或古永定河、古高梁河故道。当时的永定河水自石景山、衙门口一带东流，至八宝山北折至田村，东流经紫竹院、德胜门、积水潭，再东南折向什刹海、北海、中南海（南海为明代开辟），过人民大会堂处的原石碑胡同、正阳门（即正阳桥下的古河道）、鲜鱼口、龙须沟、龙潭湖，流向马驹桥。① 自东汉以后永定河才改道蓟城南，而“三海大河”故道就成为古高梁河河道，并演变成为今日北京中轴线西侧的一条贯通南北、形似巨龙的“水龙轴线”。就在这条水龙轴线的南北两端，各有一处狭窄的横穿中轴线的水口津渡，北端是万宁古渡、南端是正阳古渡。而且巧得很，这两处古渡正好处于南北一条直线上，这条天造地设般的直线就是如今的北京中轴线，当年刘秉忠规划元大都时，不是打造了这条中心线，只是发现了它的伟大意义，因势利导造就了北京城。

---

① 岳升阳. 国家大剧院工地的金口河遗迹考察［J］. 北京大学学报（哲学社会科学版），2002（3）：143-152.

第二节　正阳古桥

一、正阳桥

1992 年 3 月，北京市政府在修建前门南侧地下人行通道时，施工人员曾经挖出一座古桥，复又埋藏地下。挖掘结果显示，这正是正阳桥，一座单券石拱桥，架在内城前门外的护城河上，建于明正统四年（1439 年），曾是北京古城中轴线上最大的一座古桥，连接着内城与外城，位居中轴线正南午位。桥中点与箭楼间的距离为 58. 5 米，折合明尺 180 尺。在中国古代建筑的“象数”学说中，180 是“周天之半”，象征“正阳”之象。

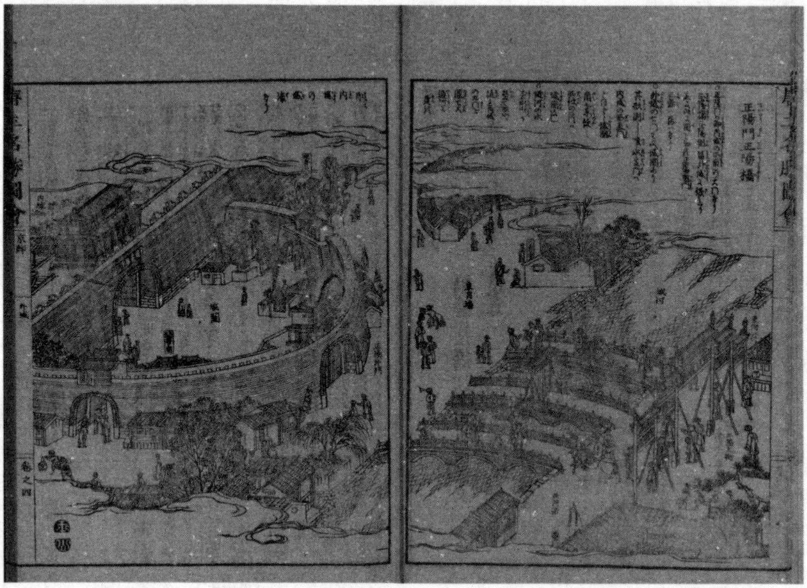

《唐土名胜图会》中的正阳门、正阳桥和正阳桥牌楼

真正让正阳桥出名的是忽必烈和刘秉忠，起初无名，仅有“丽正门外第三桥”的记载。据记载明代的正阳桥建于正统四年（1439 年），为三券石拱桥，桥面与金中都龙津桥类同，分为三幅道路，每幅间隔以汉白玉护栏，中为御道，是京师护城河桥最为宽大者。在桥南侧立有六柱五间五楼冲天柱式木牌楼，匾额大书“正阳桥”三字，民间俗称“五牌楼”。历史上，正阳桥的改建可能都赶不上这座牌楼的改建次数。由于屡经战火和社会动荡，牌楼也是面目全非，1955 年被拆除，1996 年在偏南位置复建，匾额改为“前门大街”，2008 年又拆除复建为民国时期的样式。①

二、独树将军

说起这座古桥渡的历史渊源以及蕴含其中的深厚的人文历史价值，是值得探索的一个话题，而且与元大都的兴建关系紧密。据《析津志》记述，元代“世祖建都之初，问于刘太保秉忠，定大内方向，秉忠以丽正门外第三桥南一树为方以对。上制可！遂封为独树将军，赐以金牌。每元会、圣节及元宵三夕，于树身悬挂诸色花灯于上，高低照耀，远望若火龙下降。树旁诸市人数，发卖诸般米甜食、饼、枣面糕之属，酒肉茶汤无不精备，游人至此忘返。此景莫盛于武宗、仁宗之朝。近年枯瘁，都人复栽一小者培植其旁，随年而长”。元代宫词也提到了独树将军：“九重深处五云排，丽正门当千步街。独树将军桥下立，诏封新赐小金牌。”想必独树将军离桥梁不远，此处当为一大景致，万方辐辏之区。而且往往为后人忽略的是，大都南城门为丽正门，距离有 700 余米，能如此繁华，全在于与当时尚存而没有全毁掉的南城（旧城）即金中都有关，至此可资探寻前门外东西几条斜街的成因了，稍后再做详细介绍。

这个关于独树将军的历史记载清楚说明，以丽正门外“第三桥”桥头南面的一棵大树为元大都的空间坐标原点，向北延伸作为大内的中心线，该树马上被忽必烈封为“独树将军”，成为北京城中轴线的起源标记。元代张昱《辇下曲》②：“四面朱阑当午门，百年榆柳是将军。昌期遭际风云会，草木犹封定国勋。”独树将军是百年以上的一棵老榆柳，在元代已经作为地标修建了四面围合的栏杆，被保护起来了。

这棵大树和这座桥梁的具体位置在何处呢？据后人研究，关于这座“第三桥”的位置，一说是在金中都北护城河（下游称闸河，上游为金口河）向东名为“闸河”上的第三座闸桥。另一说是从丽正门向南的道路上所跨越的第三条河流上的桥。“第一桥”即元大都丽正门前护城河上的桥，大约在今天安门广场国旗杆位置，旗杆北边东西向即元大都的丽正门和南城墙，东边的古观象台就是大都城东南角。“第二桥”的位置在当年金中都北护城河东流的“闸河”之

---

① 王世仁. 当代中国建筑史家十书 王世仁中国建筑史论选集［M］. 沈阳：辽宁美术出版社，2013：230-243.

② ［元］张昱. 辇下曲［M］//［元］柯九思，等. 辽金元宫词. 北京：北京古籍出版社，1988：12.

上，也是元代所开的金口新河，在现在的新帘子胡同一线，大约在今人民英雄纪念碑南侧一点。“第三桥”则在今正阳门处，跨在从这条闸河向东南流的古高梁河上。据历史记载，金代大定十一年（1171 年）首开西山的金口引永定河水，“自金口疏导至京城（中都）北入壕（北护城河），而东至通州之北入潞水”，以沟通北京和南北运河的漕运。此金口河水东流，经今金沟河入玉渊潭，沿月坛南路南侧东行至三里河东路转南，至白云观北侧入中都北护城河，然后一直向东在前门处转向东南流，结果因“地势高峻，水性浑浊……不能胜舟”而失败。① 这条东南河道实际是高梁河的一条古河道，曾经在国家大剧院基坑的考古中观察到。② 在这条河道上，“除渡船外，还有渔民打鱼，打上鱼后，都摆小船到小桥的西侧卖鱼”。据《天府广记》记载：“（明）正统时因修城壕，作坝蓄水，虑恐雨多水溢，故于正阳桥东南低洼处开通壕口，以泄其水。始有三里河名。”其低洼处及引出泄水河段实为早就存在的沟槽，后来，这里逐步建起了一些房屋，有了街巷胡同。这个在元时的小鱼市，演变成了鲜鱼巷，即为现今的鲜鱼口，以及其南边的南、北桥湾，三里河以及龙须沟等地名，就是这条古河道的遗迹。

上面提到的卖鱼的小桥，可不是随口一说的，而是特指鲜鱼口小桥。鲜鱼口小桥，桥小名气可不小，准确说叫前门外鲜鱼口小桥，东西向。路南曾经有座享誉京城的“天乐园”。天乐园本来是杂耍园子，庚子（1900 年八国联军侵华）之乱后，号称梨园领袖、艺名响九霄的河北梆子演员田际云，将该园重行扩建，首次上演京剧，后又改名“华乐”，成为北京有名的戏院之一。像梅兰芳、王蕙芳、王凤卿等人都是发迹于“天乐园”的。杨小楼、马连良、高庆奎、王又宸、谭富英，和四大名旦、四小名旦等，均常在该园公演。我国第一个京剧女子科班“崇雅社”成立于此。著名京剧表演艺术家郝寿臣别号“小桥红”，就是因其当年经常在华乐园演出，地处鲜鱼口小桥，观众们就亲切地称郝寿臣为“小桥红”。以后华乐园又改名为华乐戏院，中华人民共和国成立后改名为大众剧场。北京小吃正明斋文记糕点铺创办于此。

丽正门外的第三桥即上述古河道上的桥，即正阳古桥，应该位于正阳门下，而“独树将军”大约就在今城楼与箭楼之间的位置。说起来这棵“独树将军”真是大都的神来之笔。刘秉忠以树定位一方面体现了中国古代立“社”之意，

---

① 蔡蕃. 金口新河考辨——大都运河研究［M］//苏天钧. 北京考古集成 6. 北京：北京出版社，2000：161.

② 岳升阳. 国家大剧院工地的金口河遗迹考察［J］. 北京大学学报（哲学社会科学版），2002（3）：143-152.

清乾隆四十一年（1776年）《南巡图》中正阳桥及五牌楼，注意人马出正阳门过桥向右转

以象征元大都的“社主”，而中国古代早期的“社主”就是一株大树。① 另一方面真乃天作之合，恰恰就有一棵大树“恰恰”就在此关键位置等候着刘秉忠的发现。第三个方面则是中轴线南偏东方向（本书测定为2°06’05”），处于传统风水的子午兼壬丙正阳之位，正阳为南方之火，一棵大树在此代表东方之木，木生火旺。正是“星象丽天，山河纪地”② 之象。

（借此机会，特建议北京市政府应该在该处立碑亭，或在地面立标记以纪念北京城的原点及中轴线的起源，而且最好能够重新挖掘出以前的正阳桥，以彰显正阳古桥在北京古城历史、古都历史和中轴线历史的特殊人文价值。）

三、新旧城之间的斜街与桥梁

北京南城的城市街区格局的形成，萌芽甚早。除了西部广安门地区为辽金故城外，如大栅栏的几条斜街应起源于自唐幽州和辽金故城的东门（辽东门安东门，金东门施仁门）出发，过护城河桥即虎坊桥前身，还可以向北过臧家桥，然后斜向东北跨越正阳古渡。这几条斜街不仅是路径最短最为径直，而且基本上是在大约45~46米等高线上，古代此地西北地势比较高，而东南地势很低，显然无论是自然条件还是社会因素，正阳古渡与西南的虎坊桥、与正北的万宁

---

① 王春. 推测元大都“独树将军”的位置［EB/OL］. 新浪博客，2012-11-01.
② ［唐］房玄龄. 晋书·地理志上［M］. 北京：中华书局，1996：239.

桥都有着直接的交通畅达的相关性，最为便捷的交通不仅决定了前门大街西侧几条斜街的脉络，也使得刘秉忠规划大都中轴线位置时将正阳古渡不仅作为首选，也是历史和自然赋予的最佳位置。因为如果靠西则就过于邻近已经破败的金中都老城了，反而不美。而前门大街东侧的鲜鱼口地区的斜街，则形成于当时斜向东南的高梁河古河道，因其地势低洼，如龙须沟就在此处，完全不宜作为中轴线的南延线，反过来也就限定了中轴线不能靠东。

因废金中都城而新建元大都，故将元大都称为北城、新城，将金之都称为南城、旧城，这里成了游览胜地。在新、旧城之间，促成了上下斜街、铁树斜街等不少斜街的继续发展。元朝诗人写了不少南城怀古诗，著名的有乃贤写的《南城咏古》共写了十六个处所，其中有传说建于战国时燕黄金台，唐代的悯忠寺及双塔、大悲阁、云仙台等。直到明代，这里不仅是怀古殇咏、踏青访古的游览胜地，而且获得极大的发展，最终形成了最有北京文化意蕴的宣南地区，宣南文化由此而滥觞。有学者统计，仅在明永乐年间，特意从南京迁来的商户就已达 2.7 万户。又据《明世宗实录》记载，当时城南地区“居民繁伙，无虑数十万户。又四方万国商旅货贿所集”。到明嘉靖三十二年（1553 年）间筑外城后，南城格局方形成鲜明的古都特色。

第三节　正阳桥影

一、北京最早的照片

北京历史上第一张照片是英法联军拍摄于 1860 年的通州燃灯塔，而最早的桥梁照片是同时拍摄的八里桥。同期不差多少日子，正阳桥也应该入了这位西洋摄影师的法眼。此后，北京古桥留下影像最多的就是正阳桥了，因为这座桥梁位居城市正中，且在皇城之外，最为开放，可以任人拍照。

除了照片，其实正阳桥的绘画以及包含正阳桥的地图也应该是最多的。最早的一幅绘画是明代的《皇都积胜图》，是明代嘉靖末年到万历前期佚名创作的绢本设色画，现藏于中国国家博物馆。这幅画是明代中后期北京城繁盛景况的再现，图中从卢沟桥经广宁门（广安门）进入北京城区，又经正阳门、棋盘街、大明门、承天门（天安门）、皇宫等街市，向北延伸至居庸关。图中的正阳桥分三道，中道设栏杆，禁止通行。桥梁为三孔石拱桥，透空寻杖栏杆，两端抱鼓靠山石，桥面横铺长条石板，雕栏玉砌，很是壮观。但非常奇怪的是每侧望柱

明《皇都积胜图》中的正阳门和正阳桥

1874 年，正阳桥和五牌楼【摄影（俄）鲍耶尔斯基】

1902 年，前门正阳桥和五牌楼

1910 年，正阳桥明信片

居然都是单数 7 根，致使望柱立于桥券正中，柱头雕塑似龙似狮更像老鼠，蹲坐于莲花瓣之上，朝向不一，造型怪异。栏板很朴素，而撞券雕刻很是精美，侧墙上雕刻有二龙戏珠。桥梁右侧为南，有五间牌楼，左侧为正阳门箭楼，大门紧闭。桥梁上下商贩云集，热闹异常。

此图还绘有金水桥，桥分五道，连为一体，各对天安门五个门洞。桥栏单侧为六根望柱五间透空寻杖栏板，望柱头雕塑与正阳桥一样似龙似狮似鼠，像

民国年间的正阳桥，满铁株式会社，1939—1940 年

龙的多一些。特别之处还有桥面都横铺长条石板，唯在正中一道的第一块条石上雕刻了一条头西尾东的飞龙，在过桥后进入天安门正中门洞的地面上也雕绘有龙的图案。桥南侧左右立有一对华表，前方为三开间歇山顶大门，似为大明门。

图中所绘卢沟桥为联拱大石桥，桥券顶部绘有巨大兽首，望柱顶端的狮子也画得四不像，与正阳桥的柱头一样。回看正阳桥上最怪异的当为栏杆开间，已是阴数，正阳当阴又柱头类鼠，鼠为子为阴。显见这种子午颠倒之象，似乎是有意为之的。

二、正阳桥尺寸

正阳桥的形式在清末民初最早的一批照片中看得很清楚，有专家借此和有关文献对比进行过深入研究。在此特引用这位专家的考证资料《老北京的“正阳桥”五牌楼》① 主要内容如下：

> 正阳桥照片与康熙《南巡图》中的基本一致，只是两边石栏杆在照片中是罗汉栏板，可能是道光重修时简化。桥为三券石拱桥，桥身分为一中道二外道。中间一幅为御道，故又被称为“三头桥”，整个桥面的宽度远大于京城九门中其他各门护城河桥。中道两侧石栏杆，望柱头为坐狮，柱间寻杖栏板共 23 间，南北端设靠山石兽；两旁边路栏杆同为 23 间，莲瓣望柱头，罗汉栏板，两端随雁翅撇八字，前置抱鼓石。桥身上拱，坡度约为 4%~5%。
>
> 正阳桥的尺寸，在 1919 年市政公署修桥的档案中有勘测记录。桥面宽十丈三尺（32.96 米），长七丈五尺（24 米），两端雁翅各长三丈一尺（9.92 米），宽十一丈一尺五寸（35.68 米）；两端海漫石各长一丈零五寸，宽十二丈二尺六寸。这是工程承包方上报的尺寸，当时桥面已残损，测量未必准确。民国初年已颁令一尺等于 32 厘米，折合公制雁翅宽为 35.68 米，正好与五牌楼通面阔相对，从照片比例看，桥中道路与五牌楼明间相对。

在此标注折合米数，便于读者理解，并且特别指出正阳桥是北京古桥中最宽的桥梁，而且还是宽度超过了长度的桥梁，超出九米，长宽比达到 0.73，对于现代桥梁算是异形结构了，只有现代大型立交桥和高速公路桥梁才会出现。据此推测，金、元的龙津桥，元的周桥，均为三道四栏，与正阳桥形制相同，那么其宽度也应该不小，都是北京最宽的古桥。

> 1919 年的改建工程主要有三项：第一，改变结构，加宽桥身。两侧各加一丈四尺二寸，合约 4.5 米，共 9 米；拆去砖拱，改作 1∶2∶4 钢筋混凝土，仍作三拱；加长原分水石，原券脸石拆修安至新拱外侧，用铁锔加水泥勾牢。相应同时加长两岸金刚墙。第二，为准备铺设有轨电车，降低了桥拱高度与道路相平，同时桥面石材改为斜铺。第三，撤去所有石栏杆，新桥两侧作水泥仿罗汉栏板。四角设石墩，上立铁制灯柱。这次改造三年后铺设了有轨电车，路面仍是斜面铺条石，直到 20 世纪 50 年代中期拆去条石，改为沥青路面。20 世纪 70 年代则对

① 老北京的“正阳桥”五牌楼［EB/OL］. 新浪博客，2014-08-13.

护城河加盖，改造为道路，正阳桥自此完全消失。

值得一提的是，21世纪初，在2006年前门大街历史风貌修复的规划中原有恢复正阳桥的项目。当时为搞清总平面关系，设计方苦于正阳桥与牌楼无准确的地形图定位，经查只有喜仁龙的《北京的城墙和城门》中有一幅正阳门瓮城拆改前的总平面图，用图中所附比例尺测量，再与1957年北京市城区1：500地形图校核，基本可以确定桥梁中线位置，其与箭楼间的距离为58.5米，折合180尺。对于正阳桥五牌楼的位置主要参考康熙《南巡图》，在画中量得桥中到牌楼中是桥中至箭楼前的1.2倍，为70.2米，折合216尺。180是“周天之半”，而216刚好是《周易》卦象的“乾之策”。“乾之策二百一十有六，坤之策百四十有四，凡三百有六十，当期之日。”这里的“策”即蓍、筹，也就是古代用来计算或算卦用的筹、码。“期”指一周、一年的意思。在《易经》占筮中，乾卦使用的蓍草有216根，坤卦使用的蓍草有144根。乾、坤两卦所用蓍草共360根，正好与一年的日期相当。乾为阳，也符合正面南门的含义。同时1.2：1接近5：4，还是中国古代营造设计常用的比例。原牌楼位于20世纪80年代新建的人行过街通道上，中间柱基已被挖去，边柱柱基在地下入口外侧，按照推测的尺寸，果然在施工中挖出了东边的柱基。当时计划恢复正阳桥桥身和四道栏杆，桥面按原状铺御路及横铺条石，起拱可降低至60厘米。但由于北端进入箭楼前有公交车道，道路北移难度较大，所以只好采用“镶嵌”标示的手法，在原桥的位置上按原形制、原尺寸，用条石把桥的平面铺装在地面上。这也是世界上在同样情况下展示古迹常用的手法。

三、正阳桥牌楼

“正阳桥”牌楼为六柱五间五楼冲天柱式，始建于明正统四年（1439年）。清康熙十八年（1679年）和乾隆四十五年（1780年）后两次重建，改变了屋顶，约道光末年抢险加固。早期（清乾隆朝以前）牌楼顶可能是歇山式灰筒瓦绿琉璃脊兽和绿琉璃瓦剪边。到了乾隆时期以后，由于屡经修缮重建，后来的楼式也变成了庑殿式全绿琉璃筒瓦和脊兽，额书“正阳桥”满汉文。“正阳桥”牌楼是京城街面上唯一的一座五开间木结构牌楼，立于京城中轴线的显要位置，民间习称“五牌楼”。

1935年改建为混凝土结构，撤除了戗柱和抱柱，恢复了云墩。1955年，五牌楼被拆除。1996年，在原址偏南修建了一座跨街“五牌楼”，中间四柱呈垂花样式悬空，五间跨度也小于原五牌楼，楼顶是黄琉璃瓦庑殿顶，匾额书“前门大街”。这下把“桥牌楼”改成了“街牌楼”，与正阳桥脱了干系。2006 年“前门大街历史风貌修复”工程，拆除了这个“街牌楼”，于五牌楼原址，又仿古复建了民国二十四年（1935 年）样式的“正阳桥五牌楼”，2008 年工程竣工。

正阳古渡和正阳古桥对于北京城的发展意义极为重大。随着元大都的兴建，直到明嘉靖年间，前门外地区一直处于城外，古老的街巷从来就没有被纳入城市街区改造规划。也许因其早已形成了庞大规模，也就只能维持下来，成为一处珍贵的城市记忆而永存。

综上所述，作为北京城市的一处地下古迹的正阳古桥，不仅在桥梁与渡口方面具有极其珍贵的历史文物价值，而且在北京城市历史发展与地理变迁中，与城市中轴线的起源、古代城市水系的变迁、北京古城的交通路线重要节点的形成、古代城市地理空间的变化等诸多方面，存在着复杂的内在联系，在漫长的历史过程中彰显出正阳古桥的特殊历史价值与人文魅力，为后代留下弥足珍贵的文化遗产。

民国年间，正阳桥牌楼，满铁株式会社，1939—1940 年

随着五牌楼的复建和前门大街的改建，不少人也期待着未来有一天，这座中轴线上的古桥能够重见天日。这种信息近来还不时地见诸媒体，但愿有实现的那一天，同时不要忘了在正阳古桥的旁边应该竖立一块“独树将军”纪念碑。

第五章

金水龙津

第一节　国桥万安——北京的国桥与国门

一、万安桥

有“国桥”之称的丽正门外第二桥非常重要，可是在众多的历史文献和研究文章中鲜少提及。第二桥即金元所开金口河上的桥，名为万安桥，又称为国桥，其位置在今人民英雄纪念碑以南至毛主席纪念堂之间，桥名与城北鼓楼前的万宁桥相对。

《析津志·河闸桥梁》中就特别提到了这座国桥：“万安桥，在五门外，古今号为国桥。”书中还提道：“丽正门南第一桥、第二桥、第三桥，此水是金口铜闸水，今涸矣。”按其文，“此水是金口铜闸水”准确说到底指的是哪条河，难以判断。但首设铜闸的是元代的金口新河，当指第二桥方为合理。

可以推测，万安桥离北侧的“五门”不远，五门即指丽正门，距离推测为170元步。关于“五门”的含义，历史悠久，早就有“五门三朝”的礼制。《礼记》中东汉郑玄注：“天子及诸侯皆三朝”，具体指外朝一、内朝二。又注《礼记明堂位》曰：“天子五门，皋、库、雉、应、路。”指天子居住的宫城有五重内外大门，所以“五门”代指皇帝所居。自汉唐以来，虽然历朝历代有所变化，五门三朝的观念一直传承下来，据说直到清代五门为：大清门、天安门、端门、午门、太和门，三朝为：中和殿、太和殿、保和殿。除了“五门”还有“午门”“五云”的说法，如元代在皇城前方就有“五云坊”，在许多诗文中以“五门”“五云”指代皇城和皇帝所居。如果具体到某座城门，一般指的是皇城大门或宫城大门。如“丽正门”或“午门”，不同于紫禁城午门，而与现今的天安门规制相同，天安门就相当于元大都的丽正门。

笔者根据历史文献和元大都里步尺度和规划数据推测，万安桥、龙津桥、周桥之间为等距170元步，万安桥南与丽正门外第三桥为一元里即240元步，周桥北与崇天门200元步（此数据在陶宗仪《南村辍耕录》中有记载）。据此，可与本书后面讲到的万宁桥前后格局相互对照，其丽正门前空间尺度关系可以说正是《周礼考工记》中讲到的“市朝一夫”之地。

元大都万安桥、龙津桥、周桥与丽正门外第三桥、崇天门中轴线空间尺度关系推测图（本书绘制）

中华门（明代大明门、清代大清门）

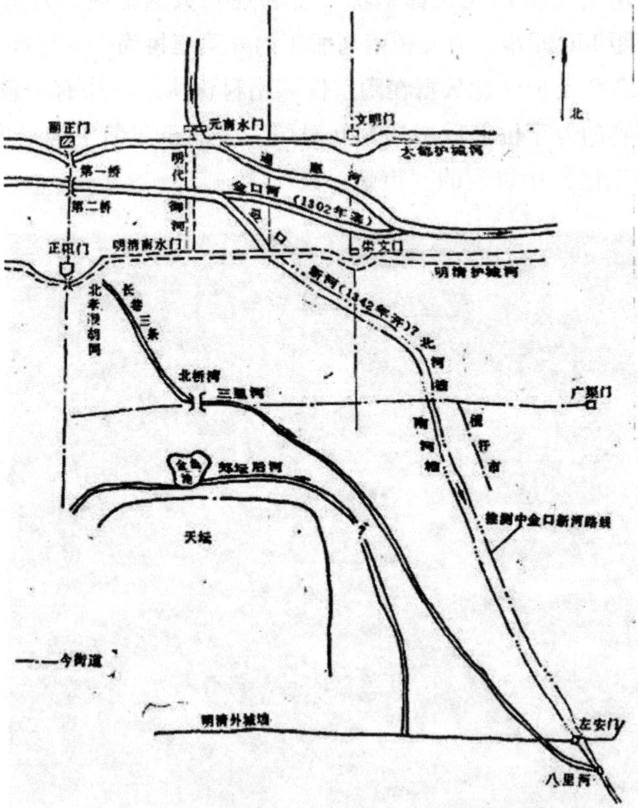

丽正门外第一桥、第二桥、第三桥位置与河道关系图

（图片引自蔡蕃，金口新河考辨插图——大都运河研究）

据1958年10月28日新闻报道，人民大会堂破土动工。有一天，工人们正在挖土，突然有水汩汩地冒出来。经勘察，一个埋在地下的秘密被揭开了：人民大会堂建筑的地下方竟然有两条（亦有报道说是三条）古河道。工作人员判定其中两条分别是元、金两朝城墙的护城河故道，另一条是几万年前的永定河古河道。后来经侯仁之、岳升阳等专家的考古勘察和文献分析，基本可以判定在大会堂地下顺纪念碑南侧东西向有一条古河道①，疑是元代开凿的金口新河。通过对国家大剧院工地的勘察，对不同时期沉积层进行分析，发现了这一带金代早期金口河、元初金口河、元末金口新河的故道。其中，金代早期金口河河道宽度超过40米，其北岸在绒线胡同一线，南岸约在高碑胡同（原与东新帘子

① 岳升阳. 国家大剧院工地的金口河遗迹考察［J］. 北京大学学报（哲学社会科学版），2002（3）：143-152.

胡同东侧相接、今为国家大剧院南侧）一线，元初金口河较之金代河道稍向南摆动，元末河道较元初河道稍向北偏移。也就是说，金、元不同时期的金口河河道受多种因素的影响，在不断地移动，长期处于变化中。《北京水利史》："据考古发现，金代闸河的西端，即在今东旧帘子胡同、高碑胡同一带的河道比原金口河河道偏南 200 米左右，至今西交民巷北，且于距地表 5 米处发现有古码头的痕迹。……据于德源先生推测，这就是金代闸河的码头。"① 元初金口河正是在金代闸河的基础上形成的，使用了同一河道。不过，因为刘秉忠规划大都时，这里已经有桥即丽正门外第二桥，有桥即有河，所以金口新河的开凿至少在丽正门前今天安门广场的一段大致是利用原有河沟掘深的。

二、金口河

说到金口河，特指自北京西部引灅水（永定河）东流以灌溉和漕运的水利工程。因西方属金，永定河东岸引水口为金口，水自此出，故称金口河。注意金口河不同于金水河。但有不同时期的几处金口河需要分别交代。最早的是三国时期开凿的戾陵堰和车箱渠，并无金口之说，但与后代金口无异。直到金代大定十一年（1171 年）开金口河，自石景山下引永定河东注，经金中都北护城河，东流至通州入潮白河。金大定二十七年（1187 年）淤塞废用。

《顺天府志》引《析津志》：

浑河金口铜闸，在宛平县西南三十五里东麻峪（今石景山西北麻峪村），乃卢沟之东岸。金大定二十七年始开之，名曰金口。卢沟以东流，其后水涨，恐为城患，乃堙之。至正元年（1341 年）因建言今上，敕太史院谘诹乡老利害，咸言累朝待开，于黎庶便益。以其文备申都堂宰执，以闻，可命太师脱脱仍以许右丞许有壬董其事。决其水流，自丽正门第二桥下通入运粮河，值水势建瓴，漫不可遏，居民遑遑，岸皆崩陷，奏旨，下铜闸塞之。乡老传云：此水之源正与吴天寺木塔相等。则其水之高也塞矣！闸有军千户于彼守之。

文中明确记载丽正门外第二桥即金口新河，自大都丽正门外转向东南，经

---

① 吴文涛. 北京水利史［M］. 北京：人民出版社，2013：84.

十里河至通州高丽庄入潮白河。① 此前，至元三年（1266年）为修建大都，郭守敬曾经重开金口，以漕运“西山木石”至大都。为避免淤塞，郭守敬将永定河取水口上移，并在引水渠贴近永定河的上游处修建了减水渠，以利泄洪。至元九年（1272年），“大都大雨，……通元（玄）门外金口（河）黄浪如屋，新建桥庑及各门旧桥五、六座一时摧败。”大德二年（1298年），迫不得已命令下闭闸板。虽然最终还是断流了，但使用了有30余年，可算是古代永定河引水通航唯一成功的记载。

前文所记是元至正二年（1342年），又有一次重开新河引永定河水的动作，但以惨败告终。估计，随之万安桥此前的历史遗迹也被冲刷的一干二净，以至于文献少有记载。不提金口河屡开屡败，可以看到历史记载和地下考古，丽正门外第二桥与金口河和金口新河关系密切，因为这两条河道不仅很接近，且可能基本重合。

三、国桥与国门

万安桥不仅是国桥，而且“古今”都号为国桥，与国门也有关。就在万安国桥南侧不远的地方，不出60到100元步，即今毛主席纪念堂处，就是号称国门的大明门、大清门、中华门所在。从国门与国桥的位置和名称关系推测，明清的国门估计源自这座国桥，真是其来有自天意，渊源深厚。

《析津志》本为元代编撰，对于总共寿命不到一百年的元代（1271—1368年），即使从忽必烈开始规划元大都的1266年算起，勉强超过百年，也不能自称“古”吧。那么为什么熊梦祥将万安桥记为“古今国桥”呢？难道在元代之前就有了吗？在此，不得不引人发挥联想了。因为至少金代在此片邻近太液池的地方建有瑶屿行宫，名为太宁宫，又称大宁宫、万宁宫，由宫城、琼林苑、太液池西园三组空间组成，时称“北宫”。据《长春真人丘处机西游记》所记：“行省及宣差札八相公北宫园池并其近地数十顷为献，且请为道院。师（丘处机）辞不受，请至于再，始受之。既而又为颁文榜以禁樵采者，遂安置道侣，日益修葺。”“五月二十有五日，道人王志明至自秦州，传旨改北宫仙岛为万安宫，长春观为长春宫。”② 据此看来万安桥可能源自万安宫。另外还有学者推测金太宁宫是在前代宫苑空间规划基址上重建的，金代在此金口河道上有桥是极

① 蔡蕃. 金口新河考辨——大都运河研究［M］//苏天钧. 北京考古集成6. 北京：北京出版社，2000：161.

② 李志常. 长春真人丘处机西游记［M］. 北京：北京白云观出版，2001：1056.

有可能的。

可是即使金代，对于元代可以称为前朝，也称不上“古代”啊。在往前追寻，想到了其前身还可能是“销声匿迹”的隋临朔宫。① 真有可能，这座万安国桥早就存在了，至少可以肯定是金太宁宫的正门之桥，再远就是隋临朔宫门前的桥了。不过作为金代皇帝行宫的正门号称“国门”还是差点意思，况且又离金中都的龙津桥和宣阳门以及丰宜门也不是很远。如果作为隋炀帝修建的临朔宫，临朔宫无论从性质功能还是名字上看，都是大隋国北方门户的象征，其正门为国门，其国门外的桥梁为国桥，方为恰当，也就方为正解。自隋至元约700年，号称古今就很有道理了。

临朔宫是隋炀帝在蓟城的行宫，建成于隋大业七年（611年）。如果认同上述推测，万安桥就是北京历史上的第一桥，真正北京中轴线上的第一桥，号称国桥，名不虚传也名正言顺。其建造时间与著名的赵州桥有一比，赵州桥建于隋开皇十四年至隋大业二年（594～606年），万安桥相比赵州桥仅晚了不到10年。

四、隋临朔宫与永济渠推想

关于临朔宫的方位目前还难以判定。因为故宫内曾经发掘出唐代官员墓葬（见中国文物地图集北京分册），有学者就此判断唐代官员不会葬在前朝行宫中，以此否定临朔宫位于今故宫位置。但是临朔宫不会很大，不会占据今故宫全部，而且临朔宫可能毁于隋末唐初，在其废墟上自可耕耘建墓。再有一说“如果元大内继承了临朔宫，元代就不会再重新定向了”，此条理由亦站不住脚，因为临朔宫早就毁掉了，唐代就在此修建了坟墓，700年后修建元大都当然需要重新定向，且有磁偏角的发现，更需要重新定向。

《隋书·阎毗传》记录：隋炀帝“将兴辽东之役，自洛口开渠达于涿郡以通运漕，毗督其役。明年，兼领右翊卫长史，营建临朔宫。及征辽东，以本官领武贲郎将，典宿卫”。阎毗所督修的自洛口开渠达于涿郡的运河便是历史上著名的隋大运河北段永济渠。大业四年春兴工，五年竣工，次年即六年（610年）阎毗奉命督建临朔宫。另据《隋书》和《资治通鉴》记载，七年（611年）四月，隋炀帝即自扬州乘船浮大运河进居临朔宫，并在该宫的怀荒殿分兵命将举行东征军事仪礼，且在该宫招待前来朝见的突厥处罗可汗。《隋书·炀帝纪》

① 郭超．金太宁宫空间位置考辨［M］//张妙弟．北京学研究2011：北京线性文化遗产保护与传承．北京：同心出版社，2011：97-104．

说："大业七年，征辽东，炀帝遣诸将于蓟城南桑乾河上筑社稷二坛，设方壝，行宜社礼。"《资治通鉴》有记载：隋大业八年（612 年）"四方兵皆集涿郡……宜社于南桑干水上，类上帝于临朔宫南，祭妈祖于蓟城北"。

上述历史记载中的涿郡即蓟城，在今北京城西南部的广安门内外。炀帝乘船浮运河进居临朔宫，同时在城南桑乾河上筑社稷二坛，可否说明桑乾河和永济渠进蓟城水道可能不是同一条河，抑或不是同一河段。宜社于南桑干水上，类（燎祭）上帝于临朔宫南，祭妈祖于蓟城北，此为三事分为三处。临朔宫南与南桑干水上即蓟城南不是一处，说明临朔宫独立于蓟城之外。据《资治通鉴卷第一百八十八》：武德三年（620 年），窦建德三攻幽州，占领笼火城（今丰台），为李艺狙击或袭击，未见攻击临朔宫记载。若以此否定临朔宫在城外，也是不成立的。一是窦建德自西南攻击蓟城，为李艺所败，说明窦亦无法绕击处于西北的临朔宫；二是最大可能此时临朔宫已经被毁，无攻占劫掠意义。据临朔宫初建仅仅 10 年，故此烟消云散，了无痕迹。

据蔡蕃研究：永济渠"大体上利用桑干河（永定河）一支，由今天津西至信安镇，转西北经河北永清县城西、安次县（唐代县在今旧州镇），更北利用一段桑干河北支（又称清泉河），至蓟城东南。按蓟城周围水道看，很可能利用了洗马沟水。洗马沟即今莲花池河，发源于蓟城西的大湖，今莲花池前身。洗马沟水上承蓟城西之大湖，……漕船应该可以到达蓟城南门"。① 综合起来看，如果临朔宫在今故宫位置，永济渠上游近临朔宫南，自清泉河可达于蓟城东位置，接近今正阳桥。如向西，其上游还有洗马沟水，位于蓟城南。以上推测，或可释疑隋临朔宫的位置、永济渠达于蓟城的位置以及国桥万安桥的起源等，自为一说，以待商榷。

第二节　龙津夺玉——北京建都中轴线第一桥

一、金中都龙津桥

前文多次提到龙津桥，皇都第一桥就是龙津桥，如金中都宣阳门外的龙津桥，元大都丽正门外的龙津桥，明清天安门（承天门）的外金水桥。与龙津桥

---

① 蔡蕃. 历史上京杭运河进入北京的路线［C］//绍兴：2013 年中国水利学会水利史研究会学术年会暨中国大运河水利遗产保护与利用战略论坛论文集，2013：2-11.

相关的不仅是金水桥，历史上内金水桥还有周桥一说，均为中轴线上的重要桥梁。就此让我们共同追寻一下周桥和龙津桥的历史。

一般来说，皇宫前的街道被称为天街，天街上的桥都可称为天桥。在天街北端皇宫大门前的桥称为天津或天津桥，正名龙津桥，别名五门桥。但是北京历史上的第一座天桥并不在现今的中轴线上，而是金中都中轴线上的龙津桥。需要特别说明北京古都的最早中轴线实际上就是金中都的中轴线，元明清的中轴线则是以金中都中轴线为蓝本修建的。

龙津桥和周桥，均源自东京汴梁和隋唐长安，北京天安门前的外金水桥就是龙津桥的化身，而紫禁城午门里的内金水桥则为周桥的后代。历史上，金元两朝为名敷华夏正统，在都城的形制规划上均模仿于汴梁，故此北京才出现了周桥和龙津桥。但是金中都和元大都之周桥与龙津桥，在《析津志》等历史文献中有混记，需要辨识。

有一张弥足珍贵的绘有龙津桥的地图，而且也是北京历史上现存最早的一张皇城地图——绘制于宋金时期的《燕京图》，图中标记了龙津桥名为夺玉桥，位于宣阳门和丰宜门之间，可能因图形压缩并且以曲表直的影响，道路曲折而使桥梁偏东。该图现存日本，日本元禄十二年（清康熙三十八年，1699 年）翻印元泰定二年（1325 年）刻印的《新编群书类要事林广记》（中国科学院图书馆藏）乙集卷一的《燕京图志》中有 4 幅图，其中就有《京城之图（燕山府）》。这是目前所知年代最早的也是唯一的金中都图，命名为《燕京图》。这也是北京绘有桥梁及名称最早的一张地图，图中不止一座桥，而是有四到五座桥，还应该有一处水关。从图中可以看出在丰宜门和宣阳门之间道路的弯曲画法，应该表现为皇城内部道路具有相当长距离的意思，因图幅限制，在绘图中压缩了不少。

金中都的城池规划样本源自北宋汴京开封，而元大都又是依照金中都做的规划，明清北京则是在元大都基础上修改添建延续下来的。所以，北京中轴线的起源至少应该追寻到金中都，金中都中轴线上最古老而著名的桥梁就是龙津桥，这在许多文献中都有记载。后来，元大都以至明清北京城中轴线上同样古老而著名的桥梁分别是丽正门前的龙津桥、正阳门前的正阳桥和地安门（厚载红门）北边的万宁桥，从龙津桥到正阳桥和万宁桥，代表着北京城从莲花河水系到高梁河水系的重大变迁，也是北京城中轴线的巨大变迁，这个变化与河流水系和桥梁都有着密切的关系。其中水系的变迁是北京城生态环境的重新选择，道路上的桥渡津梁变迁则是水系选择中的关键定位节点。这种变迁其实更早可以追寻到卢沟古渡，其后才有正阳古渡和万宁古渡的出现。

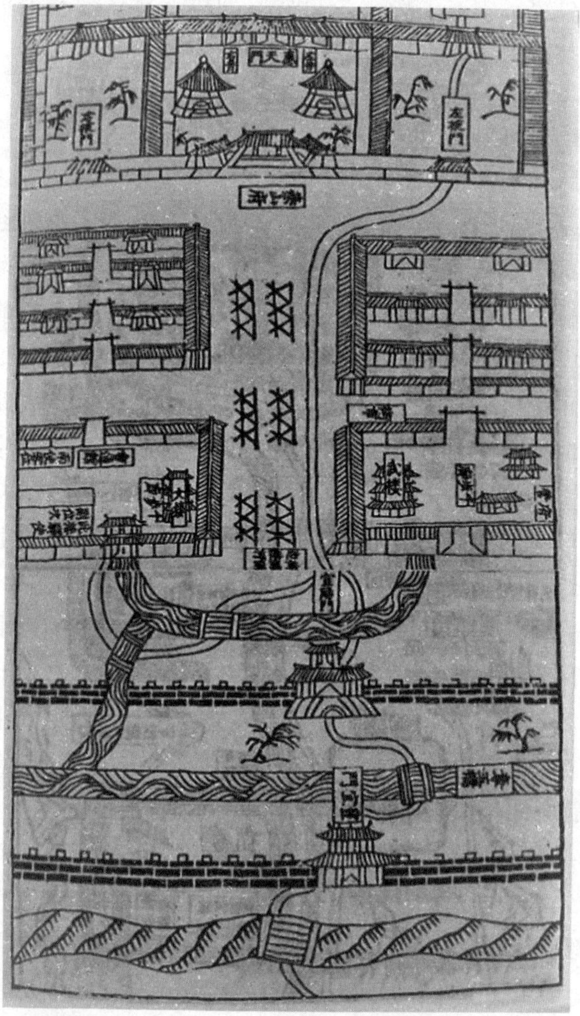

宋金时期的《燕京图》（图中右下标记为夺玉桥，引自《新编群书类要事林广记》乙集卷一，中国科学院图书馆藏）

北京古桥最为著名的是卢沟桥（1192 年建成），而龙津桥比卢沟桥的建成至少还要早 39 年。据历史资料记载，在北京地区有历史记录的且最早留下自身桥名的、最早拥有专门诗篇赞美的、最早记录为汉白玉石料修建的桥梁，同时也是奠定京城中轴线的最早一座桥梁就是这座龙津桥。

龙津桥名为天津桥、石玉桥、夺玉桥，最晚建于金中都建成时间、金贞元元年即 1153 年前。天津之名来自北京的星辰分野，石玉和夺玉源于建桥所用石材汉白玉——不是玉石却胜于玉石的光彩。金中都是北京建都伊始，那么可以说龙津桥就是北京建都伊始第一桥，至 2021 年已经 868 年了，不过这座桥的“肉身”连带河道均早已不见了踪影。

那么这座曾经显赫一时的龙津桥在哪里呢？现在是否还有遗迹可寻？据各种文献分析，它位于皇城正南门宣阳门外、大城正南门丰宜门里，是金中都城最为壮观的桥梁。其桥下为龙津河，上游源自金中都宫城西侧的鱼藻池，下游即通向 800 米外的金中都水关（建于 1151—1153 年间）。这座水关于 1990 年发掘出土，1995 年在水关上建有《金中都水关遗址博物馆》，成为确认金中都南城墙和龙津桥的不可多得的定位标记。龙津桥南面的丰宜门外护城河上也有座桥，简称大石桥，几乎与龙津桥同期建成，但比起龙津桥就逊色多了。

自金章宗时代起，龙津桥就与卢沟桥相互联系起来。那时人们要从中原北上进入燕京或从燕京南下到中原有两条路线，一条经涿州大石桥永济桥、琉璃河桥、窦店、良乡（广阳）、南岗洼桥、长辛店，最后跨过卢沟桥，然后分为北道到达彰义门、南道经丰台看丹到达金中都丽泽门或南门丰宜门大石桥；一条经固安、过永定河、黄村、高米店，经草桥，到达丰宜门大石桥，进城后均要经过龙津桥才可进入皇城。根据宋金使节往来记录，经卢沟桥到龙津桥在礼节上是最为直接的路线，两者相距 11. 5 千米，成为当时见于诗文赞美的最著名的两座桥梁。

龙津桥有可能毁于元朝攻灭金国时期，约在 1234 年前后。还有一种可能，其湮没在 1292 年以后。但作为汉白玉石拱桥，估计其基础至今应该有所遗存。因为下游的金中都水关遗址，发现埋于现地面以下 4~6 米。那么，作为其上游不远的龙津桥如果留有遗迹的话，比如木桩和承台，也应该位于现地面以下约 4~5 米处。

据本书笔者研究考察，龙津桥大致位于现今的西南二环路菜户营立交桥南侧路东、菜户营南路的地下，北距菜户营立交桥东南辅路 180 米左右。此处原有水沟，据当地群众说名为土桥河，五六十年代尚存，宽约 2 米，水向东流，河上有一座小木桥。对龙津桥的考古很有必要，无论有无发现，均可以结合绿地规划在此建立纪念标识，如有重大发现，则更是一道历史文化景观。

二、燕石扶栏玉雪堆

龙津桥及其位置见于历史记载的有下述几方面资料：

南宋乾道五年（金大定九年，1169 年），金中都建成后 16 年，南宋使臣楼钥以书状官出使金国来到金中都，写成《北行日录》：“行约五里，经端礼门

（中都南城墙西南门）外方至南门（即丰宜门，自城墙西南角至此约为五里）。过城壕，上大石桥（护城河桥），次入丰宜门，又过龙津桥。二桥（前大石桥、后龙津桥）皆以石栏分为三道，中道限以护穽（同阱，龙辇）国主所行也。龙津雄壮特甚，中道及扶栏四行，华表柱皆以燕石（指产自房山大石窝的汉白玉）为之，其色正白而镌镂精巧，如图画然。桥下一水清深东流，桥北二小亭，东亭有桥名碑。”仅仅过了一年，在南宋乾道六年（金大定十年，1170年），南宋著名诗人范成大也出使金国来到了金中都，并且留下了文字记录见于《揽辔录》和《北征集》。范成大有一首专门赞美龙津桥的诗：

燕石扶栏玉作堆，柳塘南北抱城回。西山剩放龙津水，留待官军饮马来。

这就是北京历史上第一首提到具体桥名、水名的咏桥诗，可以说是北京桥梁诗篇的开篇之作。

范成大以无限唏嘘，祈祷龙津水存留下来吧，以备宋朝的大军北伐时在此饮马。诗题下注曰：“龙津桥在燕山宣阳门外，以玉石为栏，引西山水灌其下。”龙津桥以石栏分作三道，中为“御道”，桥栏“皆以燕石构成，其色正白而镌镂精巧，如图画然”。这种分为三道的汉白玉雕琢石栏的模式，一直传承到后来的正阳桥和金水桥，我们从中还可以领略到860多年前龙津桥的风采。

何为燕石？即汉白玉，又称为婴石、珉玉。北京的汉白玉多产自房山大石窝，且历史悠久。在《山海经·北山经》中记载：“北百二十里，曰燕山，多婴石。燕水出焉，东流注于河。”晋郭璞注：“言石似玉，有符彩婴带，所谓燕石者。”北魏郦道元在《水经注·圣水》中也说道：“圣水又东，迳玉石山，谓之玉石口。山多珉玉燕石，故以玉石名之。”燕山即北京周边山脉，圣水指房山大石河，至今有圣水峪地名。

唐朝北京地区“燕石”不论是在雕凿艺术上，还是在建筑上均已经广泛地使用了。据史料记载，唐天宝末年，范阳节度使安禄山为了取悦于唐玄宗和杨贵妃，在陕西西安（时称长安）华清池建成之际，特遣使从今北京（时称范阳）往送白玉石雕琢的鱼、龙、凫、雁及莲花、小桥。明皇见到置于池中的工艺品，其“鱼、龙、凫、雁皆若奋鳞举翼，状欲飞动”，结果差点儿惊了圣驾。可见其雕镂之巧及动感之强了。这些“美石材”为镌刻创造了客观条件。中华人民共和国成立初，北京地区在唐信州刺史薛氏墓内曾出土过五件精美的汉白玉石生肖俑，计有鸡、蛇、龙、猴、羊，它们个个线条生动，姿态自然，栩栩如生。在丰台区出土的唐史思明墓翼兽，汉白玉质地，浑圆雕成，双目圆睁，蹲踞之势，既尊严又自然，给人一种大唐气势。作为顺义区县城标志的石幢，今已残毁不全。县志记载系唐时故物，浮雕海马瑞兽，海水江崖，纯禀自然。虽时代尚有可疑，文物实为精品。房山长沟唐幽州节度使刘济夫妻合葬墓，发掘出堪称“石志文物三绝”，之一为通体彩绘汉白玉石俑，在全国同类型考古发掘中尚属首次发现。

三、御龙桥与高梁河上白玉石桥

到了金代，金陵就是大量使用汉白玉修建的，至今还可看到精美的遗构。当时用汉白玉建桥就更加讲究了。据《大金国志》记载：“承安三年（1198 年）春，国主幸蓬莱院，陈玉器及诸玩好，视其款识多宣和（宋代）物，恻然动色。宸妃进曰：作者未必用，用者未必作，宣和作此以为陛下用耳。宸妃尝与主同辇过御龙桥，见石白如雪，爱之。归白国主，于苏山辇至筑岩洞于芳华阁。用工二万人，牛马七百乘，道路相望。”这个故事不仅透露出汉白玉为金章宗爱妃特别喜欢，用来建造石洞阁楼，还用来造桥，而且还是一座名为“御龙桥”的石白如雪石桥。此时 1198 年较之卢沟桥建成的 1192 年仅晚六年，而御龙桥若不为新造，当与卢沟桥建成时间相差无几，亦可追到 1153 年建成的龙津桥。

《析津志·河闸桥梁》记载：“和义门外石桥，金所建。”和义门为西直门，石桥疑似高梁桥。应该不是元大都的护城河桥，大都建立不仅时间晚，护城河和高梁河走向也不一致。另外还记：“西寺白玉石桥，在护国仁王寺南，有三硔（拱），金所建也。庚午至元秋七月，贞懿皇后诏建此寺，其地在都城之西，十里而近。有河曰高良（即高梁河），河之南也。”焦景山有诗云：

> 凿断昆仑白玉根，遐观如雪冻犹存。摩娑体质微生润，雕琢功夫不见痕。
>
> 碧水远连深洞府，红尘平没老乾坤。游鱼到此忽惊去，应畏珉鲸势欲吞。

疑此白玉石桥与高梁桥分为两座桥，亦有可能是同一座桥，而且雕琢之精美，引得诗人赞叹不已。

元代的石桥和石雕也是具有相当高的艺术水平的，在后面将结合周桥再作介绍。除了皇宫之外，《析津志·河闸桥梁》记载元大都汉白玉的使用也很广泛：“都中桥梁、寺观，多用西山白石琢凿阑干、狻猊等兽。青石为砖，甃砌大方，样如江南。镜面砖，光可鉴人。凡桥梁、闸门、坝堰，俱以生铁铸作锭子，陷定石缝。”

四、龙津桥命运猜想

金朝灭亡后，亦有诗人游览金中都西苑遗址（今广安门内外），留下了龙津桥的信息。如元代王恽（1227—1304 年）的《西苑怀古》诗：“彩凤萧声彻晓闻，宫墙烟柳接龙津。月边横吹非清夜，镜里琼花总好春。”① 刘景融诗：“琼苑韶华自昔闻，杜鹃声里过天津。殿空鱼藻山犹碧，水涸龙池草自春。”其中的龙津、天津，即指金中都的龙津桥，那时还能“接”还可以“过”，龙津桥在金灭后至少还可能存在近 30 年。

依据《日下旧闻考》引《大金国志》《金图经》：“自天津桥之北曰宣阳门，内城之南门也。”按文献约略计算，宣阳门至应天门之间的距离至少在 680~700 余米。根据考古记录，应天门遗址在今白纸坊桥南的 30 余米位置，向南 680 米，大致在今中国消防博物馆正西处，即金中都公园宣阳驿站以南 300 米，或公园里新建宣阳木桥以南 240 米，该处应为金中都宣阳门所在位置。由此向南至凉水河北岸即金中都护城河北侧的丰宜门位置约为 1100 米，这样可推测出龙津桥位置北距宣阳门约 680 米，南距丰宜门约 420 米。

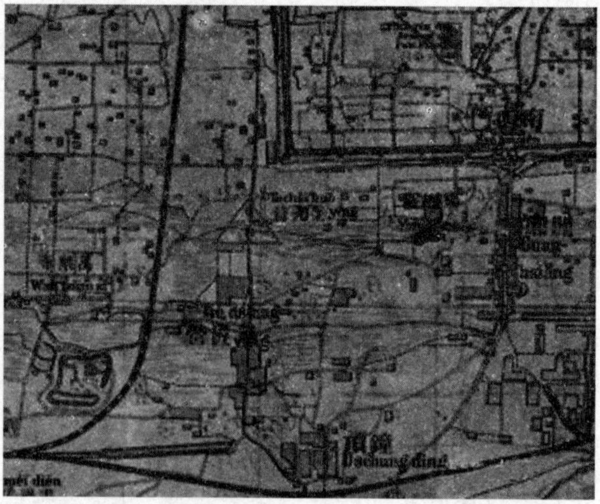

京师地图局部，标记龙津桥址推测位置（北京四郊详图局部，1934 年）

---

① ［元］王恽. 秋涧集［M］//钦定四库全书：秋涧先生大全集 · 卷六十七. 北京：紫禁城出版社，2007：20.

在 1907 年京师地图上，上述推测位置附近就有一座小桥，当然肯定不是历史上的龙津桥，但是其桥下河流的位置和向着金中都水关的河道走向则变化不大，故桥址处极有可能是龙津桥桥址。虽然，860 多年以来该地区发生过多次洪水和河流改道的情况，但可以从南侧的凉水河也就是金中都南城墙外的护城河、金中都水关遗址、明北京外城西南角城墙和护城河、沿护城河西侧考古发现的金中都中轴线等几方面空间关系分析，龙津桥下的河道不会有大的改变。

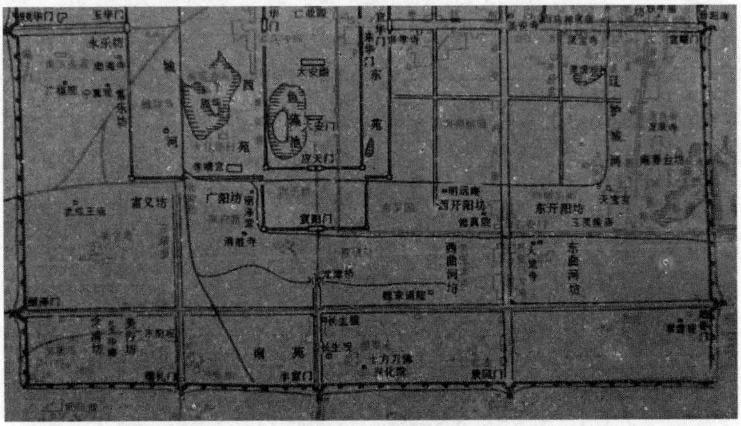

金中都城南部，标注有龙津桥（黑色字为金代，红色字为民国，引自《金中都》插图，北京出版社，1989 年）

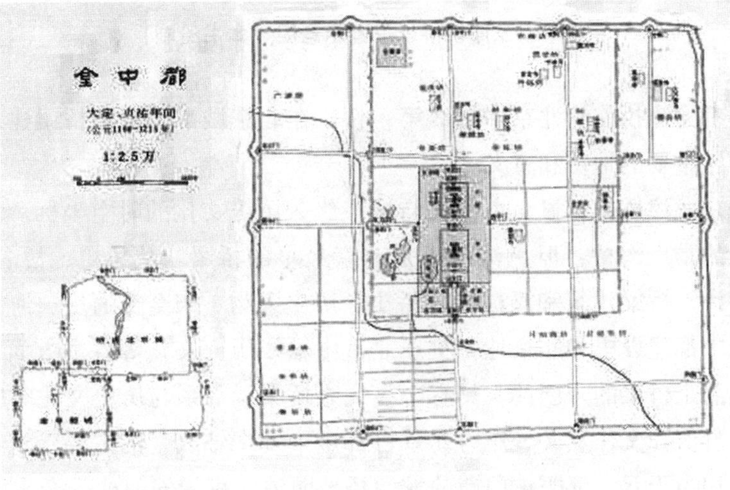

金中都图，标记有龙津桥（引自《北京历史地图集》，侯仁之）

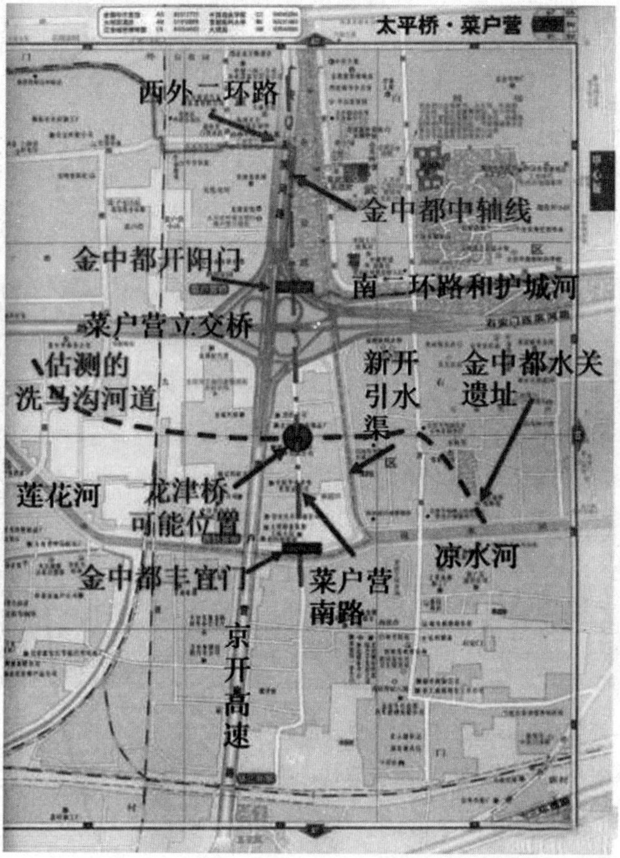

金中都龙津桥桥址位置示意图（本书绘制）

金中都龙津桥作为北京中轴线第一桥，在北京城市历史和桥梁建筑历史方面具有非常重要的地位和意义。

首先，龙津桥是彰显北京桥梁与城市悠久历史文化的时空坐标。北京古桥最为经典的是卢沟桥，但卢沟桥不是北京最早的桥梁。从桥史、桥名、桥亭、桥碑、桥诗、桥梁建筑和汉白玉建桥史、历史人物、宋金交通史、河湖水系变迁史、金中都建设史和北京建都史、北京中轴线历史文化等各个方面，龙津桥都具备了北京桥梁的开创性，具有彰显北京桥梁、水系与历史文化时空坐标的巨大历史价值和文化意义。作为北京古都金中都中轴线上的主要建筑物，龙津桥的地位相当于元大都丽正门前的龙津桥、明清北京天安门前的金水桥（金水桥尚无桥亭和桥碑），可以说也是明清北京城中轴线及其金水桥的前身，是北京古都中轴线历史演进的重要文化遗产。

其次，龙津桥是北京桥梁工程与城市建设的重要历史见证。金中都水关遗址自其发掘以来，已经成为北京古都和城墙、北京水系和《营造法式》水工结构物的重要历史见证，在其遗址上已经建成富有特色的《金中都水关遗址博物馆》。而龙津桥无论其规模、结构、作用和地位比水关要重要得多也大得多，在确认北京水系演变、洗马沟下游走向以及与凉水河关系、道路桥梁和水工结构物建造情况、金中都中轴线的延展，以至于金中都宣阳门、丰宜门等中轴线考古等各方面都具有重要历史价值和文化意义。

第三节 金水龙津

一、元大都龙津桥

天安门金水桥世界闻名，内外金水桥分布跨于内外金水河上，建于明代永乐年间。就在外金水桥南侧隔着长安街，大约在国旗杆处，700 多年前曾经有一条东西向的古河道就是元大都南护城河，河上有座桥为龙津桥，桥北侧正对着的就是丽正门。根据东长安街南边观象台原为大都外城东南角楼，西侧位于长安街上的已经消失的双塔寺位置，可以推测长安街南侧路缘一线就是元大都南城墙，那么国旗杆北侧就是丽正门的中心。

在皇城等各个城关外置河建桥是中国古代建筑的传统，源自古代壕沟和军事防御的需要。元龙津桥的蓝本是金代龙津桥。《析津志辑佚·城池街市》："崇天门正南出周桥。灵星三门外分三道，中千步廊街。出丽正门，门有三。正中惟车驾行幸郊坛则开。西一门，亦不开。止东一门，以通车马往来。"① 这里说丽正门有门阙三，正中为御路，唯有皇驾通行。与该书中多处记载为五门似乎矛盾。

历史上通常将皇城正南中央之门称为午门或五门，一方面因其位置居中向阳，位当子午，故名午门，另一方面体现"九五"之尊，取正阳之数五，故名五门。同时城门通常为五个门阙，如明承天门、清天安门，且每个门阙正对一座金水桥。不过，明清时代至今，午门特指紫禁城的正门，又称五凤楼。

丽正门元代称为午门是毫无疑问的，如前引元代张昱《辇下曲》："四面朱

① ［元］熊梦祥．析津志辑佚·城池街市［M］．北京：北京古籍出版社，1983：2.

阑当午门，百年榆柳是将军。"① 说的就是丽正门外的独树将军。是否可以这样解释，丽正门最初为三个门阙，若再加上旁边的左右掖门则为五个门阙。见《析津志辑佚·城池街市》："万安桥在五门外，古今号为国桥。龙津桥在丽正门外，俗号第一桥。朝宗桥在左掖门，拱宸桥在右掖门。"所以，若单独讲，正中的城门为丽正门，面向龙津桥，门为三阙，龙津桥为三道，相互一一对应，而且龙津桥的东边为朝宗桥对着左掖门；西边为拱辰桥对着右掖门。如果组合起来讲大都南城门为五门，包括左右掖门在内，面向万安桥。亦有可能万安桥两侧各有一桥也分别对着朝宗桥和拱辰桥。关于左、右掖门和朝宗桥、拱辰桥，只是猜测了。《析津志》记录不清，也可能指崇天门两侧。

丽正门龙津桥大致建于大都修建的1266至1268年间。历史文献中居然保留下来当初龙津桥动工时的祭文，这就是本书前引《修端门前桥启土告岁君地祇文》（元代王恽）②：

> 应门将将，前临天津，玉辂所经，虹梁必陈。
> 爰构爰缔，筑之陾陾，神惟垂祐，迄于有成。

再看《诗·大雅·緜》："廼立应门，应门将将。"毛传："王之正门曰应门。"应门为天子出入的正门，祭词中说的端门即应门，应指丽正门，门前的"天津"即龙津桥。同时还有一篇《五方帝祭文》：

> 因方殊号，尊以帝称，殿临五部，有赫其灵。
> 维桥之作，鞭石驾梁，尚冀拥卫，大来百祥。

古代举凡动土均为大事，故要举行祭祀土地的仪式。祭祀是华夏礼典、儒家礼仪中极为重要的部分，礼有五经，莫重于祭，是以事神致福。祭祀对象分为三类：天神、地祇、人神。天神称祀，地祇称祭，宗庙称享。修桥铺路乃是动土工程，所以要祭地祇。

① ［元］张昱．辇下曲［M］//［元］柯九思，等．辽金元宫词．北京：北京古籍出版社，1988：12.

② ［元］王恽．秋涧集［M］//钦定四库全书：秋涧先生大全集·卷六十七．北京：紫禁城出版社，2007：20．注：至元五年（1268年），元世祖建立御史台，任王恽为监察御史，此前一年建大都《修端门前桥启土告岁君地祇文》当为王恽奉命应时而作，时龙津桥刚刚开工。

据至顺三年（1332 年）宋本所撰《都水监事记》记载：“至治二年（1322 年）七月，石丽正门南之第一、又南第二桥，以壮郊祀御道。盖京师桥闸，旧皆木，宰相谓不可以久，尝奏命监渐易以石。”文中“石”为动词，表示石材建造之意。结合初建时“维桥之作，鞭石驾梁”，至少说明龙津桥和万安桥早期为石墩木梁桥，直到 1322 年才改为石桥。

二、明清金水桥

明金水桥的蓝本，有说出自南京明故宫的内五龙桥。《古今事物考》载：帝王阙内置金水河，是表示天河银汉之意。有些文章追寻其源流归属大可不必，也不准确。因为流到丽正门或天安门前的金水是多源多流汇合而成，不唯一源。故可笼统说金水桥下之金水河源于京西玉泉山，西方属金故名金水。①

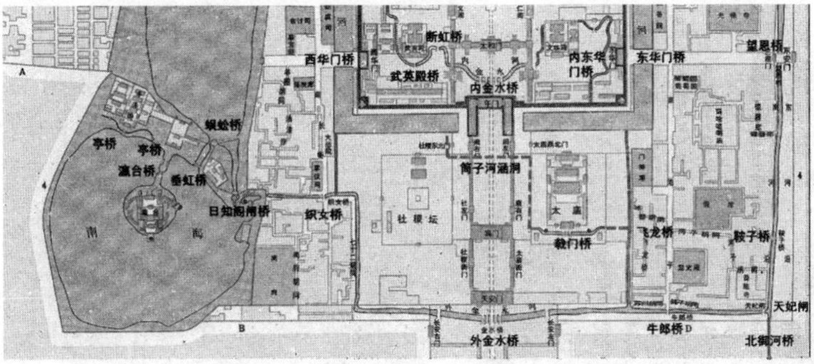

明清皇城南部水道和桥梁分布图（本书绘制）

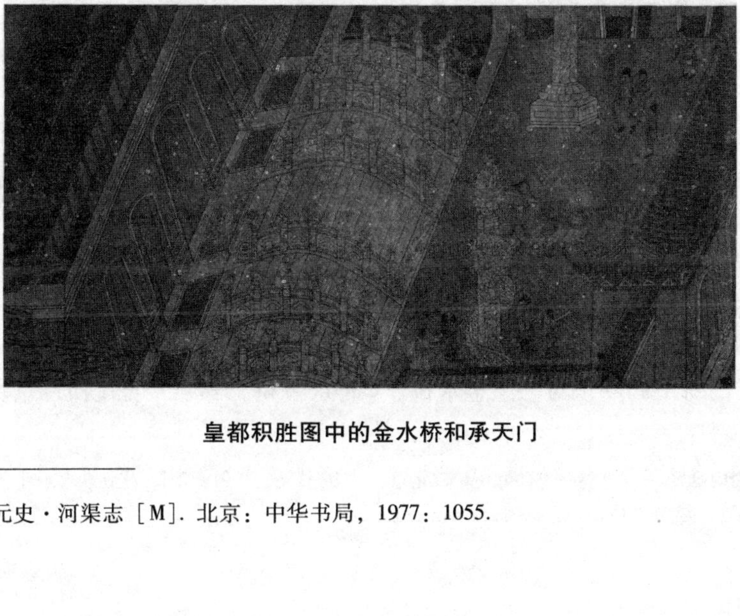

皇都积胜图中的金水桥和承天门

① 元史·河渠志［M］. 北京：中华书局，1977：1055.

1960 年，天安门前长安街和金水桥

天安门金水河桥

金水桥北边的城门天安门是明清两代北京皇城的正门，始建于明朝永乐十五年（1417 年）。最初名“承天门”，寓“承天启运、受命于天”之意。① 设计者为明代御用建筑匠师蒯祥。清朝顺治八年（1651 年）更名为天安门。城楼城台下有券门五阙，中间的券门最大，位于中轴线正中，只有皇帝才可以由此出入。天安门每个门阙正对一座金水桥。《北京古桥》载：“明代初，京城九座城

① 明内廷规制考：卷一 宫阙［M］. 北京：中华书局，1991：247. 注：“永乐十五年（1417 年），建金水桥及端门、承天门楼各五间。”

民国年间外金水桥，满铁株式会社，1939—1940 年

民国年间外金水桥和华表，满铁株式会社，1939—1940 年

门外原为木桥，明正统二年（1437 年）改建为石桥，天安门金水桥是那时建造

的，景泰三年（1452 年）告竣。清康熙二十九年（1690 年）进行过扩建。”《华夏名桥》载：“金水桥建于明代永乐十五年（1417 年），初为三座桥，成化元年（1465 年）改成五座样式的金水桥。清顺治八年（1651 年）（更名为天安门）对其进行了大修，从那时至 2021 的 370 多年里再没有大修过。”

明北京最早的地图是《北京城宫殿之图》，该图绘于明嘉靖十年至四十年（1531—1561 年），万历年间（1573—1619 年）刻本，墨印。图幅纵 100 厘米，横 50 厘米。原图藏日本宫城县东北大学图书馆。该图是已知现存最早的单幅北京城地图，也是唯一的明代单幅北京城地图。图中绘有 12 座桥梁，但没有正阳桥和万宁桥。在承天门（天安门）和端门之间中轴线上绘有“御河桥”，在其东西两侧各绘有一处木栅栏和单孔拱桥，似乎将金水桥错绘于此。标记为御河桥倒也符合，因为金水桥正中为皇帝走的桥，名为御路桥。午门以内正中有一座桥，东西两侧正对左右掖门各有一座桥，均标注“桥”字，应为内金水桥。在东江米巷东侧画有一座玉河桥，大致应该是中玉河桥。奉天殿（太和殿）东边宫城（内宫城）外和内皇城之间有一座内各玉（桥），北上门（景山门前）前的筒子河上似乎有两座桥，这是比较奇怪的，猜测是将东不压桥和西压桥画到此处了。西直门内大市街（西四南北大街）北头有一条水道通向海子湖（积水潭），在河边绘有一个似桥非桥似船非船的东西。西部外皇城和内皇城之间，甲乙丙丁戊字库旁边的湖泊应该是被极致压缩的太液池（北海和中南海），棹龙舟下面描绘的细长方孔桥应该就是金鳌玉蝀桥了。

明清金水桥一共七座，中心桥群为五座，均为汉白玉三券石拱桥，沿着金水河自中轴线向东西两边对称并列展开，平面图形呈向南向外的弓形。居于中轴线正中的桥称为“御路桥”，桥面最为宽阔宏大，长 23. 15 米，宽 8. 55 米，只限天子行走。“御路桥”两旁的叫“王公桥”，宽 5. 78 米，只许宗室亲王行走。“王公桥”左右的叫“品级桥”，宽 4. 55 米，准许三品以上的文武大臣行走。至于在太庙（今劳动人民文化宫）和社稷坛（今中山公园）门前的称为“众生桥”，则供四品以下官员、兵弁、夫役来往使用的。公生桥宽度本来最窄，现今人们看到的这两座桥已不是昔日的“公生桥”，曾于中华人民共和国成立后扩建，桥身加宽为 11. 8 米，成为七座金水桥中最宽的两座。如果细心观察一下，就不难发现每座桥的建筑装饰也不一样，汉白玉石栏杆等不尽相同。御路桥是蟠龙雕花望柱，其余的汉白玉栏杆上皆雕成荷花栏柱。金水桥为汉白玉石拱桥，桥南（包括桥）距城门洞 62 米，桥与桥之间距离 5 米。桥面稍有拱度，中间窄两端宽，呈“工”字形。中轴线上的桥梁不是单孔就是三孔，决不能出现双孔或四孔的偶数跨桥。其他许多地方绝大多数的桥梁都是如此讲究。不仅桥孔数量，古代所有阳间桥梁上的栏杆，沿桥梁跨径方向最中间处不得为望柱，也就是说桥梁每一侧栏杆的望柱一定是偶数、栏杆即望柱的空当又称为勾栏必为奇数阳数。当然这也便于人们在桥梁最高处凭栏远眺，占据最高点取得心理优势，同时最高处的栏板又可雕琢题字绘画，成为点睛之笔，以壮观瞻。

民国年间长安左门与东公生桥，满铁株式会社，1939—1940 年

要说品级地位最为煊赫、首瞻壮观的就是外金水桥桥群，次之为内金水桥桥群。外金水桥可能居于皇城之外，使用频繁，易遭损毁，故而显得有些破败。反而在桥梁美学上，内金水桥群可以说更加无与伦比，其形态格局是中轴线不可或缺的灵动精神的象征。可是如此煊赫的金水桥，到了明清时代却没有了专名，简单化地以水名桥，比之金元的天津龙津，有点囫囵，有些惫懒，缺少了诗情画意。当然，诗情画意是次要的，以壮帝王皇家的声威是最主要的。所以，从桥梁功效来说，金水桥的作用是被人为做大的，因为它是一个为权力、等级、礼制和美学而修建的桥梁群。所以从视觉上看，清澈碧绿的金水河与洁白的桥梁和精雕细刻的栏杆，巧妙地为红墙黄瓦的灿烂宫殿增添了天国般的神异色彩。

经过几百年的风吹雨打，金水桥桥面多处出现破损，栏杆部分也出现裂缝，存在一定的安全隐患。多年以来，为了保护金水桥这座古建筑，政府采取措施，对汉白玉石栏杆及花岗岩桥面多次进行了修缮，并在石栏杆外又加了一道保护性铁栏杆。

第四节　寻杖栏杆

一、桥梁栏杆

中国古桥栏杆的设计可以说是美轮美奂。在中国传统建筑和桥梁上，栏杆是非常有特色的建筑组成，不仅具有保护作用，还有强烈的装饰作用。栏杆最早用于何处，难以为证，但总是在需要安全和容易发生危险之处则是毋庸置疑的。所以，如果猜测起来，栏杆的本初是围栏、护栏，一方面防护野兽的侵袭，一方面围护圈养的牲畜。如果用在建筑上，应该首先是干栏建筑。以至于在临水处、高台上修建栏杆，之后才发展到桥梁上的栏杆，历史都相当久远。

栏杆在古代称为勾阑、勾栏，有漏空和实体两大类。分为寻杖栏杆、栏板栏杆、花式栏杆、直棂栏杆、檵子栏杆、坐凳栏杆、靠背栏杆如美人靠等各种各样形式，主要有石材和木材两种。其中寻杖栏杆多为石造，也最为经典。一般由地栿、望柱、寻杖和中间的栏板（面枋）、抱鼓石几大部分组成，望柱之间有时还有盆唇、瘿项、云拱（合称净瓶）做区间分隔和装饰，栏板分为华板、勾片、棂栅等，净瓶为荷叶或云子，也有牡丹、宝相花等造型。寻杖上一般做起鼓线，不做雕刻。寻杖栏杆是应用最广泛的一种制式，以最上层的寻杖而得名。寻杖等主要组件在汉代即已出现，至南北朝时期，寻杖栏杆的形制便已基本具备。那么，为什么叫寻杖呢？

天安门前金水桥栏杆和古桥栏杆部位名称（本书绘制）

二、寻杖

凭栏远眺“把栏杆拍遍”所凭借的就是寻杖，其实就是栏杆的扶手。说到寻杖，实际上它来自寻丈，中国古代的两种尺度，一丈十尺、八尺一寻的度量衡制非常久远。考察寻、丈关系，寻与丈似乎如影随形，其尺度相差二尺左右，既非相互包含的换算关系也非整数关系。所以，有寻为何还要有丈，有丈为何还要有寻？值得玩味。古人非得要用相差不多的两种尺度来量测相差不多的长度吗？令人生出既生瑜何生亮的感触。寻，古代长度单位，八尺为寻。还有七尺或六尺为寻的记载。《说文》：“度人之两臂为寻，八尺也。”再追寻“寻”字的本源：

甲骨文 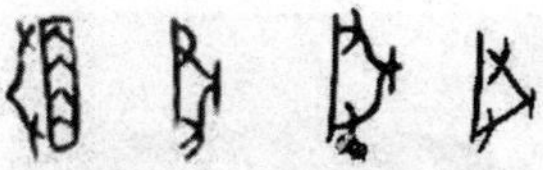，金文 

可以看到其字形就是两臂伸开的长度，也像极了手扶栏杆的俯视图。古有“度广曰寻”，即测量横向宽度用寻来做尺度。从一般人的两臂延伸长长度和人的身高高度大约160~170厘米计算，十尺一寻，每尺16~17厘米，接近商代尺长；八尺一寻，接近周代尺长20厘米；七尺一寻，接近秦汉尺长23厘米；六尺一寻，接近南北朝或宋代尺长26~28厘米。均有所据，不过时代演替而已。一寻之宽，用以量测卧席的尺寸、家居空间的尺寸，以及栏杆的尺寸是相当方便的，遂成为标准。而且从“度广为寻”的做法看，寻源于两臂之距的左右寻测，即左右寻（巡）视是伴随而来的基本的、常规的动作，由此延伸为探看、查视、寻找，生出探寻、搜寻、追寻、追讨、反复和继续等意义。

丈，也是古代重要的长度单位，十尺为丈。丈字的初文，在甲文、金文中未见，似乎晚于寻的起源，但有战国文  和篆书文 。《说文》段注：“周制八寸为尺，十尺为丈。人长八尺，故曰丈夫。然则伸臂一寻，周之丈也。故从又持十。”所持之十，“像持杖形，非九、十之十字也。丈，当是杖之本字。”所以，丈与寻曾经等同，丈即杖，寻杖本义为寻丈。丈字本义是人们可以手持的木杆、木棍、木丈（杖），成为仗持之器，不仅可以借其劳作，还可以用以防卫和战斗，演绎出仗持、依仗、仰仗、打仗、仪仗、凭仗等意义。日常用来随手量测和比较物体的尺度大小，因为人们手持方便并等同于两臂伸展或身高长度，故以身长为丈，形成长度单位。因人年老体衰、扶丈（杖）而行，故有丈字演绎成为古代对老年男子的尊称：丈人，老丈，岳丈。又因身高为丈，矮者为矮人，高者为丈夫，男子汉大丈夫称谓流行开来。至于一丈十尺还是八尺，以及七尺男儿的说法，各种尺度换算关系也是由于尺长的时代演变而出现的。所以，寻与丈同源，竖向之寻即为丈，横向之丈即为寻，一寻之扶手就是一寻杖。

栏杆最精彩的是望柱，分为柱身和柱头两部分。柱身比较简单，其截面形状在宋代多为八角形，清代多为四方形，也有略呈长方形的。在主桥和呈八字展开的桥头引道栏杆转折处的望柱是“磬折”形状，不仅适应转折的角度，还有谦恭礼敬之意。《礼记·曲礼下》讲道：“立则磬折垂佩。”“臣则身宜偻折如磬之背，故云磬折也。”贾谊《容经》解释：“可知君臣授受之时，臣子当‘磬折’而立。”

万宁桥望柱

三、望柱

望柱柱身多为素地，有的雕有腾龙、翔凤、浪花、祥云等纹饰。望柱柱头样式最多，有的以单一动物为主，如卢沟桥、八里桥、通济桥、断龙桥的望柱雕以狮子，有的则是龙、凤、狮、猴等各种蹲兽混杂。有的以花朵果实为主，如莲瓣、石榴、葫芦、葱头形状，有的形似明珠、火焰或各种云纹、云龙、龙凤纹、水纹等。故宫有一种如火炬形的柱头，上面刻有 24 道阴线，称为“二十四节气”头，广泛用于太和殿、金水河和金水桥等处，仅次于蟠龙望柱。更加奇特的是，在这种柱头的顶部凿有一个垂直的圆孔，没有人弄清楚其功能作用，至今还是一个谜。据说最早记载于清顺治时，其名叫“石别拉”。各个地方风格的柱头更是丰富多彩，多以各种水果形、动物形、人物以及书画等各种题材。柱头在雕刻技艺上有线刻、浮雕、圆雕和镂空雕等。北京中轴线上的桥梁和建筑栏杆的望柱柱头做得比较庄重大方，多为盘莲瓣头、蟠龙云纹、龙凤纹、石榴、火焰等，有浮雕也有镂空。有的望柱柱头不做烦琐雕饰，采用的是素方头形式，只区分出柱头和柱身两部分即可，有的只做简单雕饰，比如在素方头上雕刻如意纹样等。紫禁城和皇家园林里的栏杆非常多，无论宫殿、门阙、楼阁、亭台、水榭和桥梁、河岸都有石栏杆，望之如玉带横亘天地水际之间。

除了寻杖栏杆，还有一种罗汉栏杆，是指只有栏板而不用望柱的石栏杆，这种栏杆不如寻杖栏杆那样华丽，却多了简朴平实味道，常用于不那么引人注目的平凡、原野、山林中的石桥上。

第五节　周桥和内金水桥

一、内金水桥

天安门内金水河，实际在午门内太和门前的太和门广场，一条向南的弓形河道，曲度比外金水河要大得多。跨越河上有五座并列的单孔拱券式石桥，称为内金水桥。内金水桥造型秀美，同雄伟壮观的午门城楼和金碧辉煌的太和门相映衬，引人入胜。内金水河是从紫禁城西北角筒子河引进紫禁城内，婉转地流向南绕过武英殿，再向东经过断虹桥，从广场西边的熙和门底下穿过进入广场，从东边的协和门底下穿出。进口处和出口处都有一个单拱的桥洞。上面也有桥面，可以通行，但只有挨着广场的一侧有护栏和望柱，相当于半座桥梁，结构独特而巧妙，故称为半边桥。内金水河与桥梁和整个广场构成一个和谐壮观的整体，无论从哪个角度或远近观望，视觉效果极佳，是故宫摄影胜地。既开阔又规整的河道，装饰也颇为华丽，河底与河帮均用白石砌成，两面河沿设有汉白玉石的望柱和栏板。与外金水桥分为几个等级一样，居于中轴线正中的桥也称为“御路桥”，桥面最宽，长 23.15 米，宽 6 米，只有皇帝才能通行。两旁的叫“王公桥”，长 21 米，宽 5.4 米，供皇室成员，亲王大臣通行。再两侧为“品级桥”，长 19.5 米，宽 4.8 米，供三品以上百官行走。

二、周桥

内金水河桥的前身是周桥。金中都取法汴京，而元大都则取法金中都。不过，据各种历史文献来看，元大都的周桥是有明确记录的，但金中都虽然对于龙津桥的记载相当清晰，独对周桥非常模糊，经过考证，可以断定金中都并无

1901 年，紫禁城太和门与内金水桥［（日）小川一真］

1920 年前后，紫禁城（故宫）外朝太和门与内金水桥俯瞰（明信片）

内金水桥

周桥。所以，元大都的周桥实则依据于宋汴京的州桥。

林徽因曾经说过：“金元两都之周桥盖为仿汴京州桥之制。”在《中国建筑史》中她写道：

故宫内金水桥东侧的半边桥

汴京有穿城水道四，其上桥梁之盛，为其壮观，河街桥市，景象尤为殊异。大者蔡河，自城西南隅入，至东南隅出，有桥十一。汴河则自东水门外七里，至西水门外，共有桥十三。小者五丈河，自城东北入，有桥五，金水河从西北水门入城，夹墙遮墉入大内，灌后苑池浦，共有桥三。

桥最著者，为汴河上之州桥，正名大汉桥（疑为“天汉桥”之误），正对大内御街，即范成大所谓“州桥南北是天街”者也。① 桥低平，不通舟船，唯西河平船可过，其下密排石柱，皆青石为之；又有石梁石笋楯栏。近桥两岸皆石壁，镌刻海马、水兽、飞云之状。“……州桥之北，御路东西，两阙楼观对耸。”金元两都之周桥，盖有意仿此，为宫前制度之一。②

元代杨奂为了怕后世不清楚，也做过专门记录：③

---

① ［北宋］范成大．揽辔录．州桥［M］//范成大笔记六种：唐宋史料笔记．北京：中华书局，2008：14.

② 林徽因．我用一生的时间来回答你［M］．武汉：长江文艺出版社，2016：123.

③ ［元］陶宗仪．南村辍耕录：卷十八［M］．北京：中华书局，1958：202；杨奂．宋汴都故宫记：汴京遗迹志：卷一［M］//钦定四库全书史部十一．北京：中国书店，2018：15.

己亥春三月，按部至于汴，汴长史宴于废宫之长生殿，惧后世无以考，为纂其大概云：皇城南外门曰南薰，南薰之北，新城门曰丰宜，桥曰龙津。桥北曰丹风，而其门三。丹凤北曰州桥，桥少北曰文武楼。遵御路而北，横街也，东曰太庙，西曰郊社，正北曰承天门，而其门五，双阙前引。

还有更早的信息，说是“州桥”为唐代“汴州桥”的简称。据明成化《河南总志》记载，汴州桥乃“唐建中年间汴州节度使李勉建，以在州之南门故名”。五代称汴桥，宋代改称“天汉桥”，因“正对大内御街”，又名“御桥”。据此表明“北宋晚期，州桥位于汴河同御路的交叉处，金代名天津桥，清称周桥。根据开封宋城考古队对北宋御路和汴河故道勘探与试掘所知，已发现的州桥位置与上述文献记载完全相符”。① 这是指1984年8月，在开封地下管网改造工程中，距地表4.5米深处发现了该桥，位于北宋皇宫南端御道，为今日开封市的中轴线——中山大道所压，而且证明开封古城中轴线自唐宋以来1200余年没有移动，州桥的历史同样悠久。此段文字亦可证明北京中轴线与宋汴京的历史关系。

“州桥”一说源于“舟桥”即浮桥，其本义为周文王娶妻“亲迎于渭”，语出《大雅·大明》：“造舟为梁，不显其光。”其中“不”为丕为大。至于名其为“周桥”，应该是以示对夏商周三代文明的景仰之意。所以，名为“州桥”的桥梁不仅在汴京，在全国也有多处，而名为“龙津桥”的就更多了，追寻起来都起源于更早的隋唐洛阳之洛水的天津桥。仅看汴京的龙津桥，据《东京梦华录》《梦粱录》等许多文献记载，汴京的龙津桥为蔡河横穿御路之桥梁，足以征信。可以说，州桥为宫城大门前的桥梁，龙津桥为皇城（内城）大门前的桥梁。现今开封已经挖掘出州桥遗迹供人观览，龙津桥遗迹据考证还埋在现在的朱雀苑广场向南百余米处。

有关元大都周桥的记录汇总如下，引自《析津志辑佚》《日下旧闻考》《元故宫遗录》等，前文亦有引述：

崇天门，正南出周桥。灵星三门外分三道，中千步廊街，出丽正门，门有三。正中惟车驾行幸郊坛则开。西一门，亦不开。止东一门，

① 刘顺安．开封研究［M］．郑州：中州古籍出版社，2001：14.

以通车马往来。①

南丽正门内千步廊可七百步，建灵星门，门建萧墙，周回可二十里。俗呼红门阑马墙。内二十步有河，上建白石桥三座，名周桥。桥四石白龙擎戴，旁尽高柳，郁郁万株，远与城内海子西宫相望。度桥可二百步为崇天门。

周桥，义或本于诗造舟为梁，故曰周桥。考之宋、金，咸以周桥为名，据此周桥之名不始于元也。②

灵星门，俗呼红门阑马墙。门内有河，河上建白石桥二座（疑三座误），名周桥。③

南丽正门内，曰千步廊，可七百步，建灵星门，门建萧墙，周回可二十里，俗呼红门阑马墙。门内数（一作二）十步许有河，河上建白石桥三座，名周桥……度桥可二百步，为崇天门。

河上建白石桥三座，名周桥，皆琢龙凤祥云，明莹如玉。桥下有四白石龙，擎戴水中，甚壮（疑为镇水兽蚣蝮）。④

大内南临丽正门，正南曰崇天门……直出崇天门有白玉石桥三虹，上分三道，中为御道，镌百花蟠龙。百花蟠龙，俗称穿花龙。⑤

马市桥，水自东流入咸宜坊西，至囊八总管府桥、顺城（承）门石桥，转东隆福宫桥，流入太液池，流出周桥。右水自西北来，而转东至周桥，出东二红门，与光禄寺桥下水相合流出城。⑥

此外，《元史》等文献中多次提到丽正门内石桥、棂星门内石桥等，均指周桥。⑦

元大都的金水河，自和义门（西直门）南水关引入，曾向南曲折流到元顺

---

① ［元］熊梦祥. 析津志辑佚·城池街市［M］. 北京：北京古籍出版社，1983：2.
② ［清］朱彝尊. 日下旧闻考：卷三十 宫室［M］. 北京：北京古籍出版社，1988：431.
③ ［明］萧洵. 元故宫遗录［M］. 上海：商务印书馆，1936：1.
④ ［明］萧洵. 元故宫遗录［M］. 上海：商务印书馆，1936：1.
⑤ ［元］陶宗仪. 南村辍耕录：卷十八［M］. 北京：中华书局，1958：225.
⑥ ［元］熊梦祥. 析津志辑佚·河闸桥梁［M］. 北京：北京古籍出版社，1983：100. 注：重新标点为“马市桥，水自东流入咸宜坊西，至囊八总管府桥。”应理解为金水河自马市桥东侧向南（南偏西）流入咸宜坊西侧。金水河与马市桥下的水道不是一条。
⑦ 《元史》第三册：“至正亲祀南郊，至正亲祀太庙。”许嘉璐. 二十四史全译［M］. 上海：汉语大词典出版社，2004：1493-1496.

承门北石桥（今西单北甘石桥），再分为北、东两支，其东一支转折向东，经过隆福宫桥，流入太液池，再从太液池东到周桥。上述马市桥引文中所说“出东二红门”，当是出大都萧墙东墙的一个城门。光禄寺桥又名通明桥，在光禄寺西，金水河就是在此与沿东墙南下的新开河（即通惠河的一段）交汇流向文明门（今东单）外的。

可以看到，元大都的周桥在崇天门前，今端门和午门之间，明代则在午门以内、太和门前，即内金水桥。引文中说到白石桥三座名周桥，白玉石桥三虹，上分三道，中为御道，皆说明周桥和明清的正阳桥以及金中都龙津桥一样，桥面分三道，间有栏杆。后来的金水桥由三道改为并排的三座，后又增加到五座、七座，历史演变规律很清晰。

金代之后元代的石雕技术也是远近闻名的，当时大都稍南曲阳的工匠杨琼，就是著名的雕刻家。杨琼世代为石工，他的石雕“每出自新意，天巧层出，人莫能及焉”。1276 年，修建元皇城崇天门前的周桥，很多人画了图送上去，都未选中。而杨琼的设计方案，使元世祖忽必烈十分满意赞为绝技。在大都营建中，有许多石雕工程，就是由他来主持完成的。特别是文献记载棂星门内周桥的石栏上雕刻龙凤祥云图案，石质晶莹如玉，桥体下面还有四条白玉石龙承托，这便是他的杰作。中国古桥石工不计其数，却很难留下名字，即使赵州桥的李春，其历史信息也是相当简陋。非常难得，北京的古桥建造者幸而留下了杨琼的大名，特别值得纪念。

第六节　断虹桥与断龙桥

一、桥为什么要“断”？

中国最著名的“断桥”是杭州西湖的“断桥残雪”，但其“断”不是桥断，而是“桥段”——以桥的连接意义和一种独特景观，演绎出人间或人神之间的悲欢离合故事。据说这种景观是每当瑞雪初霁，站在西湖北岸宝石山上向南眺望，只见西湖银装素裹，白堤横亘于雪柳烟雾中时隐时现。石桥桥面冰雪消融，但两端雪堤如初、桥洞中冰雪尚奕奕生光，与桥面暗影形成强烈反差，远望桥梁似断非断，故称断桥。

故宫断虹桥（摄影 王锐英）

断虹桥石狮子（摄影 王锐英）

北京有断虹桥、断魂桥和断龙桥，也是各有“桥段”。

断龙桥，在房山云居寺山门外东侧；断魂桥，在西安门北侧与马市大街交汇点；断虹桥，在故宫武英殿东侧。据学者考证，至今仍存的断虹桥，可能是元代遗存，甚至可能是当年周桥的三虹之一。

为何称桥名曰断，而不曰连，于桥梁之功能使命很不相符。况且断龙、断虹，在中国传统社会文化中亦为犯忌之语，用在皇家更是令人惊讶的。至今关于断虹桥、断龙桥的各种民间传说，凡涉及皇帝和皇宫的传言亦不足信。笔者特别指出所谓“断”，不是断桥，而是断水，但也不是截断流水，而是期望桥梁也能够发挥闸坝的作用，截断和约束住桥下的暴雨洪水，如此方符合人们“风调雨顺”的心愿。

有人说，明代故宫的断虹桥是元大内中轴线之周桥，原有三座，明代拆毁两座，余其一，取其“余”而名为“断”，另外据说是为了厌胜前朝，取名断虹。其实均不确切。这里需要辨明的问题有三点：

一是元大都中轴线偏西问题，有学者认为位于故宫武英殿东侧的断虹桥即元代崇天门前的周桥①，说是因为桥上汉白玉石雕刻的云龙瑞兽，在辽金元宫殿中只用于宫城正门前居中位置的御路桥。持此说者进而否认金水桥、故宫三大殿、景山、后门桥、鼓楼一线为元大都的中轴线，认为元中轴线在断虹桥至北京旧鼓楼大街一线。还有学者认为断虹桥是明初所建，而非元遗留，现在除局部构件所添配更换外，从未大修过，依然坚固牢实。明成祖建紫禁城时，将元故宫周桥被彻底拆毁，原来的三道桥改为紫禁城内金水河五道桥。

对于元明中轴线的变迁，已经有许多考证给予了否定。如果断虹桥位于元大都中轴线，那么桥下的河道则是个问题。中轴线位置的金水河河道应该南凸如弓背，就像现在看到的明清故宫的内外金水河，至少东西相直，绝不可北曲。这是从建筑风水所说的，将河道向南突出，表达了如同弓箭向外射击的意象，表现为一种防御心理。如果这座断虹桥在元大都中轴线上向北弯曲，则河道就是明代修改过的。如此的话，新挑河道的大工程目的只保留断虹桥不动，实在说不过去，倒不如拆除或迁移断虹桥来得更方便些。或者可以通过断虹桥东西两侧河道的地下考古，看看可否发现元金水河故道，以资为证。但是，明代改移河道的可能性很小，而且本来为了厌胜，却不干脆拆除，反而为了保留这么一座断虹桥却大规模地改移河道，可能性就更小了。

---

① 姜舜源. 故宫断虹桥为元代周桥考——元大都中轴线新证［J］. 故宫博物院院刊，1990（04）：31-37.

二是以断虹之名在明皇宫之内堂而皇之成为一座不小的桥梁的名号，同为属龙的天之骄子皇帝们，断虹两字何以理解为厌胜于元，不厌胜于明呢？还有说原有三虹，拆除二虹而余一虹，以为厌胜前朝，为什么不全保留呢，厌胜之说总不那么令人信服。

三是据说出于皇帝上朝时当庭杀伐决断，发配罪臣，或是宫里发配太监宫女，限定出西华门，多所必过此桥，暗中称为断魂桥倒是很有可能的，至于后来因断魂衍为断虹，也均只是传说而已，均不足信。

笔者认为元明清故宫中轴线是完全一致的，断虹桥为元代遗存也是极有可能的，而且内金水河河道应该没有大的变化，断虹桥也根本就不在中轴线上。那么，之所以称其为断虹桥，是因为金水西来，虹蜺出现预示雨洪威胁，所以就像桥边的镇水兽九龙之子蚣蝮一样，需要它镇住来自西方的大水，需要截断来自天上的暴雨。特别是断虹桥位于故宫中轴线核心区的西部、金水河上游，是进入皇宫核心区的最后一道关口。断虹桥东西两侧拱券正中的镇水龙头就各有讲究，西侧龙头头顶中心的漩涡为逆时针旋转，表达了人们祈求顶住上游洪水压力的期望，东侧龙头头顶漩涡则为顺时针旋转，表达人们渴盼尽快宣泄掉洪水的期望。镇水兽、吸水兽在其他桥梁上的形态与功能亦应如此，所以断虹桥表达的是喝断洪水、保佑平安的碎碎心念，完全可以堂而皇之地成为响亮的桥名。

如此，我们也可以依此判断云居寺断龙桥的桥名本源了。断龙桥与皇帝没有任何关系，其含义也不是把桥梁或桥上的交通截断，而是要截断桥下的黑龙，实则为大水和漂浮物，要像卢沟桥的斩龙剑一样，把山洪泥石流斩杀、裁截、剁碎，使其乖乖地顺流而下。所以，特定位置和特别指向意义的“断虹桥”“断龙桥”与“斩龙剑”非但不是犯忌之词，反而是祈求平安吉祥之语。

二、断虹桥风格断代

关于断虹桥还有一个何时修建的问题，需要的是断代而不是断桥。

判断断虹桥的修建年代，需要从其雕刻艺术风格分析。除龙津桥之外，金中都还建有许多石桥，有些就位于后来元大都城内外。《析津志辑佚·河闸桥梁》记载：“西寺白玉石桥，在护国仁王寺南，有三拱，金所建也。……和义门外石桥，金所建。”可惜金中都众多石桥当中，唯有卢沟桥幸免于难，一直保存至今。卢沟桥是金朝皇帝为拜谒金陵（在今房山区九龙口村）而建造的御桥。虽经历代修缮，仍保留了部分金代风格的望柱石狮和桥头石兽。从明代无名氏绘《卢沟运筏图》看，卢沟桥原本一柱一狮，用汉白玉雕琢而成。石栏望柱，拱券吸水兽，巍然屹立，颇为壮观。此图以前误认为是元人所绘，有学者指出实乃明人之作。

蒙古人占领金中都后，摧毁了金朝宫殿，但是没有破坏房山金陵。明代中叶，金陵还得到明王朝祭祀。直到明嘉靖年间，金章宗道陵仍是京郊一处风景名胜，时有游人前来游玩。晚明之际，满族首领努尔哈赤崛起于白山黑水之间，明朝统治者受风水师蛊惑，为断女真后裔满人的“龙脉”，大肆破坏金陵。天启元年（1621 年）罢金陵之祀，二年（1622 年）拆毁金陵。有学者观察断虹桥与卢沟桥和房山金陵石雕有许多相似之处①。例如：“断虹桥栏楯华版上忍冬纹和双角五爪行龙纹图案，就与金陵汉白玉御道栏楯华版纹样非常相似。”元末熊梦祥《析津志辑佚·河闸桥梁》记载：“卢沟桥，在京南三十里……石齿相角，上架石桥，平砥如平，上有狮子栏楯。”除了相似，断虹桥与金中都石桥还是存在一些不同之处。在此特引用林梅村之《大朝春秋》有关文字，以资为证：第一，断虹桥头抱鼓抵兽用元代流行的石蹲龙，而不用卢沟桥头的石象或石狮。第二，断虹桥用圆形望柱，而卢沟桥用方形望柱。第三，断虹桥华版满饰花纹，而卢沟桥华版只局部雕花。第四，金陵石雕往往用浅浮雕，而断虹桥用高浮雕。第五，断虹桥栏楯皆透雕，而卢沟桥栏楯不透雕。总之，断虹桥与金中都石桥明显有别，且又不同于明代石雕，其为元代石桥无疑。②

此外，该文还提供了以下五条根据：

第一，关于元代通惠河石桥，顾祖禹《读史方舆纪要·北直二》引欧阳玄曰：“通惠河首导昌平、白浮之水，次循太行西山之麓，会诸山之流，为七里泊。东流入都城西水门，汇积水潭。又东傍宫墙，环大内之左，合金水河东折而南，出都城东水门。经大通桥，东流至通州城西北永通桥（今八里桥），又东会于白河。”至正十七年（1357 年），欧阳玄病逝于大都，享年 83 岁，可知永通桥始建于元代。《元史·河渠志》记载：“武宗至大四年（1311 年）六月，省臣言：‘通州至大都运粮河闸，始务速成，故皆用木，岁久木朽，一旦俱败，然后致力，将见不胜其劳。今为永固计，宜用砖石，以次修治。’从之。后至泰定四年，始修完焉。”由此可知，永通桥改为石桥在 1311 年。还有通州张家湾通运桥与此桥结构和石雕艺术风格相同，亦为元代遗构。从石桥形制看，元代桥头石蹲龙肇源于金陵汉白玉踏道前的石蹲龙。断虹桥头不用明代石桥常见的抱鼓石，而用元代流行的石蹲龙，与通惠河元代石桥永通桥和通运桥（在通州张

① 林梅村. 大朝春秋：蒙元考古与艺术［M］. 北京：故宫出版社，2013：159.

② 林梅村. 大朝春秋：蒙元考古与艺术［M］. 北京：故宫出版社，2013：159.

家湾古城南门）桥头石蹲龙如出一辙。

第二，断虹桥汉白玉栏楯和石狮子望柱头基本上按照《营造法式》单勾阑图案雕琢。望柱头不用明代流行的龙凤纹望柱，而用元代常见的石狮子望柱头，如曲阳北岳庙主殿德宁殿栏楯即为元代石狮望柱。

第三，断虹桥拱心石上有高浮雕吸水兽，这是金元石桥的特点。卢沟桥中心一孔的两面和西面第五孔上还保存有三块高浮雕吸水兽拱心石，皆用汉白玉雕琢，傅熹年以为是金代原物。元代万宁桥（今什刹海后门桥）也有这样一个高浮雕吸水兽，而明清紫禁城内外金水桥则无此类吸水兽。

第四，断虹桥头石蹲龙须弥座上的水浪纹样，与杭州灵隐寺大殿前北宋石塔基座上水浪纹相同，后者建于北宋建隆元年（960 年）。这种水浪纹亦见于白塔寺元代石狮须弥座。此外，断虹桥华版雕刻的忍冬纹，与元大都福寿兴元观遗址出土汉白玉华版上的忍冬纹图案几乎完全相同。《析津志辑佚·风俗》记载："都中（指元大都）桥梁、寺观，多用西山白石琢凿阑干、狻猊等兽。青石为砖，甃砌大方，样如江南……"断虹桥与《析津志》所说元大都石桥的艺术风格完全相符，为我们研究元大都石桥提供了重要实物资料。

第五，陶宗仪《南村辍耕录》记载："直祟天门有白玉石桥（指周桥）三虹，上分三道，中为御道，镌百花蟠龙。"断虹桥栏楯华版雕刻双角五爪行龙纹样，不仅和陶宗仪所述金水河周桥纹饰相符，而且和白塔寺元代石狮须弥座纹样相同。此外，这种行龙纹、牡丹纹、菊纹组合图案亦见于元上都青白石龙纹角柱。萧洵《故宫遗录》记载："又后为兴圣宫，丹墀皆万年枝，殿制比大明差小。殿东西分道为阁门，出绕白石龙凤阑楯。阑楯上每柱皆饰翡翠，而寘黄金鹏鸟狮座……"萧洵描述的元故宫兴圣宫华版行龙纹，与断虹桥栏楯行龙纹如出一辙。①

上述足以证明断虹桥确实建于元代，具有元代风格。

《清宫述闻》记："西华门内，熙和门西为武英殿，殿门制与文华门同。前跨石梁三，周以石槛。武英殿之东，御河环绕，石桥一座，雕刻极精，为诸桥冠，俗呼为断虹桥，石栏杆雕刻亦极精，一石猴左手舞瓢，右手持裙，尤精绝。"② 如今人们把这只石狮子（不是石猴）称为"捂裆狮"，附会、演绎出各种八卦故事，饶有趣味，与断虹桥一起成为故宫桥梁和狮子里的不二网红。

① 林梅村. 大朝春秋：蒙元考古与艺术［M］. 北京：故宫出版社，2013：160.
② 章乃炜. 清宫述闻·卷三 述外朝三［M］. 北京：紫禁城出版社，2009：155.

第七节　故宫里的河与桥

一、筒子河桥

我们从天安门金水桥进入故宫，故宫内外还有许多其他桥梁，值得就此巡视一番。首先从筒子河弯桥和埋在地下的涵洞讲起吧。

城门外围以城壕，城壕之上设置吊桥，这是世界各个文明曾经具备的城池防御体系的基本要素，北京早期城池也是如此。其中吊桥又写作弯桥，可能是与上吊有所避忌吧，意思应该一样。随着时代发展，有些桥更加注重礼制和等级，军事防御的地位逐渐下降，同时也为了交通方便，许多弯桥逐步改为固定的木桥，为了防备水火“攻击”，木桥又逐渐改建为石桥。北京四城即外城、内城、皇城和宫城的城门桥无不如此发展。紫禁城有四个城门，南有午门、北有神武门，东西有东华门和西华门，城门之外为护城河，又称金水河，俗称“筒子河”。巍巍壮观的紫禁城，从明代永乐年间兴建，直到清朝覆灭的五百年间，曾多次遭到火灾，不断重修重建，但从未听说闹过水灾，原来就和这筒子河有着密切关系。

紫禁城内外河道的名称很多，最主要的有十四条，它们是：外筒子河、内筒子河、咸安宫筒子河、内金水河、内三座门筒子河、文渊阁暗筒子河、内銮驾库暗筒子河、午门暗筒子河、景山西门筒子河、东银丝沟、菖蒲河、织女桥北河沿筒子河、西银丝沟、外金水河。以上十四条河名，仅仅是紫禁城内外下水道的主干水道。至于宫内地下的渗水沟、地面排水沟则密如蛛网，与主干水道共同形成了高效的排水系统。

先说外筒子河。外筒子河就是护城河，因为这些河道两岸全用条石相砌，其形笔直如筒，方得“筒子河”之名。外筒子河的上游和北海太液池同为一个水源。最主要的是从什刹海引水，自地安门以西的西压桥即北海公园北门东边的北闸口进入北海，流到门内分水响闸，绝大部分从分水响闸向西南，经籴祥桥泻入太液池；另一小部分则向东南穿过先蚕坛后，沿着北海东墙南流，来到濠濮间“春雨林塘”的东南角出水闸，折而向东至景山后街穿过西板桥、白石桥，沿景山公园西墙外长春寺东墙折而向南流。这一段称之为长春筒子河。经过景山西门外继而南流，这一段称之为景山西门筒子河，又叫西板桥筒子河，或称为景山西河。再由大高玄殿左牌楼以东的鸳鸯桥（半边石半边砖桥）下面向南流入紫禁城的外筒子河。直到20世纪60年代，从北海公园南门北侧的东南岸修建了直通外筒子河西北角的暗沟，使北海之水直接进入筒子河。

明代的外筒子河只围绕紫禁城东、北、西三面，这三段分别为东华门筒子河、神武门北筒子河、西华门筒子河，在南面午门处，筒子河并不连通。外筒子河总长3300米，河宽52米，深约4米。河沿护墙为大城砖砌矮墙，俗称“河墙”。整条筒子河简朴规整、平明静谧，映衬出紫禁城的巍峨壮丽。筒子河仅有东南西北四处与外界联系，可以说固若金汤。对筒子河上的桥梁，北京曾流传过这样的四句民谚：“后门有桥不见洞，前门有洞没有桥，东西两桥更蹊跷，有桥有洞没遮拦。”① 这四句民谚是什么意思呢？

第一句“后门有桥不见洞”，指的是紫禁城神武门外的石涵洞。如果你伏身于神武门外筒子河边，观察横跨筒子河的中轴线道路之下，总感觉下面应该是贯通的，应该有桥洞沟通东西筒子河水。可是你看不到有桥洞的存在，这就是“后门有桥不见洞”的含意。不过当水位降低时，你会发现靠近南边还真有一个方形涵洞。这大约可归为环境心理学现象了。此外还有一个传说，说的是朱棣攻入南京皇城时，没有找到建文帝。后来才知道，南京皇宫在朱元璋当皇帝时就建有地道，从皇宫一直通向城外。所以永乐皇帝在修北京皇宫时记住这个经验教训。可是地道从皇宫向外无法穿过护城河啊，从水下走，可那时还没有这样的技术。怎么办？幸好高明的设计者把地道修在“桥”身里，神武门后一道堤坝横过了筒子河，其中有桥没桥，您琢磨吧。在这里先通知您，神武门前以前还真有桥，《日下旧闻考》记载：“神武门之北过桥为景山，山前为北上门。”②这是清朝。在往前的元代还留下了桥的名字，名字很高雅，叫作升平桥，本书在下一章单独做介绍。

第二句“前门有洞没有桥”是指紫禁城南门——午门前的护城河暗沟，也是一座方形涵洞，使西南筒子河流向太庙。想来夜深人静的时候，如果你到午门前侧耳细听，便可听到地下的流水声。但地面上除了宽阔平坦的石板道，砖铺的大广场、广场两侧密布的朝房等等之外，连桥的一点形迹也找不到。这就是所说的“前门有洞没有桥”。不过这条地下过水涵洞是在清乾隆二十五年（1760年），才将午门西边的河水从西阙门外石板桥下面的暗沟引入，由午门前面石板道下的暗沟引向东流，从东阙门石板下面的暗沟流入太庙。这条长七十

① 李学文，等. 紫禁城漫录［M］. 郑州：河南人民出版社，1986：27-28.

② ［清］朱彝尊. 日下旧闻考：卷十九 国朝宫室［M］. 北京：北京古籍出版社，1988：259.

丈九尺九寸的暗沟定名为午门暗筒子河。

神武门和午门前这两处涵洞太过于隐蔽而有实无名，不仅大隐隐于市，在历史文献中也是籍籍无名。可是它们至今还在发挥着过水作用，据文献记载以前的涵洞断面只有 50 厘米×50 厘米，1968—1969 年再次治理筒子河时，因其过水断面太小，由市政工程局将其分别扩建为 1.2 米×1.6 米和 1.6 米×1.6 米的方涵，各长约 44 米。

后面三四两句“东西两桥更蹊跷，有桥有洞没桥栏”，是指东华门、西华门外边的石桥。这两座石桥下面都有涵洞，但桥的左右两侧却都没有桥栏，不同于一般建桥规制，所以称为没桥栏或没遮拦。现在石桥上确实安有短墙桥栏，但何时安置，以前又为何不安置，仅有传说，均无实证。一种传说比较合理，说的是以前都有桥栏的而且是石头的，只是因为乾隆皇帝给母亲做寿时，其母乘坐的“万寿金辇”太大，出入紫禁城时桥栏碍事，才将桥栏撤去。直到辛亥革命后才改建成了现在的灰色砖砌清灰短墙。

《唐土名胜图会》中的东安门与东安桥，冈田玉山等编绘，日本文化二年刻成（嘉庆十年，1805 年）

今劳动人民文化宫里的太庙大殿前是太庙的大门，名为“太庙门”，俗名“大戟门”，门前有五座汉白玉石桥，名叫太庙金水桥，又称太庙玉带桥。桥下有横贯东西的河沟，这就是太庙金水河，又称太庙玉带河。这五座石桥及河沟，虽然也是明初明成祖朱棣（1360—1424 年）所建，但在明代的二百余年中，只是有桥有沟而无水，故称“样河”，意思是装装样子而已。到了清乾隆二十六年

(1761 年)，疏通午门前面暗筒子河的工程竣工，当时曾有人上奏，建议将这股水引入午门左边的护城河。乾隆认为这样做犯了“金水归龙”的忌讳，万万不可。为此下令把河水引入太庙，沿太庙西墙外南流，形成了太庙西筒子河。然后从西墙根下面的水闸流入太庙门前的金水河，再自东墙下的出水沟流出，与南池子东银丝沟及菖蒲河水同入御河，这就形成了太庙金水河。

上面讲的清朝引水入太庙“样河”的传说，虽没有文献记载，但在乾隆写的《孟夏有事，太庙礼成》诗中有这样一个注解：“先是太庙沿明旧制，戟门外有沟有桥而无水，兹命引金水河桥之水，流经桥下成河，允协形胜。”这就证明了明朝的太庙金水河确实无水，有水正是从清乾隆年间开始的。只不过乾隆诗注中的引金水桥之水一说不够准确，应改为引午门前地沟之水才符合事实。

故宫筒子河西南角曾经在清末出现过一座南北跨筒子河的大木桥，连通了社稷坛和西华门，民国年间可从中山公园过桥到当时西华门的“古物陈列所”。桥梁为全木结构，圆木桥墩，木板桥面，木制护栏。护栏上方木柱，柱顶有矮瓜形白玻璃灯，护栏上部是木刻三方连续菱形花，下部是木竖条。从 1915 年的老照片上还能见到大木桥的身影，到 20 世纪 50 年代已无踪影。①

故宫筒子河西南角的便桥

① 梁欣立. 北京古桥［M］. 北京：北京图书馆出版社，2007：29.

二、紫禁城里的水道桥梁①

外筒子河的水流入紫禁城内则形成了内筒子河。内筒子河，只有一个水源。神武门西边，靠近西北角楼的城根下，有个进水闸，闸里面是一条南北直长的地道，穿过城墙转到紫禁城里改为明沟，由西长房院内斜向西南，顺着西城墙一直向南流去。这一段内筒子河，宫人俗称西筒子。沿着西筒子两岸有酒醋局、菜库、染房等二十四处宫内机关的办事单位。为了便于这些机关人员出入，在西筒子上共建有十一座大小桥梁。因此，西筒子一带又叫作十一座桥。

据《酌中志》所记：明代的“紫禁城内之河，自元武（玄武门即神武门）之西，从地沟入，至廊下家，由怀公桥以南，过长庚桥、里马房桥，由仁智殿西、御酒房东、武英殿前、思善门外、归极门北、皇极门前、会极门北、文华殿西，而北而东，自慈庆宫前徽音门外，蜿蜒而南，过东华门古今通集库南，从紫禁城墙下地沟，亦自巽方出，归护城河。或隐或见，总一脉也”。②

这是故宫内金水河的大致流脉，其中提到怀公桥、长庚桥、里马房桥，其他文献中难以见到。还有“思善门”，已经不存在了，但很重要，这座门就坐落在断虹桥北边，正对断虹桥，对于研究断虹桥不可忽视。

《酌中志》中还提道：自嘉德右门之西，曰太安门。其外向西，曰长庚门（与长庚桥有关）。自元武门迤西，可九门；自北而南，过长庚桥至御酒房后墙，曰“长连”，可三十一门；再前曰“短连”，可三门，并元武门东计之，通共五十四门，总曰“廊下家”，俱答应长随所住。……各门所栽枣树森郁，其实甘脆异常，众长随各以曲做酒，货卖为生，都人所谓“廊下内酒”是也。长庚桥南有柿一株，高二丈余，每至霜后，实悬树杪，丹色可爱。万历时，李永贞整锁十八年，曾于怀公门住（与怀公桥有关）。怀公者，宪庙时贤监国史所称怀恩者也。仁智殿，俗所谓“白虎殿”也。其西南曰御酒房。西北曰马房，门外有二大桥，俗云“里马房”是也。东南曰思善门。门外桥（指断虹桥）西，曰武英殿。③

内筒子河的西筒子流到慈宁宫花园围墙外边的西南角，也就是清代广储司和果子房的东墙外边，形成了一支较宽的明沟和西筒子相连。河水斜向东南流

① 本段故宫筒子河内容引自：李学文，等. 紫禁城漫录［M］. 郑州：河南人民出版社，1986：31-36.

② ［明］刘若愚. 酌中志［M］. 冯宝琳，点校. 北京：北京出版社，2018：537.

③ ［明］刘若愚. 酌中志［M］. 冯宝琳，点校. 北京：北京出版社，2018：537.

去，穿进咸安宫的北围墙，从武英殿，浴德殿的西边、咸安宫、宝蕴楼东边的夹道中间，继续斜向东南，再从武英门右边的水闸穿出。这条斜着的明沟，就是咸安宫筒子河。

故宫御花园澄瑞亭桥（图片引自网络）

从武英殿门前三座石桥下面流出来的水，在武英门外左边围墙的东南角，沿着武英殿东墙折向北流，到旧时古物陈列所办事处后身，又折向东流，再折向南流，使河道形成一个向北凸出的半圆形。在这个半圆形河道正中架着一座精雕细刻的汉白玉大石桥，就是著名的断虹桥了。这条内筒子河被称为断虹桥筒子河，俗名叫武英殿东筒子河。

武英殿东筒子河到达熙和门外，从煦和门北的朝房房基下面向东穿出，便来到了太和门广场。太和门广场内河道称为内金水河，其形势是向南凸起的弓形，广场正中跨河建有五座汉白玉石桥，就像五支待发之箭，成为皇宫里最后一道天然护卫。内金水河东流到达东朝房，便从协和门北朝房的房基下东出，折而北流，到达文华殿西墙外，所以，这段内筒子河叫作文华殿西筒子河。

水从这条筒子河流到太和殿东庑礼仁阁后的东南角，又折而向东，从文渊阁西墙外的进水闸流进文渊阁院内，改入暗沟，向东流入文渊阁前面的莲花池内变为“明池”。水在莲花池内清波一现，便从池面的石桥下流入莲花池东壁的涵洞，再流入地下暗沟。这一段称之为文渊阁筒子河。文渊阁筒子河从地下暗沟东流，经过清史馆西馆（原是清代鹰狗处，嘉庆六年改作“国史馆西馆”，又叫“续修会典西馆”）南边官院地下暗沟，从东墙南端的出水闸流出，又转为明沟。这条明沟的位置，正在内三座门以外南侧，河道的形势和武英殿前面一样，也成向南的弓形，河身上跨三座石桥，名为东三座桥，这段内筒子河称为内三座门筒子河。河水继续从东三座桥的东头，斜向东北方向流去，由清史馆（就是清代的国史馆，俗名叫“国史东馆”，也叫“会典东馆”）西南角墙下穿入，在大堂前的正南面形成半圆形，穿过石桥，又斜向东南流出。这条短短的河道，称为国史馆筒子河。从清史馆东南角流出来的水，斜向西南流，到达东华门里的御路边，则又形成弓形，穿过东华门内石桥继续南流。此段河与桥和东华门门洞遥遥相对，所以，这段内筒子河称为东华门内筒子河。

河水南流到銮舆卫内銮驾库的北墙外边，由明沟改为暗沟。这条暗沟称为内銮驾库外筒子河。它的路线是以内銮驾库的北墙外为起点，从内銮驾库的院内和南库房的地下，斜向东南方向流去，由紫禁城东南角地道穿出，将全部紫禁城内筒子河水注入东南外筒子河。央视纪录片《上新了·故宫3》中，故宫博物院宣教部娄旭发现，金水河像蛇形，不仅其蜿蜒绵长极具蛇躯体态，而且在紫禁城东南角即将流出宫城时，河道身形特意被塑造成“三角形蛇头”形状，颇为神似。金水河为蛇，与之相配，有人说景山为龟，合成宫城玄武之像。内筒子河虽然名目繁多，河道形势变化多端，但水都是从西北角进，最后从东南角出，水来自外护城河最后又注入外护城河。使宫内所有雨水，秽水全都注入内筒子河，由内筒子河注入外筒子河，最后泄入护城河。

第六章

厚载升平

第一节　升平之桥

一、中轴线上有一座“升平桥”

上一章提到神武门前有一座名字很高雅的桥叫作升平桥，长期以来被湮没在历史的长河之中，这座桥应该就位于今天的中轴线上、元代宫城北门厚载门外，其名为“升平桥”。与升平桥相关的还有一个可能蕴含着北京城大秘密的北上门。

据《析津志·城池街市》说：“升平桥，在厚载门，通海子水，入大内。”那么，这座“升平桥”位于何处？今又何在？与元大都厚载门到底是什么关系呢？有学者认为“厚载门，即指萧墙北门厚载红门”，“厚载红门以内有御苑，引海子水（即玄武池，今什刹海）经厚载红门外升平桥灌入御苑”。①此说值得商榷。

首先，元大都厚载门与厚载红门本不是一门，这一点已为许多文献所证明。其次，厚载红门在今地安门位置，如果升平桥在厚载红门外，理应在地安门附近既有桥还有河，如此的话，从西步量桥到东步量桥之间无论开挖一条东西向或一条南北向的沟渠，在格局上是难以安排的，当然至今也无丝毫遗迹为证。况且，在厚载红门外不远处的西北有海子、东北有御河，还有邻近的西压桥、万宁桥、东不压桥三桥拱卫，也没有必要再挖一条河、再架起一座桥。还有据《元史》卷七十七《祭祀》载“游皇城”情景：“至十五日……于殿前……列于崇天门外，迎引出宫。至庆寿寺，具素食，食罢起行，从西宫门外垣海子南岸，

① 杨宽. 中国古代都城制度史［M］. 上海：上海人民出版社，2006：475.

入厚载红门，由东华门过延春门而西。……至十六日罢散。”很清楚，邻近海子的就是厚载红门，没有桥。对于《析津志》中的“升平桥，在厚载门，通海子水，入大内”的文字意义，准确解读应该是：“升平桥位于厚载门外，桥下通海子水，桥上入大内。”所以，厚载门肯定是在海子下游，说明桥下之水来自海子。“入大内”三字并不是一些文献所解读的指海子水入大内，准确地说是将升平桥看作厚载门外的护城河桥，过此桥即可进入大内，升平桥是进入大内的必由之路。桥下之水就一定是自西向东流的，此“海子之水”如果不是直接来自西边近在咫尺的太液池，就是来自北面的玄武池。

二、厚载门在今神武门位置

是否有一种可能，升平桥不在厚载门外，而就在厚载门旁边呢，比如在通往海子边的大内夹垣中，跨景山西河（即今北海东北角先蚕坛东侧的水渠，有文献名其为金水河、西板桥筒子河）进入宫城的水道上，比较接近景山西街南口鸳鸯桥的位置，位于今景山西街南口大高玄殿东南角。不过，如果这样的话，与厚载门的距离大约得有 300 米米，准确地说应该位于大内夹垣西头而不是厚载门。一座不起眼的桥被记在厚载门名下，应该不出百米吧。如果很有名，甚至名气超过了这座城门，比如高梁桥在西直门外，就离城门有一里地，倒是可以稍远些。但请注意，桥和城门一定在同一条大道上，才可以这样说，比如万宁桥在地安门、大通桥在东便门、甘石桥在顺城门、丽正门外第一第二第三桥等。所以，“升平桥在厚载门”，一定是在厚载门外且直通厚载门的道路上吧。厚载门外有一座升平桥，唯见《析津志》这一条历史记录，如此重要位置名字也很雅致的一座桥，不见其他记载，不仅值得怀疑其是否真的存在过，也确实说不过去，委屈了这座桥梁。不过，升平桥之名确实曾经出现在皇城中轴线上，

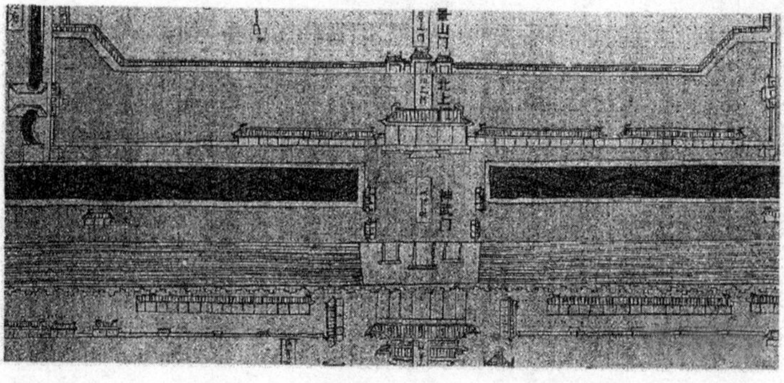

故宫神武门图

例如北宋东京汴梁的周桥，唐代称为汴州桥，五代时称汴桥，宋代就曾经改名为升平桥，又称迎真桥，天圣年间改名为天汉桥，金代名天津桥，又称周桥，习俗称为州桥。元大都取法金中都和宋汴京，将升平桥置于厚载门外完全可以说是有来头的。可能这座桥梁比较小，很不起眼，就如同现今的神武门外地下的筒子河涵洞，又有多少人知晓、又有几篇文章提到呢。这样也是可以理解的。至于升平桥下之水向东流到何处，是直接流入南北河沿的玉河，还是流入元宫城的东护城河呢？

神武门外筒子河涵洞（图片引自网络）

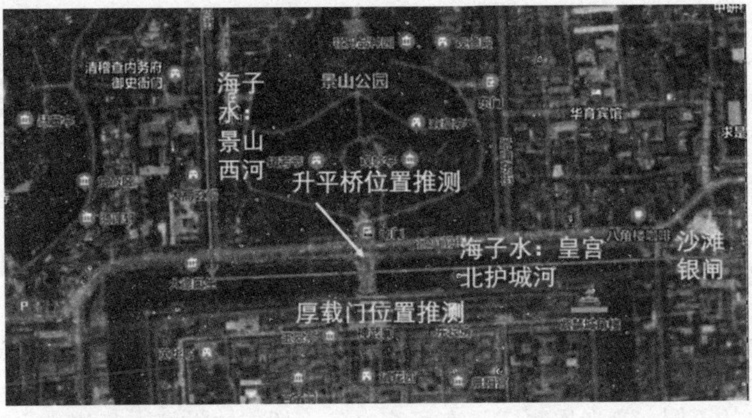

厚载门和升平桥位置推测（本书绘制）

三、升平桥下“海子水”

升平桥下海子水的来源，第一种可能，即上游景山西河，水来自玄武池海子。这路河渠即浴蚕河、北海濠濮间之水的前身。作为故宫内金水河上游的景山西河虽然很小，但自金元以来对于皇家却非常重要。其北面的源头就在北海北门地下的“西压桥”或“西步量桥”之下，今为北水分水闸，水的上游即海子之水。这一段河道位于北海公园东墙以里，流到濠濮间以南出园墙水关，顺东墙外侧流到景山后街和景山西街交接处的西板桥下稍做转折，过白石桥，然后顺景山西墙向南穿过景山前街下的鸳鸯桥汇入故宫筒子河，正对故宫内金水河入口，所以称之为“内金水河”。据有关记录，“景山西河上有西板桥（恭俭胡同南口）、白石桥、山右里门桥（景山西门桥）和鸳鸯桥，观德殿前有明河，上架三桥称为观德桥。”① 景山西河现在还存在着，只是出北海东墙外改为暗河。2018 年，这段暗河又被“重新发现”了，就在恭俭胡同南口发现了 1970 年左右被埋入地下的西板桥遗迹，这座古桥和一段 29 米长的河道破土重现，而且将原址保护。新闻报道考古报告显示，推测至少明代起桥与河就已存在，实际上元代就已经存在了。

值得一提的是鸳鸯桥，位于北上西门的门前，为一座石拱桥，桥面是半边石半边砖，石头桥面专门走车用，砖面则专走行人，这在北京桥梁历史上可谓独树一帜。民国八年，这座拱桥改为平桥。民国二十一年（1932 年），工务局因“鸳鸯桥多已损坏，危险堪虞”，将该桥桥身改修为钢筋混凝土，并将原有砖砌栏墙改安葫芦式石栏。鸳鸯桥的风貌全然改变。1953 年桥被拆除，桥的遗迹也湮没在景山前街丁字路口便道之下。

有人说景山西河是元代金水河的一支水系，是有些道理的，但名为金水河不太确切。真正的金水河不是源自海子，而是指元代修建的沿北海北岸和东岸，基本上平行于景山西河，在濠濮间西侧向南跨过陟山桥，专门供万岁山（琼华岛）所用。而且从其水位高程可以看到，在北海北门处，辗转来自玉泉山、西直门南水关的金水河河道在北海北门外的地面以上，以足够水位高度方可向南流过陟山桥，当然是元代的桥面，其标高比之现今应该低得多。而景山西河的上游即北闸口的水面本就低于金水河，是不可能流过陟山桥的。不过，如果金水河的水量流到此处还比较大的话，是否被导入景山西河呢，有可能，但因为水质和目的不同，笔者推测还是有可能自陟山桥东边继续南行流入大内的，这

---

① 张富强. 景山寿皇殿历史文化研究［M］. 北京：金城出版社，2012：12.

明丁观鹏《太族始和图》局部：石桥即景山西街南口的鸳鸯桥

本是金水河的最终目的。但是，自陟山桥向南于史无证，只能存疑了。景山西河不仅流入元厚载门升平桥下，中途还要灌溉“大内御苑”，必有几处出水口向东进入所谓“熟地八顷”的御苑，用于皇帝的耤田和花木，而且还要推动御苑中的水碾。所以，其上游肯定不是金水河，而是玄武池的海子水。

升平桥下海子水来源的第二种可能，自上游太液池，即近在咫尺的海子水。升平桥的海子水是否有可能来自西边的太液池呢？元代的水位不好推测，但估计应该比现在要高，有这种可能性。太液池水直接进入筒子河，如此合理的安排为什么至今未见水道痕迹，也未见历史记载呢？直到1956年，市政府才修建了一条地下涵洞以补充筒子河。如今在北海南门里边的北海南岸可见到这一座水闸，其声若“响”。推测引太液池水向东直接进筒子河的可能性比较小，同时景山西河除了灌溉御苑，还要有它的出口，作为升平桥下之水最为合适。可以设想金水河自北进入太液池东岸，循景山西河即可灌溉东侧的御苑、推动水碾，又可达于西侧的万岁山，再可南入大内，其河道与现存河道大致相同，成为宫城的内金水河。但是，考虑金水河需要达到陟山桥的水位高度，即使今日的景山西河也是过于低下了。是否景山西河原本在地面上，后来下挖了，乃是明清时代的改造，值得怀疑，还有待继续探讨。

第二节 北上升平

一、乾坤日月明，四海皆升平——北京历史上最早的真正天桥

与升平桥有关的相关信息还可见如下记载和寓意：萧洵《故宫遗录》中记载元大内："又后为厚载门，上建高阁，环以飞桥，舞台于前，回阑引翼。每幸阁上，天魔歌舞于台，繁吹导之，自飞桥而升，市人闻之，如在霄汉。"此段是说厚载门上建有高大阁楼，阁楼周边环绕飞桥即旋转楼梯，高阁前面还建有一个大舞台，两侧连接飞桥可以上下。为什么偏要在厚载门建有这样的飞升之桥和舞台高阁呢？与升平桥是否有什么内在关系吗？

这还要从大都的五行八卦来解释。《易经·象传》曰："地中生木，升，君子以顺德，积小以高大。"讲的是六十四卦的"地风升"的"升卦"。

升卦卦象，地在上而巽在下，巽为和煦之风，起于地下而向上吹，为阴中阳气呈现上升之象。升为十二月卦象，此时阴气下凝、阳气上升，所以叫"地风升"。地势坤乃厚德载物，故为厚载之门。结合厚载门外的升平桥、厚载门上的飞升之桥和飞升之歌舞，可理解为厚载门不仅为初始的阳气自"坤地"输入"南天"之皇宫的关键，还寓意着大都及天下实现歌舞升平理想境界的期望。在这里，北方和厚载门为坤地为坎水，乃为阴寒意象，所以大都北边只开左右两门（象数为阴），正中门不可开，南边开三门（象数为阳）。但是皇城和宫城北边正中要开门，就必须要有所避忌和禳治，这正是风水要义。所以，纳阳气而入大内，必为巽升平而入厚载坤之门，这不就是需要升平桥体现出"升卦"意味吗？

总之，通过考证升平桥的位置以及与厚载门的关系，以及所蕴意的五行八卦意象，足可证明厚载门作为元宫城的北门，其外可能有护城河、可能有护城河桥，这座桥最大可能就是升平桥。既然元故宫崇天门前有周桥和金水河，自然不排除其后门有升平桥和海子河，也是适当的和可行的。至于元代宫城东西两边即东华门和西华门外，是否有护城河和护城河桥，尚未见到确切证据，需要继续考证。

二、北上门朝向之谜

就在此处，具体说就在推测的升平桥北侧的景山前街位置，以前曾经有一

座“北上门”，直至20世纪50年代还存在，打从其消失至今引起了北京历史研究者的高度关注。因为这座北上门的位置特殊，极有可能是元代遗构，甚至有专家推测其为金太宁宫中轴线上的紫宸门。1913年底，在朱启钤组织下，建筑师华南圭主持打通沙滩至西安门北京城的东西大道，方便了北京平民出行，这才有了景山前街。当时的景山前街很窄，位于北上门北侧，景山门的南侧，相当于宽五丈左右的一条大胡同。1925年10月10日，故宫博物院成立。筒子河北面分离出来的北上门此时才变成了北向（门钉在门的北面，门向南开启）的门，成为故宫博物院外大门。1931年，曾拓宽景山前街，但没有拆北上门。1956年5月28日至6月10日，在景山前街拓宽工程中，拆掉北上门连同北向长庑各五十楹，还拆除了均位于景山前街的北上东门（东三座门）和北上西门（西三座门）。同时拆掉的还有大高玄殿前的南牌楼及两座习礼亭。

关于北上门的历史资料还是不少，并且还有许多照片记录。人们发现北上门有个特别的现象即大门朝南开，也就是说名为北上门却坐北朝南，为何“北门南向”就令人奇怪呢？因为其所处位置太独特了，南面隔神武门桥正对神武门，如果作为皇宫北门应该“面北”才对。北面隔街正对景山南门，这条街是民国后才开辟的，非常狭窄仅20米。作为景山南门又是如此紧迫逼仄，有些多余。而且北上门体量大到足可以把现在的景山大门套进去，规制堪比皇城的地安门、东安门、西安门。所以，北上门前后的空间尺度不足以“支撑”其门，很不协调。当然最值得探寻的是其朝向。

北上门位于明故宫与景山禁苑之间，从朝向上看应为明禁苑南外垣门，从名称上看应为故宫北外垣门。有一种解释，北上门实际上是明内皇城的城门，属于第二重城的北门。研究明北京皇城地图，可以发现，最初的皇城分为内外两道，内皇城大致围绕故宫筒子河外沿分布。北上门两侧是一排各五十楹的官房，根据资料记载，很像内皇城墙的形制。从康熙二十一年（1682年）的皇城衙署图里可以看到，西侧官房有十二间，东侧官房有二十四间，其余是墙垣，以此形成连房。顺着这些官房走到东西两端，便是北上东门和北上西门。按此看来，北上门是明皇城内墙垣的北门，本来朝北开，因历史原因曾经反复变换过朝向。

还有一种解释，根据元代历史文献记载，元大内有过“大内夹垣”即双重墙垣，笔者赞同此种观点，大内夹垣外垣的北门就是“北上门”。至于夹垣之内是否均为护城河还难以推断，不过北侧夹垣内应该有护城河，河上有升平桥。以此，到了明初朱棣建北京城和皇城时，就有可能利用了元大内“夹垣”之内的空间开挖贯通了筒子河。由此推测，北上门及其命名可能不在明永乐建都北京之时，而应在元初修建大都皇宫和大内夹垣之时。

再有一种更远的解释，从金、元、明里制（里程距离尺度）分析，发现“北上门南距午门的空间距离不合明里制，也不合元里制，而合金里制。”如此推测北上门始建于金，实为太宁故宫内廷之紫宸门。刘秉忠在做元大都宫苑规划时，就以紫宸门为界，将大内规划在其南，将大内禁苑规划在其北，并将紫宸门改作元大内外夹垣北门，更名为北上门。笔者依此分析，从升平桥之名的来源看，东京汴梁的周桥曾经改名为升平桥，又称迎真桥，天圣年间改名为天汉桥，金代名天津桥，俗称为州桥。如此演义，用于金太宁宫正门前面，不是也非常恰当吗？今天的北护城河就有可能是金太宁宫的“金水河”，而升平桥就是太宁宫前的“周桥”。此论仅是一种猜测，但无论如何北上门在800多年来北京古都宫苑规划演变中，占有十分重要的地位，是北京中轴线上非常重要的古代建筑。

第三节　沙滩儿与银闸

一、风沙水聚于沙滩

如今故宫北筒子河东北角外侧，有一个古老且奇特的地名“沙滩儿”。元大都既然有“海子”，再有“沙滩儿”倒不是令人奇怪的事。不过，大都的“海子”毕竟不是大海，“沙滩儿”是不是真的沙滩，就得钻研钻研。传说沙滩源于东侧自北向南流过的玉河，玉河不是很宽，水流也不是很急，据说还是在北河沿中段西岸冲出来的一片沙滩，因而有了“沙滩后街、沙滩巷”等地名。在沙滩儿东南，还有一条曲里拐弯的“银闸胡同”，有人猜测是玉河上的水闸。① 而且据《燕京访古录》载，这里地下埋有银制水闸一座，梁长四尺八寸，宽五寸，厚三寸，柱高三尺。并镌有“银闸”二字和“大元元统癸酉秋奉旨铸银闸一座”十四个小字。清代《宸垣识略》中也说：“骑河桥北有石础堵水中，开二尺许，当即银闸也。”《京津风土丛书》载“玉河，有白银铸水闸一座，上镌有‘银闸’二字”，说是今天银闸胡同的由来。以银制闸，想想看即使皇帝再有钱也是不可能的，而且从材料上看也不适合。笔者推测，一是该闸的铭文以银做成，二是如同不远的“银锭桥”，只是取其形色而已。结合“沙滩”一名，白

---

① 郭京宁. 穿越皇城［M］. 上海：上海古籍出版社，2014：133.

浪白沙与白色的银闸很是对景，这是最有可能的。值得联想的是，清朝雍正六年（1628 年），在北池子北口处皇帝敕建了一座专门用来祭祀风神的庙宇——宣仁庙。两年后又在其南边不远建造了祭祀云神的凝和庙。风神似乎总是伴随着风沙，看来沙滩之沙与风也有关吧。

"沙滩儿"原来的位置就在今天的银闸胡同北口到北池子北口之间，以前向西、向东都是小胡同，中华人民共和国成立前也只是能够走到北河沿，曾定名汉花园，路北即为著名的"北大红楼"，五四运动的发祥地。1958 年修建美术馆，才把东西道路开通，初名为汉花园大街。1965 年前后改为五四大街，沙滩儿就此成为片区地名。

二、沙滩源自三条河水在银闸处的汇聚和淤积

由于河中有闸，水的流速必然紊乱，闸的上游年复一年就容易淘换、囤积沙土，按老北京发音，"沙滩儿"的地名应该由此而来。不过，其水不应是玉河之水，因为沙滩儿、银闸胡同地名在玉河以西，而且正对着故宫筒子河。由此推测，从筒子河到玉河之间，极有可能有不止一条河渠，其中一条就是元厚载门前升平桥下的护城河水东流至此，同时还有从北面的御苑（今景山为其一部分，还包含黄化门以南的大部分区域）灌溉之水、水碾之水（如碾儿胡同、三眼井）在御苑东侧排泄南流至此，在沙滩儿处汇聚后流入玉河，并且应在这条河渠口处建有一座水闸即银闸，而不会在玉河上，否则玉河二十四闸就要再增加一道闸了。

沙滩路口（图片引自网络）

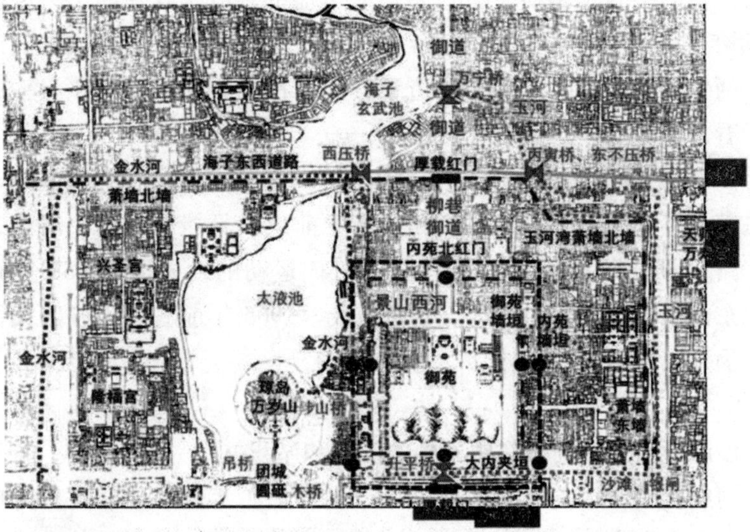

元大都皇城北垣内外墙垣、河道水系与桥梁位置关系示意图（本书绘制）

与此相关，据文献记载元大都厚载门北为御苑，朱偰说：“考其地望，当在今景山西部及大高玄殿北至地安门一带，以垣三重（应为两重）及熟地八顷推之，面积颇广。所谓玄武池，盖即今北海也。”① “厚载门，乃禁中之苑囿也。内有水碾，引水自玄武池，灌溉种花木。自有熟地八顷，内有小殿五所。上曾执耒耜以耕，拟于耤田也。”“厚载门，松林之东北，柳巷御道之南。有熟地八顷，内有田。东有水碾一所，日可十五石碾之。海子水逶迤曲折而入，洋溢分派，沿演渟注贯，通乎苑内，真灵泉也。”②特别注意御苑东有水碾一所，日可碾十五石粮食，需要消耗较大的水力驱动，这股水即是通过“景山西河”引自玄武池的海子水，自西向东流入大内御园，再洋溢分派各处，东流驱动水碾，然后流泻于沙滩处。正是因为御苑灌溉、推动水碾所带来的泥沙，加上河水的交叉汇合和银闸的阻碍才容易发生淤积，出现沙滩。

众所周知，大都城有人工开挖的护城河环绕。虽然皇城没有专门挖掘护城河，但是东侧的通惠河正好沿东黄城根（东皇城根）外侧通过，西边的金水河也把西面和北面的大部分皇城城墙包围在里侧，承天门前又有金水河通过，所以皇城（萧蔷范围）基本上四周也有河水环绕。③ 宫城虽然也没有记载有无护

① 朱偰. 北京宫苑图考［M］. 郑州：大象出版社，2018：35.

② ［清］朱彝尊. 日下旧闻考：卷三十 宫室［M］. 北京：北京古籍出版社，1988：448.

③ 王同祯. 老北京城［M］. 北京：北京燕山出版社，2000：40.

城河，但说没有则是不可信的。①《元史》记载：至正十五年（1355年），元顺帝下令“诏浚大内河道，以宦官同知留守埜先帖木儿董其役。埜先帖木儿言，自十一年以来，天下多事，不宜兴作。帝怒，命往使高丽，改命宦官答失蛮董之。”这项水利工程最终得已实施。说明大内，至少皇城以内是有河道的。所以，南边崇天门外周桥下的金水河、北边厚载门外升平桥下之河，可称为宫城护城河。

① “元宫城四周是没有城壕的，元宫城是没有水道的。”王剑英. 明中都研究［C］//单士元，于倬云. 中国紫禁城学会论文集：第1辑. 北京：紫禁城出版社，1997：102.

第七章

五行万宁

第一节　万宁宫与万宁古渡

一、万宁古渡

万宁桥位于北京地安门至钟鼓楼之间的地安门外大街上，因其在什刹海东岸，正当海子水东流泄入通惠河的关口上，故名海子桥，又因处于地安门以北而名为北门桥、后门桥、地安桥。《京师坊巷志》中说："地安桥，俗称大桥，旧为万宁桥。"称后门桥是因与天安门以南的前门及正阳桥前后相对；称地安桥是因地安门是皇城北门，与皇城南门天安门及金水桥也是南北天地相对；而其正式名称万宁桥则是在更早的元代，与丽正门外的第二桥万安桥蕴意相互呼应，期望天安地宁、万事安宁。俗称大桥，亦可看出此桥不小。有人说万宁桥又称"天桥"是不对的。

万宁桥南边的元大都厚载红门，即明清地安门，位于地安门外大街南端与平安大街的交叉口，今已不存；北边的谯楼即鼓楼位于地安门外大街北端，其后是钟楼，是古代用以报时的建筑。元代一改城市左钟右鼓的格局，开创性地将鼓楼与钟楼前后纵置，不仅气势宏伟，在金鼓声中还有汤汤水音在万宁桥下伴奏，使北京中轴线极富音乐性。万宁桥邻近西北侧据说是建于唐朝的火神庙，西侧的什刹海是北京著名的风景区。伴随旅游经济的发展，世事变迁，曾经宁静的什刹海地区，似乎复现了元大都"舳舻辐辏"般的景象，从宜居之地转型为繁华的旅游目的地。是的，万宁桥周边自元大都以来便是王城规划中的"后市"，尚存大量旧时店肆建筑。昔云北京的繁华有一句俗语"天坛的明月长城的风，卢沟桥的狮子潭柘寺的松，东单西单鼓楼前，五坛八庙颐和园"，该处即为

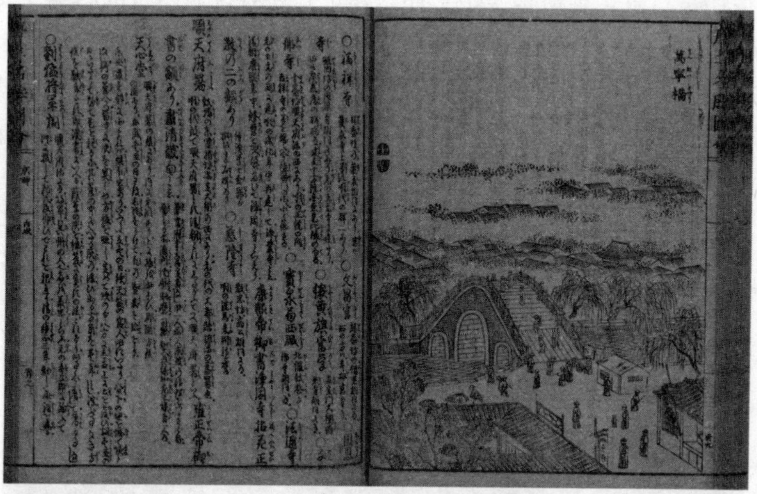

《唐土名胜图会》中的万宁桥，有点类似八里桥，但是否如此高拱，值得探讨。

万宁桥（摄影 焦驰宇）

鼓楼前的闹市，800 年来一直是北京的重要商圈，钟鼓楼、火神庙与万宁桥及隔海相望的银锭桥、北边的烟袋斜街一带，是极富历史底蕴、商业风情与民间色彩的宝地。

从前有个传说："北京在后门桥底下。"1950 年清挖什刹海，疏通桥下玉河河道的时候，在很深的淤泥中曾经挖出一根四方的青石桩子来。有人附会在石桩子上刻有一只老鼠，下面还刻着"北京"两个字，更有传言挖出来的是一只石鼠，连带正阳桥下还挖出了一只石马，正当子午线上子鼠午马之意。1934 年，徐国枢在《燕都续咏》中记载："俗传地安门桥下埋有石猪，即为北平之正子午线。”石猪还是石鼠，难道是误记？还是娱记？还有说后门桥的石券下刻有“北京”二字，每当水大淹没了此二字，寓示水灾将至。后经多次考察和专家回忆，乃是子虚乌有。不过，从此亦可看出，北京的古桥方位与北京城的历史文化渊源之深厚，不仅由来已久，而且深入人心，将老北京的四平八稳、凡事儿讲个礼儿，讲究妥妥当当的心理体现得淋漓尽致。

万宁桥西侧（图片引自网络）

二、万宁宫与万安宫

据史料记载，“三海大河”的遗沼湖泊处于汉唐幽州城的东北方，在辽代时开始被改造成为城郊风景区，在湖心岛上营建了瑶屿行宫。金代将其大规模扩建，将古高梁河床上遗留的一系列沼泽洼地，经人工修整后成为白莲潭及太液池，营造宫苑，始为北宫，后为专供皇家游幸的太宁宫。《金史・地理志》中都路：“京城北离宫有太宁宫，大定十九年（1179 年）建，后更为寿宁，又更为寿安，明昌二年（1191 年）更为万宁宫。琼林苑有横翠殿。宁德宫西园有瑶光台，又有琼华岛，又有瑶光楼。”看来琼华岛是太宁宫的西苑，太宁宫应在今故宫一带，万宁桥即源自万宁宫，有人考证其为万宁宫的旧迹。所以，金代万宁桥前身以及正阳桥前身的修建可能在金中都龙津桥前后，但不会晚于卢沟桥（1192 年）。

从 1179 年起，金世宗疏浚改造区域河流，扩大湖泊面积，并以浚湖之土筑高万岁山即今日北海公园琼华岛的前身。金亡后，元郝经曾有《琼花岛赋》①，其序言："岁癸丑夏（1253 年），经入于燕，五月初吉，由万宁故宫登琼花岛（即琼华岛）。徜徉延伫，临风肆瞩，想见大定之治，与有金百年之盛，慨然有怀，乃作赋焉。"其赋中有"琼花树死，太液池干。游子目之而兴叹，故老思之而泪潸"。可知，郝经登琼华岛时在 1253 年，已经是满目疮痍、海枯石干的情景。

此前近 40 年，金贞祐二年（1214 年）三月，成吉思汗集兵中都城下，迫金朝奉献岐国公主、金帛和马匹，引兵退出居庸关。六月派兵再攻中都，次年（1215 年，忽必烈出生）五月中都被蒙古军队攻陷，城池完全被毁。此后蒙古太祖十九年（1224 年），被成吉思汗称为"神仙"的长春真人丘处机自西域回到燕京。前引《长春真人丘处机西游记》② 所记："北宫园池（即金太宁宫苑）并其近地数十顷……为道院。……遂安置道侣，日益修葺。""道人王志明……传旨改北宫仙岛为万安宫，长春观为长春宫。"而且丘处机曾经游览并赋诗："虽多坏宫阙，尚有好园林。"说明宫苑尚未完全被毁。

金正大四年（1227 年）六月二十有一日，（丘处机）"因疾不出，浴于宫之东溪。二十有三日，人报巳午间（临近中午时刻），雷声大作，太液池之南岸崩裂，水入东湖，声闻数十里，鼋鼍鱼鳖尽去，池遂枯涸，北口山亦摧（'北口山'疑为'北口岸'）。师闻之，初无言，良久笑曰：山摧池枯，吾将与之俱乎？"③ 关于此处提及的太液池和东溪、东湖，亦有争议，有学者指为金皇宫西侧的西苑鱼藻池，多数文献则认为是今什刹海。笔者认为以"声闻数十里"的决堤之水，其体量之大非"三海大河"之太液池不可，且前有"传旨改北宫仙岛为万安宫"之说，此北宫当为金太宁宫无疑。这样的话，东溪就是后来郭守敬开挖的通惠河上游之玉河的前身，而东湖推测为元大内也是明皇城东北角的玉河湾所在地。之所以玉河在此曲折进出皇城，或皇城如此曲折迁就玉河河道，相互之间的不得已就在于此处的河面本来很宽，几成湖泊故名为东湖。在此费了如许多文字引述和讨论玉河东湖，不仅为说明万宁桥周边环境，实际也是为了后面探寻东不压桥有关。

《长春真人丘处机西游记》接着记载：丘处机于金正大四年七月九日（1227 年 8 月 22 日，对此日期尚有争议）去世，享年 80 岁，"遂登葆光堂归真焉，异

① ［元］郝经．陵川集：卷一［M］．山西：山西古籍出版社，2006：15.
② ［元］李志常．长春真人丘处机西游记［M］．北京：北京白云观出版，2001：1056.
③ ［清］于敏中．日下旧闻考：卷三十二 宫室［M］．北京：北京古籍出版社，2001：473；［明］蒋一葵．长安客话：卷三 白云观条［M］．北京：北京古籍出版社，1982：55.

香满室”。仅仅过了三天，七月十二日（8 月 25 日）成吉思汗亦去世了，享年 66 岁。两位历史人物的过世时间之巧合引发了无数猜想。到了元朝至元二年（1265 年）十月，元世祖忽必烈追尊铁木真庙号为太祖。至元三年（1266 年）十月，追赠谥号为圣武皇帝。1266 年是丙寅年，也是一个值得纪念的日子，这一年的 60 年前，忽必烈的爷爷铁木真统一了蒙古部落，并被推为成吉思汗，建立了蒙古帝国。为了纪念这个伟大的日子，忽必烈决定在燕京修建元大都，并且建造了一座桥梁，命名为“丙寅桥”，这座桥就是东不压桥的前身，又称为东步量桥。

三、燕九节和窝风桥

平民百姓则忘不了神仙丘处机，为了纪念丘处机“一言止杀”的无量功德，燕京人将其生辰正月十九立为“燕九节”，岁岁庆祝至今，成为京津地区和白云观的著名风俗之一。《桃花扇》作者孔尚任有一首《燕九竹枝词 · 白云观》：

> 春宵过了春灯灭，剩有燕京燕九节。才走星桥又步去，真仙不遇心如结。

有很多人在燕九节去白云观摸石猴祈福、窝风桥打金钱眼。这座窝风桥很是有故事。进入白云观山门有一座南北向的单孔石桥，桥身桥面为叶青石所砌，桥栏采用精美的汉白玉雕刻而成。然而，桥下没有流水也没有深潭，是一座名副其实的旱桥，名为“窝风桥”。据说该桥建于康熙年间，现今的桥是 1988 年重修的，桥长 9.5 米，宽 3.2 米，有四对望柱和三对镂空宝瓶护栏，方池周围有 16 根望柱及护栏，望柱刻浮云龙腾凤舞纹，桥边立有重修石桥碑。桥下两侧各悬挂一枚古代铜钱模型，上有“铜响福兆”四字，钱眼内系一小铜钟。人们向钱眼投掷铜钱，若是击响中间的铜钟，则为大吉大利之兆。这一活动称为“打金钱眼”，已成为北京春节民俗活动之一。

关于窝风桥的来历有多种传说。桥名曾叫甘河桥，《白云观志稿》记：“灵官殿其前为石梁，即甘河桥。溯（王）重阳甘河遇仙，全真可以开道也。”相传为纪念道教全真派创立者王重阳祖师于金正隆四年（1159 年），弃家外游，在甘河桥遇异人，授以修炼真诀，于是出家修道，最终创立了全真道。后人于山门后修建“甘河（干河）桥”以纪念。另外，由于北方干旱少雨，庙外原有座“甘雨桥”，当时人们在观内修建了一座桥起名为“窝风”，以象征风调雨顺之意。

白云观窝风桥

还有一种说法，见北京史专家王铭珍先生《为白云观窝风桥正名》一文：1931 年日本人荒木测绘的“白云观平面图”，图上标明此桥名日“泮桥”，桥下日“泮池”。日本人小柳司气太编写、1934 年发行的《白云观志》称：“殿前有石池，谓之泮池，石桥架焉，谓之泮桥。”泮池和泮桥实为辟雍即古代学堂中的建筑，在白云观中亦不为过。

窝风桥的来历还有一段故事。① 传说明代时有一名王姓僧人认为佛家道教不和，故借宫中太监之势力，在白云观西侧建一座寺庙，取名“西风寺”，想用“西风”驱散“白云”。白云观的道士感到不妙，急想对策，就在山门后挖方池建石桥，池中无水，只为用桥洞抵御西风，制煞西风，化“西风”保“白云”，

① 肖复兴. 旧时白云观庙会：窝风桥下掷铜钱　大馒头作护身符［N］. 文汇报，2015-02-21.

逢凶化吉。最终，西风寺反而随风而去了，白云观从此香火更加旺盛。传说在窝风桥洞悬挂一枚大铜钱，游人以铜钱投掷之，本来是要投掷到坐在桥下的老道身上的，以与神仙‘接洽”，是为纪念丘处机为了会神仙设置的。民国有竹枝词：“白云观里会神仙，绿女红男席地眠，我不求仙占吉利，窝风桥下掷铜钱。”随着窝风桥的传说，白云观逐渐成了北京著名的旅游景点，这座窝风桥也被巧妙地利用起来，在桥洞中悬挂一枚大大的铜钱，钱孔里又挂了个铜钟。尤其是到了春节庙会期间，男女老幼排着长队兴致勃勃地上窝风桥“打金钱眼”，成为庙会的一大景观。

四、中轴大道与万宁古渡

太宁宫基本被蒙古大军毁掉了，而太液池中的琼华岛未必全被破坏掉。在郝经写出《琼花岛赋》后的第七个年头，在元大都正式兴建之前六年，约在1260年这里就已成为元世祖忽必烈的夏宫，改名为万岁山。想象一下，忽必烈住在琼华岛上，四周都是水，如何往来于东岸的陆地和燕京南北呢？而且，早在辽金时期，琼华岛与东岸之间应该就有桥梁联系，东岸是金太宁宫所在的核心区域，这座桥梁就是北海公园陟山桥的前身。辽金时代，自都城向北、向东以及向东北方向的道路都很发达，直到忽必烈占领中都后，在兴建大都之前，联系上都和中都的道路均为金中都及以前开辟的，所以自中都城去往琼华岛的主要通道应该就在“三海大河”的东侧，南端即是出金中都施仁门后向东北方直达而至的正阳桥，北端即横跨海子向东溪和东湖泄水孔道上的万宁桥。

现在海子东岸的火神庙，原名火德真君庙，据说建于唐朝贞观六年（632年），已有1300年的历史。这座火神庙位于地安门外大街万宁桥北、路东临街，就在海子边。其起源方位即紧邻这条古代的南北大道，也是交通最为便捷的地方。不难想象，从早期的幽州蓟城东门、辽南京城东门、金中都城的东门出发，行人车马如果走向东北方向的“居庸关大道”和“古北口大道”，因受大面积的三海大河的限制，必须向东绕行三海大河东岸，首先在正阳古渡处过河，然后沿着海子东岸一直向北，跨过万宁桥后再绕行海子东北角，到达今鼓楼前，然后向北沿旧鼓楼大街或是斜向西北沿海子北岸，到达德胜门、健德门位置，径直前往居庸关方向；或是向东北出安定门或东直门，往古北口方向。这是能够联系周边重要区域、沟通北京大十字交通最为便捷的也是唯一的一条南北大道。同时，辽金时代及更早时期，三海大河以东的广大地区为农田村落，处于农田与宫苑之间，沿着“海岸”出现一条南来北往的通道是很自然的，是符合各方面需要的。可以判断，即北京自元大都以来的中轴线刚好建在了辽、金时期或古代蓟城东北方向的一条“南北大道”上。据 20 世纪 80 年代考古钻探发现，在景山以北的中轴线地下发现过一段南北向的道路遗迹，宽达 28 米，当时判定是元大都中轴线上的大道的一部分，但未必不是元大都之前或辽金之前的“南北大道”的一部分。甚至正如笔者推测的万安桥和升平桥有着更为久远的历史意义，只不过到了元代给予加固扩展和利用而已，这是极有可能的，而且着重强调这条历史大道完全是由正阳古渡和万宁古渡所定位的，桥梁在北京中轴线上具有极其重要的历史作用。

第二节　万宁桥与澄清闸

一、澄清闸源流

万宁桥所处位置就是什刹海水流入玉河口处，是元代大运河漕运的始点，桥下西侧为元代开通的通惠河二十四闸之一的澄清上闸。北京的闸桥始于金代的闸河，正阳桥、万安桥和万宁桥都是建在闸河之上，而历史上最有名也是蔚为壮观的系列闸桥就是通惠河上的二十四闸桥。所以，北京的中轴线与闸河即运河的关系也是极为密切的。

现在 24 座水闸中尚有遗迹可寻的只有三处：万宁西侧桥澄清上闸、东不压桥旁的澄清中闸和高碑店漕运码头遗址的平津上闸（高碑店闸）。2006 年，国务院将京杭大运河整体公布为第六批全国重点文物保护单位，广源闸、高梁闸、澄清上闸（含万宁桥）、澄清中闸（含东不压桥）等位列其中。

关于万宁桥和澄清闸的关系，《析津志 · 河闸桥梁》中有几条相关记录：

> 万宁桥在玄武池东，名澄清闸。至元中建，在海子东。至元后复用石重修。虽更名万宁，人唯以海子桥名之。
>
> （齐政楼）南，海子桥、澄清闸。
>
> 澄清闸二，有记，在都水监东南。
>
> 洪济桥在都水监前石甃，名澄清上闸，有碑文。
>
> 望云桥在后红门东，今澄清下闸。
>
> 丙寅桥，中闸，有记。

由上观之，首先，澄清闸为澄清上闸，澄清上闸在万宁桥旁边，可能曾经名为洪济桥。文中特意指明："澄清闸二，有记，在都水监东南。洪济桥在都水监前石甃。"元都水监在哪里呢？就在火神庙的西侧，紧邻什刹海东岸。石甃为石砌井壁、墙壁等构筑物。"洪济桥在都水监前石甃"，按《析津志》行文应断句为："洪济桥，在都水监前，石甃。"即洪济桥是一座石桥之意。"而"澄清闸二，有记，在都水监东南"，说明澄清闸分为澄清上闸、中（下）闸。

对于万宁桥下澄清闸，元人焦景山①描述了提升闸板的情形：

> 六丁竭力用功夫，不用长虹枕海隅。石齿冷涵云迹润，树头寒挂月轮孤。
>
> 嘶风宝马踏晴雪，出蛰苍龙戏贝珠。伫立细看今日事，临邛未遂马相如。

诗人话语提升闸板虽然是极其费力的，而每当闸板被提起之时，喷涌而出的河水如同宝马嘶风于雪原，又似苍龙蛰起浪花，令人目迷神眩。仔细看来，想起司马相如的《上林赋》：

> 汩乎混流，顺阿而下，赴隘狭之口，触穹石，激堆埼，沸乎暴怒，汹涌澎湃。滭弗宓汩，逼侧泌瀄，横流逆折，转腾潎洌，滂濞沆溉。穹隆云桡，宛潬胶盭。逾波趋浥，莅莅下濑。批岩冲拥，奔扬滞沛。临坻注壑，瀺灂霣坠，沉沉隐隐，砰磅訇礚，潏潏淈淈，湁潗鼎沸。驰波跳沫，汩濦漂疾。悠远长怀，寂漻无声，肆乎永归。然后灏溔潢漾，安翔徐回，翯乎滈滈，东注太湖，衍溢陂池。②

此种联想，以"上林赋"比喻万宁桥下始发的激荡千里运河之水，诗情画意真乃画龙点睛，恰如其分。

---

① 注：《析津志·古迹》中记为隽景山，隽疑为焦之误，应为焦景山，书中亦多引其诗。

② 注：司马相如《上林赋》，此段白话译文引自百度百科：水流迅急浑浊，漫沿丘陵下注，奔赴狭隘山口，碰撞巨石，冲激沙岸，声势猛烈，汹涌澎湃。水盛势疾，相击有声，纵横交杂，转折翻腾，波涛不平。涌起回旋如云，蜿蜒纠缠不断。后波逾越前波，奔流而入深渊，遇到滩头石碛，顿时形成急湍。劈打礁石，冲袭堤岸，奔腾高扬，浪花飞溅。泻向沙洲，注入沟壑，潺潺不止。陨落潭中，水深邃而丰盛，响声宏大若雷；疾流而不息，形如鼎水沸腾。洪波奔驰，飞沫跳跃，水势急转，猛悍迅急。而后安然长往，奔流寂然无声，自然归向太湖。去势浩荡无边，安适徐缓荡漾。银白水面，充满湖泽，溢入池塘。

二、万宁桥始建时间

关于万宁桥的始建时间，《析津志·河闸桥梁》有记：“万宁桥在玄武池东，名澄清闸，至元中建，在海子东。至元后复用石重修。虽更名万宁，人唯以海子桥名之。”至元在元代是两个皇帝的年号。前至元从元年到三十一年（1264—1294年）为元世祖忽必烈在位，后至元（1335—1340年）是第11代皇帝元惠宗（顺帝）妥欢帖睦尔的年号。结合元大都修建在至元四年（1267年），郭守敬在至元二十九年修建通惠河，万宁桥的建成不可能晚于通惠河的建成，所以应该为前至元年间。按引文“至元中”，则不会晚于1280年左右，所以有一些文章推测说其建于1285年。但这是不准确的。

万宁桥绞关石处为闸板位置（图片引自网络）

虽然历史记载不一，但笔者特别指出，万宁桥前身初建时间不晚于金章宗时期。通惠河由郭守敬主持修建，自元至元二十九年（1292年）开工，至元三十年（1293年）完工，元世祖随即将此河命名为“通惠河”。但是万宁桥和澄清闸的修建要早于郭守敬开通惠河，万宁桥下游一段成为玉河、御河，也是早在金代就存在（或开挖）的一条河道，郭守敬只是选对了进出积水潭的位置和总路线，由此修建了通惠河。如《金史·河渠志》载：“金都于燕，东去潞水五十里，故为闸以节高良河、白莲潭诸水，以通山东、河北之粟。”金称白莲潭、积水潭，元称海子，即今什刹海。以闸节白莲潭当在万宁古渡，当然古渡不见得就在现在的万宁桥位置，但应该不远。金章宗承安二年（1197年），《金史·食货志》中又有“放白莲潭东闸水与百姓溉田”的记载。这里明确提到“放白莲潭东闸水”，与前面“引宫左流泉”，都是指引白莲潭水。所以，金代开发白莲潭时，在万宁桥附近就已修建了闸门，就是白莲潭东闸，这是积水潭所建最早的闸门，且应为闸桥合一的木质结构。

万宁桥下镇水兽蚣蝮（图片引自网络）

1999年在修复后门桥（万宁桥）施工中，先后在两岸挖出六个镇水兽，在桥东北侧燕翅上的镇水兽额下，发现刻有“至元四年九月”字样，乃是元代遗物，至元四年为元大都开工之年（1267年），说明此闸是元初在金代基础上修建的，应该为石基木梁闸桥。万宁桥的修造时间，史籍只记为“至元中建”，可以理解为在至元年间建造之意。处于中轴线的万宁桥的修建时间按说不会晚于大都兴工之年，甚至头一年已经做了开工准备。如《析津志·名宦》：“至元三年（1266年），城大都，（张柔被忽必烈）起判行工部事。进封蔡国公。”如此交通关键所在，无论刘秉忠还是郭守敬当早为预备以建大都，1266年作为元万宁桥的始建时间是合理的，而且此时还是木桥，但基础已是石材。至元二十九年（1292年）郭守敬重修了澄清闸和万宁桥，“至元后复用石重修”，当指郭守敬所修。元贞元年（1295年）才被赐现名万宁桥。所以，如某些文献和宣传文字将其初建界定于元至元二十二年（1285年）是不准确的。比较可靠的结论应该是建于至元四年九月（1267年10月），距今754年。

三、万宁桥桥址地质水文勘察

万宁桥的修建信息还有附近的水文地质资料作为证据。北京大学历史地理学者岳升阳先生率领的团队进行了系列追踪性地质考古，获取了许多珍贵的资料。如关于古河道的考察资料显示：

> 在什刹海地铁站（万宁桥东北）工地南半部找到一条斜贯工地的河道遗迹。河道呈西北东南走向，由地铁站工地基坑西壁中部进入基坑，向东南斜穿过基坑南部，由基坑东南角穿出。正好接入万宁桥东侧玉河河道。河道可以分为早晚两期，早期沉积物是砂层，位于地表以下约5~7米处，从方向上看，砂层来自火神庙北的高梁河故道。砂层在工地基坑内宽约30米，厚0.9~2米，以细砂为主，兼有中粗砂。
>
> 河渠砂层距今1930年，误差为±170年。这一数据与三国时期车箱渠的修建时间较为接近，考虑到测年的误差，我们猜想这条水渠有可能是曹魏嘉平二年（250年）所建车箱渠水利工程的组成部分。
>
> 车箱渠应有多条分支渠道，此渠道是其中之一，它由高梁河分出，最终流向潞县，即今天的通州。在砂层上部采集到了炭屑样本，经碳十四测年，为距今1380±30年前，树轮校正后，为605—685年，约为北朝末至唐朝初年，这也正是车箱渠结束的时间。① 这一沉积层应形成于唐以后的辽金时期。那时什刹海河谷低地中已经蓄水成湖，渠道由湖中引水。由于水中砂源不足，在引水渠道中形成以亚黏土为主的淤积层。河道沉积层的上面堆积有元代以来的城市渣土，河道应结束于元大都兴建之时。

由此资料推测，金代的“白莲潭东闸”可能位于今万宁桥北侧。

在什刹海地铁站工地古河道遗迹考古过程中，还“发现在河道沉积层中有唐砖。原来这里有一处唐代砖室墓残迹。墓室残迹位于万宁桥东北约8米处，残迹被万宁桥的元代夯土所打破，可知至少在元代，墓室就已经被毁坏了。而墓葬东侧河渠中也发现了相同的墓砖，如果这些砖来自唐墓，则唐墓毁坏的时间更要早于元代。在唐墓遗迹北侧，距唐墓约5米处，基坑的西壁上，显露出

---

① 引自：中国互联网勺海堂微信公众号，2019年3月1日文章《什刹海地铁站的古渠道—阅读大地文献（十二）》岳升阳。

一个宽条纹砖的砌筑物，埋深与唐墓相近，其底部距今地表 3.7 米，应是辽代至金初的遗物”。① 这证明了元代修建万宁桥的情况。

据岳升阳发现“唐代地面应比今天万宁桥北的路面低 2 米左右。如果同西边的高梁河（古三海大河）河床比较，则高梁河河床比今路面低 6 米以上，可知当时的河岸高度在 4~5 米之间”。

此后至今的 2 米高度应是河流反复淤积、加上人工填筑形成的。古高梁河在此形成自西而南的近 90°大转弯，故有河流冲刷掏挖而自然摆动的原因，但也有可能是人为加高加固河堤，以保护紧邻河岸的大道和东侧的大片农田的需要。

此处唐墓选址于高梁河东岸的高地上，东西北三面环有河道，南面可能还有道沟，它的风景绝佳，西面是宽广的河谷低地，可以见到宽阔的水面和远处的西山。

这可以看作 600 年后银锭观山的滥觞，不仅风景绝佳，风水也是独到的。墓地主人有可能是附近的龙道村人。1976 年，在北海中学教学楼前出土《唐宋再初墓志》及其妻《蔡氏墓志》。墓志记载，“大中十三年（859 年）正月十五日，归窆于幽都县界礼贤乡龙道村西南一百廿步之原”。

> “按一步约 1.5 米，120 步约 180 米。从位置上看，龙道村应在北海中学东北面的地安门西大街处。1998 年修建地安门西大街时，就曾在北京市文物研究所门前的道路中央，挖出过一口同时期的水井。龙道村隔着什刹海水域与万宁桥旁的唐墓遥相呼应，它们之间似乎存在着某种联系，这个联系就是古代的道路系统。古代村落常与道路系统相关联，河边的村落有时就是渡口。唐代幽州城外的墓葬也常建在道路附近，把这些现象串联起来，可以推测出，当年幽州城北有一条斜向东北方的道路，它在龙道村附近跨过高梁河，在河谷两边渡口附近的高地上各有一处家族墓地。”作者猜测的这条古道应该通过今北海北门的西压桥的前身。是渡、是桥还是堤，皆有可能。

再说万宁桥的元代夯土遗迹，“位于地铁站基坑西南角，唐墓遗迹的南侧，距万宁桥西北角桥栏板约 3 米。……在基坑西壁上的夯土层中，可以明显分辨出四层土和三层碎砖层的互层。这种一层土一层碎砖的夯筑方法，是北京金元

---

① 引自：中国互联网勺海堂微信公众号，2019 年 3 月 4 日文章《什刹海地铁站唐辽墓葬和万宁桥夯土遗迹—阅读大地文献》（十三）（岳升阳）。

时期遗址中常见的夯土形式。碎砖层中，有金代至元初的宽条纹小薄砖，砖厚4厘米。此外，还有其他陶片和碎石等。……夯土向桥的一侧逐渐加深、加厚，显然是以桥为中心形成的。夯土层的发现使我们对万宁桥的建造工艺有了进一步的了解，它是先在河道岸边挖一个大基坑，坑壁像碗壁一样向下倾斜，里面施以层层夯土，夯土范围大于桥体。”此处夯土的缘由和效果，当然是为了建万宁桥。不过，从该文献关于夯土南北向出露宽度约5.5米，东西向出露宽度约5.3米，出露夯土厚度约1.6米来看，首先是桥头引道需要加固，其次从深度看更可能是填筑就有河道需要。如此，关于万宁桥的桥址选择，以及与周边建筑环境的关系可见一斑。

四、万宁桥桥址与海子岸的进退

桥址与河岸的变迁和稳定关系极大。据考古资料，元代时海子的面积比现在大得多，如什刹海以北，“小石碑胡同所在地的元代海子北岸距银锭桥旁的什刹海北岸约90米，距北面的鼓楼西大街（斜街）约100米”。银锭桥处的海子水面非常宽阔，达200米以上。根据北京市地质地形勘测处1976年10月绘制的《北京埋藏河湖沟坑分布略图》，银锭桥处古河道东南岸已经到了大金丝套胡同西口附近，与今天的湖岸相距160多米，后代向湖中推进的距离远大于北岸一带。①

沿地安门外大街西侧的海子东岸，今在地安门商场西侧，元代则在其东侧紧邻大街路边，考古发现地下有元代石砌驳岸。

> 明代晚期湖岸在今什刹海湖岸以东20多米处，填土中混杂有大量明代晚期的青花瓷片，并钉有护岸的木桩。清代湖岸在基坑西侧临近湖边道路处，今天的湖岸应是20世纪以来形成的。自元代以来，湖岸由地安门外大街西侧逐渐西进，一直达到今天的位置，向西推进了约80米。②

在元代，海子就建有石砌湖岸。《元史·河渠志》说：“海子岸上接龙王堂，以石甃其四周。”今日考古遗迹与记载吻合。并且，“地安门百货商场前的竖井

① 引自：中国互联网勺海堂微信公众号，2019年5月11日文章《小石碑胡同的元代海子北岸—阅读大地文献》（十六）（岳升阳）。

② 引自：中国互联网勺海堂微信公众号，2019年4月11日文章《地安门百货商场前的元代湖岸遗迹—阅读大地文献》（十五）（岳升阳）。

万宁桥和旁边的火神庙牌楼

中，距地表4米多出土了汉白玉护岸石条，条石长约1.2米，宽约0.6米，厚度不详。位于火神庙正殿东配殿东面的竖井中，于地下约4米处出土了许多用石灰砌筑的花岗岩石条，应是湖岸遗迹。花岗岩石条表面不很规整，长度不一。其中一块石条长1.6米、宽0.6米、厚0.23米，石条上粘有石灰浆。石灰浆的碳十四测年为625±25a. B. P，校正后年代为1290—1400年（95.4%），表明这处石岸遗迹应为元代中期或后期所建。”①

据《元史》记载：“仁宗延祐六年（1319年）二月，都水监计会前后，与元修旧石岸相接。凡用石三百五，各长四尺，阔二尺五寸，厚一尺，石灰三千斤。”

据文献判断，元代都水监正在此地。据《析津志》：“澄清闸二，有记，在都水监东南。”即元都水监衙门位于万宁桥西北。《析津志》又称：“洪济桥在都水监前，石甃，名澄清上闸，有碑文。”说明洪济桥即万宁桥，是澄清上闸，在都水监的前面。由此可知，都水监位于澄清闸西北，今都火神庙位置或东侧

① 引自：中国互联网勺海堂微信公众号，2019年4月11日文章《地安门百货商场前的元代湖岸遗迹—阅读大地文献》（十五）（岳升阳）。

偏南的地方。“到了明朝初年，当地的湖岸空间已比较宽阔，元代都水监衙门被改建成文庙和宛平县学。”《顺天府志》记载：“文庙在日中坊海子桥西北，洪武二年，因旧都水监改置。至八年，修理完备。……县学在日中坊海子桥西北，洪武三年修盖。射圃，在县学后，洪武八年创筑。”《宛平县志》记载县文庙：“洪武二年，以元都水监署改建，在县治东海子桥，建置凡三十四年，至永乐改元诏罢之。”县文庙、县学和县学的射圃“绝非初建时的都水监所能容下，今天都火神庙所在地在当时可能已成陆地。都火神庙能在此发展到今天的规模，应是明永乐元年在此撤出文庙和县学之后的事”。① 确实，火神庙是否建于唐代或元都水监之前，尚无确切证据，但庙宇是可大可小的，甚至附加在都水监衙门和文庙里面也是有可能的。正是由于其水、火一体，都水监在，以水为主；都水监不在，以火而盛。火神庙应该不是凭空产生的。

万宁桥（图片引自网络）

五、万宁桥地层和基础与建筑年代推测

2012 年，借修建什刹海地铁站西出口和地安门外大街西侧修建下水管道、打竖井顶管施工的机会，考古发现：

---

① 引自：中国互联网勺海堂微信公众号，2019 年 4 月 11 日文章《地安门百货商场前的元代湖岸遗迹—阅读大地文献》（十五）（岳升阳）。

“万宁桥西北澄清闸雁翅石壁在与现代河岸相接的地方向北转折，即雁翅末端裹头部位的石壁向北延伸至都火神庙东南角附近。石壁高约 5.2 米，壁顶压在现代石板路面的下面，距地表约 30 厘米。石壁用青石砌筑而成。”“元代通惠河上的闸桥，如广源闸、会川闸等都是用此种石块砌筑的。此处石壁所用石块高度在 30~60 厘米之间，长度在 60~180 厘米之间，石壁顶层石块的宽度大于 40 厘米。石壁由 7 层或 8 层石块砌筑而成，最底部的一层石条高 46.5 厘米，由石壁面向外突出约 15 厘米，有如房屋的台基。它的下面是平铺的石板，即海漫石，也称装板或地平石，是平铺于湖底用来保护泊岸的。”“海漫石由石壁下向湖中延伸出 3.2 米左右，石板大小不一，其中一块长 1.3 米、宽 60 厘米、厚 18 厘米。海漫石板之间用铸铁锭加固，铁锭两头宽，中间窄，形若银锭，俗称‘银锭锁’。锁长 25 厘米，两端宽 15 厘米，中间束腰宽 8 厘米，厚 5 厘米。发现银锭锁不是现场浇铸出来的，而是在两块石板衔接处横跨两石开凿出银锭形状的燕尾槽，槽内灌上石灰浆，再将事先浇铸好的铁锭嵌入其中。”① 《析津志》记载：“凡桥梁、闸门、坝堰，俱以生铁铸作锭子，陷定石缝。”即指此。

海漫石下面就是地基了，发现其为“30 厘米厚的碎石与石灰混合体的夯层，夯层下面是钉入黑色泥土中的木桩。从挖出的木桩看，木桩直径 16 厘米，长度在 2.7 米以上。木桩间距约 30 厘米，呈梅花状分布，也就是人们常说的梅花桩。在海漫石的外沿，密钉有 60 厘米宽的木桩带，木桩带由 3 排紧密钉在一起的木桩构成，木桩直径也是 16 厘米，桩顶稍高于海漫石板，用作海漫石的护脚桩”。此种结构与金中都水关遗址博物馆下发现的水关结构的海漫和基础一样，源自《营造法式》里的做法。在海漫石下面的碎石夯层中，夹有元代瓷片，未发现明代瓷片。再结合海漫石下面的碎石夯层中出土的元代瓷片，作者推断，石壁的建筑年代应该早于明朝初年，到清代石壁已经埋入地下。为准确起见，当时做了两个测年，

“第一个是取石壁下的护脚木桩外皮做测年，年代在 1300—1370 年之间，约当元代中晚期，万宁桥改建石闸的时间在此范围之内。第

① 引自：中国互联网勺海堂微信公众号，2019 年 3 月 11 日文章《都火神庙前的元代积水潭石岸—阅读大地文献》（十四）（岳升阳）。

二个是包裹在石灰浆中的木屑，其测年为1220—1310年之间，约为元代早中期，与至元（前）年代相符，早于泰定三年，这可能与木屑本身年代较早有关。尽管测年数据之间有差距，但它至少表明石壁为元代所建。”①

2000年，在万宁桥东北侧雁翅的镇水石兽颌下，人们发现“至元四年九月”刻字。令人苦恼的元代居然有两个至元年号，前一个至元四年为1267年，后一个至元四年为1338年。北京考古工作者所编的《北京元代史迹图志》一书认为它是前至元四年，这一年大都城正式开工建设，不是“刚在筹划之中”，而是为了建设大都，先要修路修桥以做开工准备。此时万宁石桥应该建成，澄清闸则未必。

在元代，通惠河的闸桥确实有过一次由木制改为石制的过程。宋褧《都水监改修庆丰石闸记》记载：“世祖皇帝至元二十九年（1192年），可昭文馆大学士知太史院领都水监事臣郭守敬图水为渠，曰通惠河，……视地形创闸，附崖壁及底皆用木，凡二十四，……后二十年，当至大四年（1311年），诸闸浸腐，宰相请以石易，为万世利。”意思是说，至元二十九年兴建的水闸（没有桥）是木制的，至大四年开始改为石制的。此后依轻重缓急，对通惠河上的水闸陆续改建，整个工程由至大四年开始，到泰定四年（1327年）完成。其中“泰定三年（1326年）八月戊寅，修澄清石闸”。似乎为修缮，不是以石代木重建。

从元代开始，什刹海东岸逐渐向西延伸。在元代晚期或明代前期，火神庙所在地逐渐由湖变为岸。“从这段湖岸石壁的高度，可以联想到万宁桥的通航问题。今天万宁桥下的水深约为1米，水面至桥孔券顶的高度约2米，人们由此认为它难以通过古代运输漕粮的船只，进而推测石闸虽是元代所建，但拱券桥可能是明代所建。但是，通过测量可知，元代万宁桥初建时桥下的总净空高度为6米，即桥下金刚墙高度约为5米，桥拱券的最高点高出两侧金刚墙1米。若当时的湖水深度为3米，那么水面至桥拱券顶面的高度应为3米左右，若水深不及3米，桥下净空还会更大，这样的高度应能通过体形不高的船只。其后由于湖底淤积增高，桥下的净空高度不断减小，遂给人难以通船的感觉。”②

于是作者进一步推测，万宁桥因其地处交通要衢，在元代就已建成石拱券

① 引自：中国互联网勺海堂微信公众号，2019年3月11日文章《都火神庙前的元代积水潭石岸—阅读大地文献》（十四）（岳升阳）。

② 引自：中国互联网勺海堂微信公众号，2019年3月11日文章《都火神庙前的元代积水潭石岸—阅读大地文献》（十四）（岳升阳）。

桥，明清两代整修的只是桥的栏板、桥面、石兽以及雁翅上层石构件等，桥身仍是元代所建。另外，当我们把北侧的结构投射到南岸时，

> “就会发现南边的石岸正好对着白米斜街，弧形的白米斜街应该就是元代积水潭的湖岸。……火神庙前的石岸出土后，北京文研所得到消息，曾立即派人前往调查。可惜当时并没有考古，石岸遗址也未能得到有效保护。”①

万宁桥的元代气息就如同和义门的出现和消失一样，失之交臂，叹叹！

六、万宁桥桥梁结构

据最新测量数据，万宁桥为单孔石拱桥，跨径7.3米，拱高2.8米。桥长约33米，宽约20.5米，桥面用块石铺砌，中间微拱。东西两侧有栏板与望柱，两端有抱鼓石。东西两侧有望柱32根，栏板30块。其中保留下来的旧望柱和栏板，东侧8根、8块，西侧7根、6块半。望柱为方形，莲花柱头，高约1.66米。栏板高约0.9米，宽约1.8米，上部为镂空寻杖，雕有宝瓶与云朵（瘿项），下部实心栏板浮雕纹饰。在桥拱两侧拱券最高处，即龙门石（拱心石）的东西嵌有一浮雕的镇水兽。

万宁桥

澄清上闸闸口遗址现位于万宁桥下西侧，历经数百年后，河堤南北两岸尚

① 引自：中国互联网勺海堂微信公众号，2019年3月11日文章《都火神庙前的元代积水潭石岸—阅读大地文献》（十四）（岳升阳）。

存有闸门槽和绞关石等原有构件。闸桥一体共有 10 只镇水兽。特别是桥东、西河沿上的两组石雕都分为上、中、下三个层次，极为罕见。上下均为神兽，中间为一龙珠。下面一龙从浪花中探出头来往侧上方观看。上面一龙凝神屏息，拧身收尾高卧岸边，龙爪中还抓着两团水花，盯视着侧下方的龙珠。镇水兽雕刻颇见功力，动感十足，以龙珠居中，上下呼应，好一幅“二龙戏珠”画面。不仅活灵活现，充满生活气息，而且还有其实用性。尤其水位处于什么高度，水闸提放到什么程度，粮船可以安全通过，必有鲜明的水位标记。心灵手巧的工匠们在造桥的同时就雕刻出了这样几组“二龙戏珠”的镇水兽群像，以其三个层次的不同高度位置来体现水位高差，这实在是个巧妙的构思，令人不禁为古代工匠们的聪明才智赞叹不已。

明代曾重建万宁桥拱券的上部结构，清代更换过桥栏杆。1924 年，修筑北新桥至太平桥（今和平里）的北线电车轨道，为行驶电车改造万宁桥，降低了桥面的拱度，横铺桥面石板改为斜铺，两侧辟人行道。1953 年，北京市政府决定将万宁桥以下一段玉河改为暗沟，同时检测了万宁桥承载力，最终决定保留。① 1954 年，玉河改暗沟工程完成，桥面铺设沥青碎石路面，河道上盖板，桥和石闸均埋于地下，地面以上只露桥面和两侧桥栏。20 世纪 70 年代河道完全成为陆地，盖板上陆续建筑民房和单位用房。改革开放以后，在桥栏后竖起大幅广告牌，长与桥栏相当，高四五米。在广告画面映衬下，桥栏、桥面显得破旧不堪。

1984 年市政府将此桥列为市文物保护单位。1994 年文物部门曾进行了一次小规模的维修。此时，单士元、侯仁之、罗哲文、孔庆普等学者专家联名呼吁：“万宁桥应该重见天日。”1999 年 6 月，北京市政府批准市文物局大规模整修万宁桥及其周围环境，拆除了东西两侧的广告牌以及河道上的房屋，移除了盖板，挑挖疏浚了桥下河道，露出了久违的驳岸与桥梁栏板，万宁桥东西两侧重现水流，桥身重现原貌。2002 年 12 月工程竣工，有 800 年历史的古桥焕发生机。万宁桥单孔拱券，当时测量数据显示桥长约 34.6 米，宽约 17 米，桥洞高约 3.5 米，宽（跨径）约 7.2 米。在这次修复中，补齐了损坏的栏板、望柱以及两端的抱鼓石。其中，西侧有望柱 16 根，栏板 15 块，东侧有望柱 13 根，栏板 12 块。东侧与西侧不对称的原因，是因为当时万宁桥东南尚有住户，为了方便居民出行而减少了节间数量。经侯仁之建议、有关部门批准，恢复“万宁”桥名，

① 孔庆普. 北京古代桥梁［C］//北京市文物保护协会. 北京古都历史文化讲座. 北京：北京燕山出版社，2009：16.

并建碑于桥畔。

2003年后，居民搬迁，遂将东边的望柱与栏板补齐。2009年9月25日，桥东480米长的玉河终于揭开了面纱，新建的玉河完全按照古河道走向修复，世人再一次惊见于水穿街巷的美景。同时，修复桥栏、补配损毁构件，使原来埋于地下的镇水兽“蚣蝮”重见天日原地保留，还万宁桥本来面目。

七、最新消息

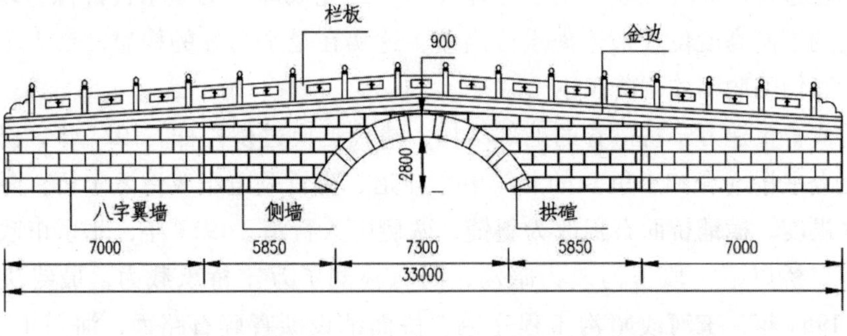

（万宁桥现状尺寸，本书绘制，引自万宁桥维修方案）

2020年10月，依据《北京中轴线申遗保护三年行动计划》，北京市交通委牵头组织专家力量，对万宁桥结构进行了全面检测和日常监测，评定万宁桥的技术状况等级为A级，为完好状态。2020年11月25日，北京市蔡奇书记主持召开北京市推进全国文化中心建设领导小组专题会，要求“万宁桥要争取限行，弱化机动车通行功能”。2021年1月31日，有关方面完成桥梁荷载试验工作，最终确定了该桥限载和限速标准。

之所以近期采取限行而不是禁行措施，主要考虑因素是该桥所在节点周围空间非常紧张，近期无法修建辅助道路。而南北向的机动车交通对于地安门外大街的依赖非常大，西侧必须绕行德胜门内大街，东边要绕行交道口，不仅距离远，还将造成更大的交通压力。而且中间地带是四合院和文物保护单位密集地区，在地面也无法拓展分行道路。

为此，首先要限行，不是全面限行，仅是减少公共交通的线路1条和日行车次200余次，因为公交车又大又重，是对万宁桥的最大威胁。远期将禁止所有货车和过境车辆通行，仅限于本地区的小汽车通过。

其次要限载，即限制通行机动车的载重。因为桥梁结构的承载不能太大，荷载过大将造成桥梁结构的不可恢复的持久性变形和损伤。方案提出近期维持当前公交车车型，远期将公交大通道车全部改为公交单机车。据了解，当前北京通行的公交大通道总重 28 吨，单车重 18 吨，三轴，轴距 6 米，单轴达 12 吨。公交单机车总重 18 吨，单车重 12.4 吨，两轴，轴距 6 米，单轴达 11 吨。因为万宁桥长 33 米，宽 20.5 米，双向两车道，机动车道宽 8.6 米，非机动车道各 1.9 米，人行道各 4.0 米。下部拱券跨径为 7.3 米。大通道四辆或单机八辆车就排满了桥面，对拱券结构为两轴荷载布载，最高达 48 吨，均布车辆荷载每平方米不超过 480 千克。

最后要限速，即限制汽车通过万宁桥的行驶速度。方案提出按时速 30 千米限速。因为桥拱突出道路，无论车辆大小轻重，上桥、下桥时对桥拱结构都会造成冲击力和振动破坏。

在此基础上，交通委会同市文物局等部门，组织编制了万宁桥修缮方案，提出基于万宁桥文物保护的交通分流、限流等措施。修缮将本着最小干预原则，尽可能避免附加修缮措施对本桥的影响和破坏，尽量保持文物原有风貌；可追溯原则，修缮采用的材料应具有可识别性，且应与原材料相互协调。计划 2021—2022 年将完成桥体及附属文物修缮工程。

第三节 万宁卦象

一、五行万宁——元大都中轴线北段的五行寓意探寻

万宁桥位于大都城中心，桥上地安门大街南北贯穿，桥下通惠河东西流过，东西南北水陆交汇，成为京城的交通枢纽，擅舟济陆运之利，很快就成为市廛辐辏、商贾云集之地。桥旁酒楼林立，四面八方人来人往，热闹非凡。从南方沿大运河北上进京，不少人在万宁桥畔下船登陆；离京南下的客人，也多在此登舟，顺通惠河转大运河南下。杨载《送人》诗即反映出当时的情景：

> 金沟河上始通流，海子桥边系客舟。却到江南春水涨，拍天波浪泛轻鸥。

元代时，所有进入海子的船只，都要从万宁桥下通过。它在保证元大都粮食供应上发挥过巨大作用，也是北京漕运历史的实物见证。

本书前面说过，万宁桥与万安桥似乎是一对绝配，不仅从名字上非常讲究，

且在空间尺度上也有呼应。万宁桥在皇城后门即厚载红门外但并不紧邻城门，而是在其北约335米相当170元步的位置。恰好，万安桥也不是紧邻丽正门，而是在其南也是约335米（以今国旗杆北侧、长安街南侧广场边缘为基准）即170元步的位置。还有，万宁桥与鼓楼相距正好为一元里即240元步，万安桥与正阳门（正阳桥，即丽正门外第三桥）相距也是一元里即240元步，这些看似凑巧但绝对不是巧合，而应该是有意为之的，从万安桥号称“国桥”、万安与万宁的关系看，自有其深意。（本书引证和论证元大都一里240步，一步1.972米。）

这种深意还体现在万宁桥南北耸立着钟楼、鼓楼、火神庙和地安门，万安桥北有丽正门、龙津桥，其南有无建筑难以考证，但还有一棵独树将军、一座桥梁。长期以来，各方面几乎均认可将钟鼓楼建在中轴线上是元大都的一大创造，也是中国古代城市规划方面的一个独特的象征。笔者研究认为，这种象征确实是刘秉忠的创意，而且钟楼、鼓楼、万宁桥、火神庙和地安门分别象征着金、木、水、火、土，恰好构成了一幅东西南北聚合于中轴线，贯彻天地的“金木水火土”一体五行意象，即：钟楼——金；鼓楼——木；万宁桥——水；火神庙——火；厚载红门（地安门）——土。

北京中轴线北段万宁桥等五行意象（本书绘制）

追寻其蕴意，钟楼有钟属金为兑，鼓楼属木为震，万宁桥属水为坎，火神庙属火为离，地安门的前身厚载红门——厚德载物为坤属土。这里既有先天八卦的观念，如坤属土位于大都北方；也有后天八卦的思想，如水为坎居北，木为震为东，金为兑为西，厚载红门为土居此段中轴线的南部，实则为大都之中，从戊土。从五行相生角度考察，北方坎位为水，钟楼为金，寓意金生水，鼓楼为木，寓意水生木；鼓为革，金曰从革，故有击鼓鸣金、鼓钟和鸣之意。所以分析钟鼓楼的五行蕴意，必须从声音意象即钟鼓的声像功能入手。如金为兑为悦为锐，即金生水音，水音为悦且高亢亮丽；而金声源于震动，震卦又源于木。每当报时，击鼓鸣钟，表示东（震木）西（兑金）交奏，南（鼓）北（钟）同声，响彻九城，传播四野，声震于天，上达北极。

北京风俗地图中的地安门、万宁桥和钟鼓楼

鼓楼又名谯楼，《析津志》① 云："齐政楼也。更鼓谯楼。楼之正北，乃钟楼也。""齐政楼，都城之丽谯也。"所谓"齐政者，书璇玑玉衡，以齐七政之义。上有壶漏鼓角。俯瞰城堙，宫墙在望，宜有禁"。七政为北斗七星乃是一说，还有日月加五大行星之说。对于理解谯楼和为什么大都的鼓楼立在正北的中轴线上，五行之说值得重视。钟鼓楼是时间和守恒的化身，就像北斗七星绕极旋转，在北斗的引领下，日月五星依循着金木水火土五行生克之道而永恒不息、周而复始地运动，这是天地的秩序不可违背。所有的运动，万象归一于时间的表现和把握，唯有钟鼓知时、守时、报时，人们依靠钟鼓楼方可对正东西南北、对齐日月时辰、对准节气时令。所以钟鼓楼立于中正方可持中守恒，可知钟鼓楼立于中轴线北端、钟楼立于鼓楼之北都是有讲究的，不仅仅是为了普及大都四方报时，也是为了上奏天庭玄武大帝。甚至其旁边的什刹海名为玄武池，还曾经有过潮音寺，已然成为天下最大的一个乐池，海潮之音就是钟鼓楼最美妙的伴奏，围绕钟鼓楼象设了天宇传音、万方协奏的一个音乐世界。

二、一元复始、万象更新——钟鼓楼建在中轴线上的八卦寓意探寻

从八卦意象考察，钟楼金为兑（依刻漏而兑时报警报时）处于坎水中，坎上兑下为 64 卦之第 60 卦"节卦"，象征节制、持正、适中。《象辞》曰："泽上有水，节；君子以制数度，议德行。"《象辞》意义为：君子应当效法"节卦"的义理，制定典章制度和必要的礼仪法度来作为行事的准则，屈身而致于礼，以此来节制人们的行为。这不就是守时正则、启辰鸣钟的本义吗？况且还是正对北极天庭，此时此刻，万物都要俯下身来，做出真诚的致敬。

节卦与解卦

那么，钟楼很高，位于坎位，似乎也可以说兑金居坎水之上，应该为第 47

① ［清］朱彝尊. 日下旧闻考：卷五十四·城市引·析津志［M］. 北京：北京古籍出版社，1988：116.

卦“困卦”。但是，这里不应该理解为兑金被“困”于坎中，因为钟楼不是寻常之金，而是玉振金声，故其当为兑之变卦，即九五爻动，寓意音发声变，得第40卦：“雷水解卦”。这个解卦是困之异卦（下坎上震）相叠，震为雷声为动，坎为水为静，水寒在内，震力向外。正如上述五行金生水，于此乃是金生水音，水声激荡为开河之震动，喻示严冬季节，虽天地闭塞，但静极而动，适当冬至，一元复始、冬去春来。

鼓楼木为震（震卦本木，鼓震报时）处于坎水中，木生于水，坎上震下为第3卦“屯”卦，表示万物始生，虽创业维艰，但利于建功立业。《象辞》说：坎为云，震为雷，云行于上，雷动于下，君子取法于云雷，用云的恩泽、雷的威严来治理国事，这就是击鼓的本义。另外，鼓楼高耸与北方，也可以说震上坎下，即解卦，其上春雷阵阵，其下春雨潇潇，呈万物萌生之象。总之，钟鼓楼之卦象即为按节令法度而行，金发音、鼓声变，亦取万象更新之意。

三、既济于舟、未济于桥——万宁桥的水火八卦寓意探寻

钟鼓楼的五行八卦意象，蕴含在水天一色中的金声木震之中，水火相射之枢机就交叠呈象在万宁桥畔。如木生火，故有火神庙在鼓楼南。但是火神庙为什么建在万宁桥边，许多人不以为然，觉得无非事有先后，庙（建于唐代）先于桥而已。仔细推敲，火神不高踞城池之中，而与水泊为邻，岂不为一大奇事。不过还真有奇事就发生在火神庙，《帝京景物略》就记述了这个怪异的故事。至于记载是否真假，请读者自己掂量。说的是明代天启六年（1626年）五月初六日上午，住在北安门（地安门）里的太监们忽然听见有音乐的声音飘过三次，追寻声源，发现是出自火神庙，正待开门察看时，忽见火球窜出殿堂滚上天空。众人寻踪仰望，看见北京西南方向惊雷滚滚，火光大起，有灵芝状的黑烟直冲天际。这就是发生在王恭厂的神秘大爆炸，至今仍是世界之谜。这是否可算金声木震之象？

其实，水与火在八卦里既表东卯西酉（先天八卦为离东坎西）、又表北子南午（后天八卦为离南坎北），所以水火本为天地枢纽。万宁桥所在就是元大都最大的陆道水运交通枢纽，自金代起就是陆路和水路的“立交桥”，桥下的东西水路可通达南方各地，桥上为南北御道，向南可进大内并经卢沟桥通向南方，向北可达元上都及蒙古高原，是忽必烈等蒙元皇帝每年巡幸两都的必经之路。

水火均聚于此。仔细观察，一是呈先天八卦之离东坎西，为第63卦“既济卦”水上火下。离火在坎水中，西水东流与紫气东来相交会。漕运为水中行船，稻米食粮能够逆流而上，寓意船到码头，功德圆满而终将鼎革，重启征程。二

万宁桥栏杆

是呈后天八卦之南离北坎，为第 64 卦“未济卦”火上水下。人车上桥争渡，桥下玉河东流，寓意“革命尚未成功，同志仍需努力”。三是从八卦本性看，“水润下、火炎上”，上下左右、东西南北交错流变于此，无论水流还是车流，不管逆流而来还是顺势而去，一下一上或一上一下，均需自强不息、顽强拼搏，方能达到万宁之境界。

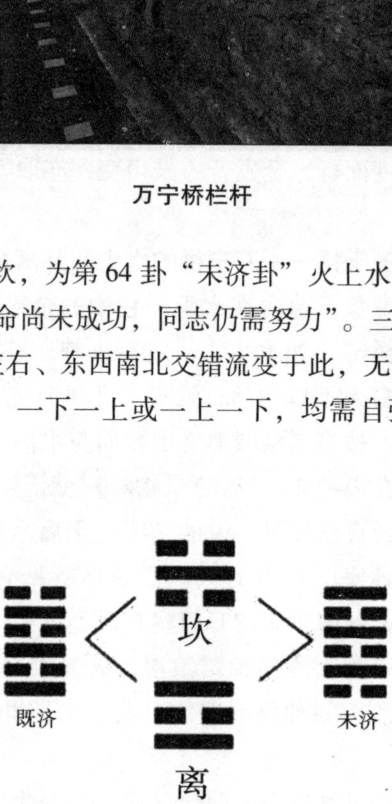

既济和未济卦

四、随卦顺势、复卦起势——万宁桥的南北复兴之路

火神庙有可能建于大都之前，至于是否是火神庙难以判定。但是，刘秉忠肯定借机行事，充分利用了这座庙宇，并且可能就是他将其设定为火神庙的。同时不要忘了元大都的都水监也在此处，紧邻火神庙，也可能火神庙就设在都水监里。

“水火为天地之用，故居四正，以司时令也。”万宁桥正是四正水火合聚所在，其北相距鼓楼（大都之中心）整整一元里，合元代240步。推测刘秉忠设为240步的寓意，一是取二十四节气时令，寓意合乎钟鼓楼依天象报时功能；二是取六十四卦中的第24卦“复卦”，为冬至一阳生第一卦，代表一元复始的时空起点。读者可记得，本书曾经指出自万宁桥向南至厚载红门（地安门）170步，向东南至东步量桥（东不压桥）240步，向西南至西步量桥（西压桥）也是240步，东西两座步量桥距离中间的厚载红门各为170步。笔者推测240步含义同上，而170步的寓意则可能有三个来源：

一是，“寓言十九，重言十七”，即十分之七含义，170步（接近168，168更加符合现代社会伦理文化意识）约为240步的十分之七，分别代表从复卦（坤卦冬至后，第24卦）向乾卦（夏至，第1卦）或从乾卦（夏至）向坤卦（冬至）的行程达到了十分之七（按64卦序的一半32卦计算）。可以形象地比喻，厚载红门为坤卦子时起点，向万宁桥的行程表示“一阳初动”，登上万宁桥就是处于既济与未济之间，成为“一阳始生”复卦的起点。

二是，源自藏传佛教的“十七净土”即十七种“菩萨净土”，不要觉得很突兀，如上通篇讲的五行八卦，怎么出现了佛教意识？其实元大都的藏传佛教（喇嘛教）的气氛是相当浓厚的，而且刘秉忠必然要尊重贯彻忽必烈的主张。再有，佛教与中国传统风水学说的结合在大都的规划中也是必然的，这种结合也就体现在“十七净土”等象数观念与乾坤八卦的象数观念的融合。这就与后面将要说的“厚载影山”有关。

三是，170步也代表着第17卦“随卦”，“元亨，利贞，无咎。”《象辞》曰：“泽中有雷，随。君子以向晦入宴息。”可以释义随卦：大吉大利，卜得吉兆，没有灾害。《象辞》说：本卦下卦为震，震为雷，上卦为兑，兑为泽；雷入泽中，大地寒凝，万物蛰伏，是随卦的卦象。君子观此卦象，取法于随天时而沉寂的雷声，随时而动、随时作息，向晚则入室休息以待时变。既可以说随卦表示上述一元复始的前奏，顺从天地而蛰伏等待时机，时机一到即随号令而动。也可以相比坎上震下的第3卦“屯”卦，“随”卦的兑泽比坎水要浅得多，也就是容易、顺利得多，所以万象即将更新，此刻应该顺势而为，即为随。

第四节 厚载影山

一、坤地净土——发现大都厚载影山之像

万宁桥为后门桥，居北方为坎水，万安桥为国桥居南方为离火，这是后天八卦方位寓意；而元皇城北门厚载红门为坤地，元皇城南门丽正门为乾天，这是先天八卦方位寓意。这里主要说说坤地。前面说过，万宁桥与东、西步量桥，以厚载红门为底边中心，组成一个等腰三角形，斜边长 240 步，底边长 340 步。对于此三角形的形态与作用除了作为测量基准外，还需要探讨其文化蕴意，这个等腰三角形围合之处可以理解为“厚载三桥”之坤地。

厚载红门与万宁桥之间的“厚载影山”—厚载三桥之坤地（当为“一夫”之地）（本书绘制）

首先，这个等腰三角形应该是有意设计的，三座桥梁是交通需要，但其所在却不会自然形成，桥梁的位置肯定是因地制宜人为选择安排的。其次，为什

么要在这个地方，在大地上做出这么一个标准的等腰三角形？最后，大都建设、几何作图，必然需要测量，那么东、西步量桥的名字是否与此相关呢？

可以推想，当初刘秉忠选定万宁桥为大都中轴线时，万宁桥的位置是可以调整的，不过调整的余地不会很大，既要保证桥梁工程和水利工程的需要，还要保证大内宫城的西墙与太液池东岸有一段最小的距离，同时还要使中轴线向南刚好穿过丽正门外第三桥即正阳古桥，同时确定升平桥、周桥、龙津桥和万安桥的位置。元大都在中轴线上一共不下六座桥梁（群），与各个宫殿、门楼、牌楼和钟鼓楼同时进行精确定位，保证同步施工的需要，这个测量任务也是非常艰巨的。

那么，不在中轴线上的东步量桥和西步量桥的桥址，其调整余地应该比较大，但因与皇墙北墙、厚载红门和皇墙北大街的位置息息相关，与水道湖岸的位置密切关联，必然都要经过缜密的规划和计算。特别是厚载三桥围合之地的中心点，即厚载红门的位置就非常重要。

厚载红门的名字来自《易经》："天行健，君子以自强不息"（乾卦），"地势坤，君子以厚德载物"（坤卦）。坤，象征大地，地具广厚之德，故能载生载育万物。按先天八卦方位，南为乾为阳为动、北为坤为阴为静，所以宫城和皇城北门，元代名为厚载门和厚载红门，明代为北安门和玄武门，清代为地安门和神武门，玄武、神武为北方大帝。北方为地，地拱为山，地可静而平、山可靠而稳，故山可简化为等腰三角形。所以，厚载三桥之坤地的形状就是一座山，一座大内的靠山。不过，后来明代在厚载红门南面的大内御苑真堆起了一座景山，也可以说厚载三桥之山就是景山的前身，也是景山之影像，可以将其命名为"厚载影山"。

此处以南的景山是明代才堆筑的，但据《马可·波罗游记》记载，元大内以北还有一座"青山"：

> 北方距皇宫一箭之地，有一山丘，人力所筑。高百步，周围约一里，山顶平，满植树木，树叶不落，四季常青。汗闻某地有美树，则遣人取之，连根带土拔起，植此山中，不论树之大小。树大则命象负而来，由是世界最美之树皆聚于此。①
>
> 君主并命人以琉璃矿石满盖此山。其色甚碧，由是不特树绿，其

---

① 却拉布吉. 元上都元大都哈喇和林蒙古族三大宫殿探微［J］. 第一届元上都学术研讨会暨第一届锡林郭勒盟蒙元建筑文化论坛，2009：225-238.

山亦绿，竟成一色。山顶有一大殿，甚壮丽，内外皆绿，致使山树、宫殿构成一色，美丽堪娱。凡见之者莫不欢欣。大汗筑此美景，以为赏心娱乐之用。①

厚载影山之崇山重影（本书绘制）

同时，马可·波罗还描写了太液池：

在皇宫北面有一形状精巧的人造池塘，像养鱼池，实际上却只供家畜饮水之用；流经该塘的溪水穿过青山山麓的沟渠，注入位于皇帝皇宫和太子宫之间的另一个人工湖，湖中养着品种繁多的鱼类。皇帝食用之鱼，皆由此湖供给。溪水从人工湖另一端流出，为防止鱼顺流逃走，在水流的入口处和出口处都安装了铁制或铜制的栅栏。湖中还养有天鹅及各种鸟类。有一桥横跨水面，作为皇宫和太子宫的通道。

---

① ［意］马可波罗. 马可波罗行记［M］.［法］沙海昂，注. 冯承钧，译. 石家庄：河北人民出版社，1999：310-311.

关于这座青山的位置其说法不一，但基本上分为万岁山和景山两种，不过关于景山只是推想，而万岁山则有考证。正如陶宗仪《南村辍耕录》："万岁山在大内西北太液池之阳，金人名琼花岛。中统三年（1262 年）修缮之。其山皆以玲珑石叠垒，峰峦隐映，松桧隆郁，秀若天成。""至元四年（1267 年），兴筑宫城，山适在禁中，遂赐今名云。"万岁山即琼华岛，乃为青山形象。特别是据党宝海对大都青山的研究，指出"忽必烈圣旨中的 K ke Aγula/青山儿/青山子、马可波罗和鄂多立克提到的'绿山'、乌马里记载的 Kuk Taq 均为万寿山，今北京北海琼华岛"。①

二、山环水绕、藏风聚气——大都龙脉隐隐伏现

这座厚载影山正居大都中轴线上的坤位，左有玉河之水、右有玄武海子之波，不仅真正是"山环水绕"，完全符合八卦"天地定位、山泽通气"之说，而且还可能有着多重山影，寓示大都龙脉的伏现并且直入大内。其形态表现为：

一是上述三桥围合之等腰三角形的厚载三桥山影；二是以厚载红门为中心向西、北、东三个方向各量取 240 步即一元里的距离，由此组成的山影恰好把三桥和海子、玉河所围的半圆形空间全部包括进来，更像一座厚重的完整的山脉。如是向北扩展，至于鼓楼则为厚载鼓楼山影，其"西坡"正好通过银锭桥；至于钟楼则为厚载钟楼山影。

按风水学说，背山面水方为藏风聚气之宝地，所以，大都大内应该有一座靠山。有文献说元大都有万岁山就是靠山，不过这座万岁山在太液池（北海公园）的琼华岛上，从五行八卦方位和大内朝向看来，都不合道理。看起来，以风水大师刘秉忠的才智，不会置之不理，或者蒙混过去，一定有他的道理可讲。如果没有可靠证据证明元大都在大内北面有座有形的靠山，那么这一座应该有而不可见的靠山，按现今的厚载三桥桥址且不出元大内后身的位置来推测，应该就是隐藏在我们脚下的厚载影山。至于为什么不堆起一座真正的靠山呢？推测：刘秉忠和忽必烈可能认为没有意思凭空堆造一座假山，假山是靠不住的，对于草原民族的忽必烈来说，真山真水才具有可依靠的神力。再有，在大都北部既然开创性地起建了钟楼和鼓楼，即可从大内直达楼下，也完全可以将钟鼓

① 党宝海. 青山（K ke Aγula）与元大都［J］. 中国史研究，2011（04）：121-130. 注：该文基于 1980 年左右前期发现于河南嵩山少林寺大雄宝殿月台前出土的刊刻于元代中期的石碑，碑上刻有元代三位皇帝圣旨。

楼当作大内和大都的靠山。所以，极有可能为了风水龙脉，想必刘秉忠一定是特意规划布局了这样一重重神形兼备的厚载影山。

三、前朝后市、市朝一夫之地

另外，据《周礼·考工记》："面朝后市、市朝一夫"，此一夫相当百亩之地，即皇宫的前朝之地不小于一夫，后市之地也不小于一夫。若以 15 方步为一亩（合 875 平方米），240 步围合空间之半当为 128 亩。那么，倚靠万宁桥的厚载三桥之坤地亦有一夫之地的寓意，而处于丽正门外朝的万安桥和丽正门之间也正好围合出一夫之地（具体见前面的万安桥介绍），完全符合《考工记》周礼"市朝一夫"之礼制。再有，还可以看到大内御苑和宫城的横向尺度应与厚载影山的宽度相同，虽然这是从明清宫城来比拟和估计的，与元宫城的格局应该不会有多大的差别。

如上看来，元大都多重空间的象数安排，确是有意为之的，也是非常精准的，足可以证明本书关于钟鼓楼的所有推测，以及钟楼和鼓楼的确是修建在元明清的中轴线上，不可能偏到旧鼓楼大街位置，也不可能出现两条中轴线，否则不仅解释不通前述释义，也极大地降低甚至贬低了钟鼓楼的意象价值和作用。这种象天设地的规划思想，是中国传统风水学说在元大都规划建造中获得全面体现的必然选择，是中国传统都城规划建设的伟大创造。

北京鼓楼

北京钟楼

从景山遥望地安门和钟鼓楼

第八章

东西步量桥

第一节　丙寅桥和海子桥

一、丙寅桥为大都奠基之桥

东不压桥横在皇墙东大街即今地安门东大街之下，桥下为澄清中闸，而在海子南岸和皇墙西大街即今地安门西大街的下面，沟通海子和太液池的桥梁名叫西压桥。关于这两座桥，《析津志》有两条记载：其一，“澄清闸二，有记，在都水监东南。丙寅桥二，蓬莱坊西，水自枢密桥下南熏桥、流化桥，出南水门外，入哈达门南文明桥下。”其二，“丙寅桥，中闸，有记。”第一条还可断句为：“澄清闸二，有记，在都水监东、南。丙寅桥二，蓬莱坊西。”文字似乎有脱落，但可说明澄清中闸所在之桥即为丙寅桥，即今东不压桥。可是为什么叫丙寅桥，丙寅之名何意？这可称为东步量桥的第一个密码。

笔者首先推测，丙寅应该为时间年代。考察元代丙寅年，只有 1266 年（至元三年）符合东不压桥的建造时间。因为丙寅年建成这座桥，这一年不仅开始了元大都的建造，同时也是成吉思汗称帝的 60 周年（前一个丙寅年，1206 年称帝）。忽必烈将此作为重大的纪念之年是很有可能的，而且将位于皇城东北角重要关口处的桥梁取名“丙寅”，当然也是很有纪念意义的。如果丙寅桥建于 1266 年，那就早于郭守敬修通惠河的时间。从大都北部的交通枢纽位置和水系沟通关系看，尤其为了建设大都的需要，万宁桥的修建时间应该不会晚于丙寅桥，两者可能同时建于丙寅年（1266 年），同为元大都的“奠基纪念之桥”，这是最有可能的。

后来的东不压桥建于明永乐十八年（1420 年），民国初年拆皇城时，一并拆除，实则拆掉栏杆，填埋桥面，改成大道。但地下留有暗沟。1955 年，将上下游的玉河河道填埋改为暗河，桥下砌筑排水管涵，拱券和桥基重新被埋入地下。暗河上河道则辟建为胡同，位于上游段为东不压桥胡同，东西方向通后门桥的一段改属拐棒胡同，下游段为东板桥胡同，转向东为北河胡同。东板桥胡同（街）因桥而得名，原桥是一座南北向的木板桥，是前海之水自东不压桥入皇城后的第一座桥，位于今东板桥胡同与北河胡同接口的地方。北河胡同就是旧日河道，河水由此东行，在水簸箕胡同一带南下。所谓水簸箕，是说这个地方地势低洼，容易存水。

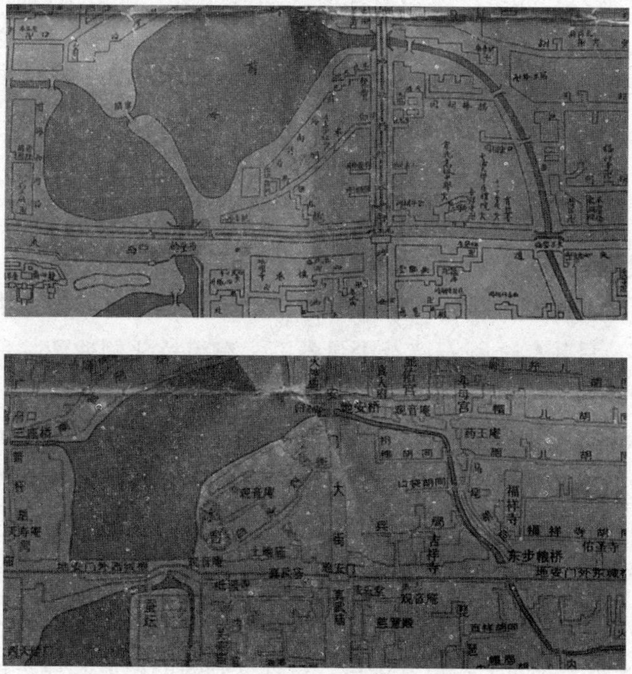

东不压桥和西压桥位置图

1988 年，加宽加高道路，石材曾经被挖出，不久又回埋。1998 年，修建平安大道时，挖出了桥孔南侧的河床护坡，两护坡间距有七八米宽，底层石块刻有龙的图案，从出土的石料和石刻情况分析，发现有明清两朝各时期的痕迹。

二、东不压桥发掘和玉河新生

为 2008 年奥运会和北京历史文化名城的保护传承，2002 年开始玉河古河道修缮项目立项，2006 年开始拆迁，2007 年 3 月正式开工建设。之后由于发现大面积历史遗迹及文物，工程暂停，并进行了历时一年多的考古发掘。到 2009 年

9月底，基本完成了玉河古河道及东不压桥遗址保护修缮工程、市政道路铺装和管线铺设工程、园林绿化和环境整治等各项工作。之后拆迁范围继续扩大，两侧的商业地产项目开始建设，刚建好的玉河公园围墙及部分设施被拆毁、河道被再次填埋，整个场地被重新围起来，以方便地产二期商业开发项目的施工。算起来，这是历史上玉河第六次被填埋（断流）。直到2011年10月，商业房地产开发项目主体完工，公园才重新开放，到了2013年玉河一期工程总算完工。就在此期考古中，挖掘出了玉河故道和东不压桥。

在2007年4月，北京市文物研究所开始的一期考古挖掘，清理出元、明、清时期的河道及堤岸，东不压桥、玉河庵东配殿等一批重要的遗迹；出土有玉河庵碑、银锭锁等大批文物。东不压桥遗址、驳岸遗存等，按其出土原状向公众展示。①

东不压桥是一座单孔石拱石桥，整体呈东西走向，稍偏西南、东北，中间窄、两头宽，桥拱呈弧形。桥两侧引道保存相对完整，西引桥长约20.75米，东引桥已发掘部长约15.75米。桥的东西引桥南侧都被破坏（估计是数次修建地安门东大街时），发掘部分最宽处10.5米，最窄处6.5米。桥拱上部和栏杆已被破坏无存，只残存金刚石墙及少量券石。东引桥北侧残留一段仰天石。推测桥梁总长约47.1米，接近元24步。清理出的桥面石以黄白色花岗岩与豆青石相间。桥面所在高度比如今的地安门东大街（平安大街）路面低下不到1米，可以看出原有道路与历史上的地安门大街位置走向和高度基本吻合。由此可作为推测地安门和西压桥地面高程，以及周围水系水面高程的可靠依据。②

发掘出桥孔跨径5.6米，券残高0.53~1.65米，宽9.25米。东侧金刚墙保存较好，采用厚度0.65米青石条错缝垒砌，石条边沿整齐，表面光滑，方向10°（此度数待研究，如果是指方位角，与现今判断的河流总体走向不吻合，此处古代河床可能有较大变化）。石条相连处有银锭所相扣加固。东侧残券残长7.3米，券石仅残存一层，高（厚）约0.53米，北端残存券脸石4块，从上至下逐渐变大。从西引桥北侧剖面看，其内部结构，最下面为素夯土基础，质地坚硬，内含少许瓦片，只清理4层，每层厚约0.3米。夯土上面先铺一层碎石片、砖块，再上堆积三合土夯实，厚约0.25~0.3米。引桥中部看到其上砌青砖，用白灰浆勾缝，青砖残存12层。西引桥在三合土上砌2层青砖，然后再堆

① 北京市文物研究所，北京市东城区文化委员会．北京玉河2007年度考古发掘报告［M］．北京：科学出版社，2008：9，86.

② 北京市文物研究所，北京市东城区文化委员会．北京玉河2007年度考古发掘报告［M］．北京：科学出版社，2008：9，86.

东不压桥（东步量桥）古桥考古遗迹（摄影 王锐英）

砌杂乱的石块、砖块，并间以白灰夯筑。金刚墙外侧券石已不存，再外侧则全部砌筑城砖，白灰泥浆勾缝，残存 24 层。引桥上面为桥面条石，横向分布，顺桥残存 12 排，长约 10 米（数据缺，顺桥向），宽 5.75~8.2 米，最长石条长 3.15 米，最短 1.1 米，宽 0.8 米，厚 0.3 米。桥堍边缘有界石，总长 7.1 米，外侧接道路条石残存一条，宽 0.2 米。

东引桥北侧为玉河庵山门，桥下残存金刚墙外侧为券石，券石外为青砖，残存 20 层。东段北侧残存两层仰天石，长 10.2 米，宽 0.3~0.6 米，每层厚 0.12~0.32 米。仰天石下尚有 3 层青石条（拱桥耳墙遗存），每层厚 0.35 米。东引桥存桥面石条 6 排，总长 3.5 米（顺桥向），宽 3.5~5.8 米。石条长 1.48~2.35 米，宽 0.55~0.7 米。

桥南侧压于地安门东大街下，未能挖掘。桥北发掘东西两侧燕翅和裹头，开口于第 1 层下，距地表 1.55~2.2 米，全部用青石条错缝叠砌而成，加工精细，较为光滑平整。东燕翅南接金刚墙，以 35°角外折，北接玉河堤岸，长度 3.7 米。东燕翅清理了 7 层，高 2.35 米，背后砌有城砖护墙。西燕翅南接金刚墙，以 35°角外折，北接玉河堤岸，长度 10 米，高 0.8~2.25 米。燕翅背后亦有城砖护砌，北侧接有裹头（燕翅和堤岸外围防冲刷矮墙）残长 19 米，完整处 9 层石条，高 3.95 米，三合土上垒砌青石条，内侧有一排木桩打入生土，其中填实三合土和碎砖。

随着 2014 年玉河北段被列入世界文化遗产名录，考古人员又进行了第二次考古发掘，历时一年半，只发掘出澄清下闸遗址和邻近河道。根据考古结论，编制了项目规划设计方案和遗址保护方案，并于2016年启动实施，2017年8月基本完成河道景观施工。整治之前，在填埋的玉河河道上，几乎盖满了临建和违章建筑，环境恶劣，给该地区带来严重的安全隐患。完成搬迁腾退后，依据考古结果，按照规划设计方案，为重塑玉河昔日美丽景观和良好的周边环境，修复了浅水景观河道，在东不压桥景区，可以看到燕翅、裹头、券脸石、金刚石条、石墩等古河道遗迹，人行道路边临桥一侧，增修券脸，加装玉石栏杆，使得桥从北面看过来，有个桥的样子。通过玉河历史文化修复工程，恢复了700年前的古玉河河道480多米，并在河道上修建了雨儿桥（东通雨儿胡同，西通拐棒胡同）和福祥桥（东通福祥胡同），因这两座桥是白玉石栏板，和清澈碧绿的河水相映相辉显得古香古色，使此处又呈现出桥水相映的时古都风貌。还在岸边设置铜质文化长卷《京杭大运河风物图》，介绍京杭大运河自北京至杭州沿线的主要节点，该浮雕长卷描写了京杭大运河从北京白浮泉发源，直到杭州钱塘江入海，沿途1700余千米的经过历史名镇及风光景物。整幅画卷全长116米，宽0.8米，采用紫铜精铸高浮雕的手法精雕细刻，立体直观的再现运河古风。

三、西压桥也是海子桥

西压桥，始建于元代。明代为单孔（5.2米）石拱桥，桥长18.4米，宽28.25米，石砌桥面桥台（1970年拆埋于地下）。西压桥和东不压桥的名字何时出现，难以说清，但不会早于明宣德七年（1432年）扩建皇城的时间。清朱一新《京师坊巷志稿》可能是最早记载：“地安门外西城根，井一。西步粮桥，俗称西压桥，以皇城跨其上也。玉河水由此入西苑。”。《宸垣识略》记：“药王庙在北安门海子之西，东濒海子……东有桥名西步粮桥，玉河水由此入御苑”。《光绪顺天府志》云：“西步粮桥，亦呼西雅桥，在地安门西城根。”关于西压桥的信息确实较少，推测是因为东不压桥的名字演变，导致西压桥的名字连带发生变化的，如东步梁桥对应西步梁桥、东步粮桥对应西步粮桥、东布粮桥对应西布粮桥、东步量桥对应西步量桥等，且只有涉及“压”字才有了压与不压的区别。至于西雅桥很是独特，且未见东雅桥，疑为文字游戏。西压桥的真名有可能也是“海子桥”。《析津志辑佚·物产》：“象房在海子桥金水河北一带。房甚高敞。”关于今地安门以西的海子南岸附近有一“海子桥”，多有诗文所记。如慈恩寺诗：“海子桥西寺，高楼御苑花。”元张翥《金水河闻苑池荷香》作：

立马金桥上，荷香出苑池。石桥秋雨后，瑶海夕阳时。
深树栖鸦早，微波浴象迟。烦襟一笑爽，正喜好风吹。

当然，亦可能诗人指的是李广桥下的玉河上的几座桥。

《乾隆京城全图》（1750年）中的地安门外桥梁

《宸垣识略》：“海子桥亦名月桥，在前海，俗称三座桥。”此话个中透露出点点消息，可参见宋褧《燕石集》之《海岸春行》：

越桥西下苑墙高，绿染垂杨绛染桃。霞拥玉楼晴启户，风生瑶海暮翻涛。

官因立马看花担，渔忆闻莺罢竹篙。唯有杏园春事好，几人诗兴似吾曹。

此诗，海子岸和越桥相关联，越桥也说月桥，桥上苑墙即萧蔷，墙压桥而过即为越，走下越桥，诗人越发感觉到旁边的苑墙很高，似乎很有道理。在北京明清地图中，就有将西压桥标注为越桥的，或可说明西压桥即越桥。不过沿海子边的桥似乎都可称为海子桥。所以有人说此海子桥与海子东的海子桥即万宁桥相混了，是有可能的，不过最大可能就是名字相同。而且，《析津志》中“象房在海子桥金水河北一带”，如属确真，说明此海子桥与金水河一定位于东西一线上，方可作为北边象房的相对方位因素，而金水河只位于今地安门西大街的原元萧墙北侧，那么此海子桥定在金水河上下，因为名为“海子桥”，其与万宁桥宣泄海子水的功能应该一样，笔者推测此海子桥即为海子水流入太液池的“西压桥”，曾名为越桥。西压桥的历史也可能与万宁桥、东不压桥（丙寅桥）相当。

当初刘秉忠规划大都，必然先调治水系，在各个河流的关口处先行沟通道路桥梁，为大规模建设大都做好类似现代“三通一平”（指土木工程施工前期的通车、通水、通电和平整场地）的准备工作，所以这三座桥极有可能是同期修建的，当时也可能是临时桥梁。

西压桥位置今北闸入水口和调蓄池（摄影 王锐英）

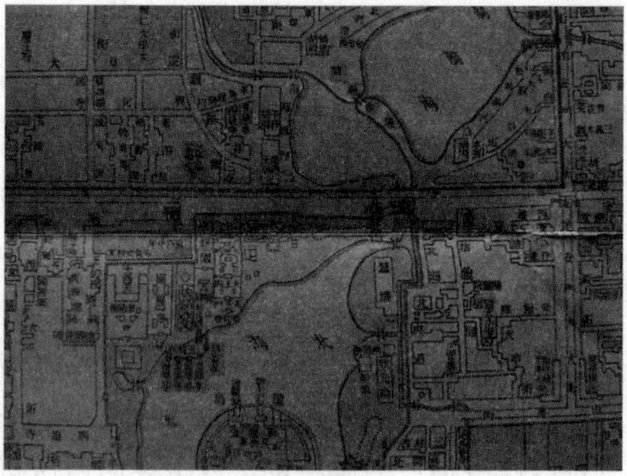

西压桥位置图

皇城压桥与不压桥，应在明宣德七年之后。西压桥自其出现之时，即在元代修建大都城时，皇城萧墙就压在其上（不似有的文献传说是自明代起），当时名为西压桥或民间俗称西压桥的可能性很小，因为“西压”与“东不压”必须成对出现才有意义。东不压桥则是在明宣德年间才将皇城修建到旁边的，以前与皇墙无关系（元代皇墙没有上桥）。所以，西压、东不压之名与皇城上不上桥的关联应该发生在明宣德七年之后。

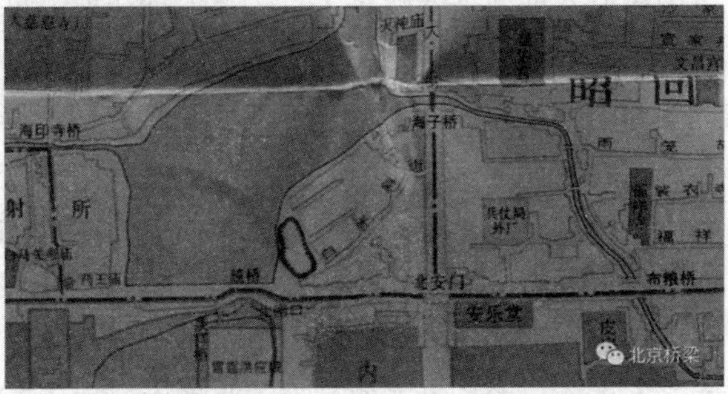

西压桥（越桥）、西步量桥（布粮桥）

第二节　东、西步量桥的密码

一、大都神山隐藏着四方净土

根据本书分析，可知万宁桥和东、西步量桥围绕着厚载红门组成了一个等腰三角形——“厚载三桥”之地，并且极有可能正是刘秉忠暗中设计的元大都的靠山影像——“厚载影山”。这个等腰三角形的尺度很是独特，底边长 340 元步，中间为厚载红门，自后门至东西两边步量桥的距离，各为其半 170 元步，厚载红门距离万宁桥也是刚好 170 元步。三角形两条斜边正好等于元代一里即 240 元步。如果说这个三角形之地为厚载影山，寓意大都的靠山，那么其中也许就隐藏着四方净土，东西南北各 170 步，每十步为一净土，170 步正好藏有藏传佛教的十七净土。据说是佛陀在庵摩罗树园对宝积童子所说的十七种净土，《维摩诘经 · 佛国品》记有 1. 直心，2. 深心，3. 大乘心，4. 布施，5. 持戒，6. 任辱，7. 精进，8. 禅定，9. 智慧，10. 四无量，11. 四摄法，12. 方便，13. 三十七道品，14. 回向心，15. 除八难，16. 守戒行，17. 十善。十七种皆为菩萨之净土，而且桥梁寓意为仙界与凡世的边界、关口，要达到净土必渡桥方可进入，而且沿着东西南北四个方向，都可以走遍十七净土。

二、大都基准测量标志

但是“步量”之义才是最为根本的效用，其他则为附会和发挥。所以笔者进一步猜测，步量的含义首先是测量，最大的可能就是把这个厚载三桥之地的三条边和夹角，当作建造大都的基准测量平台。从大都建造测量方面看，240 与 170 之比即“$\sqrt{2}$”近似值 1.412，为等边直角三角形的斜率，小于真值 1.414 千分之 2.45。如双向测量取平均值，可控制在千分之 1.2 以内。另外若以底边 340 元步除以 108 这个吉祥数字等于 3.1481，近似 π 值。

设想刘秉忠制作一绳距，长 85 步（约 167.62 米，当然真正的绳长可能分段，如分两段，每段长 40~45 步即 78.88~88.74 米，与现今测量皮尺或钢尺长度 50—100 米相当，否则太重就不便于操作了），这样不算短，可提高测量效率，又保证准直度；不算长，太长不方便和误差将增大。适于 170 步（2 绳）和 240 步（3 绳）之内，在视线瞄准对中情况下指挥量距，最后以勾股定理测定垂直度，等同于直角三角网测量。

拉尺（绳）测量过河是古今测量工作必须解决的一个困难，因为古代桥梁大多向上拱起，故前后视线也容易受到阻碍。作为基准测量，显然桥梁既是个障碍，也是个有利的标志点，故而将桥梁作为测量的控制节点是必然的。既然是个节点，事先把它做成测量的基准，如里程和步数的整倍数、特征值等，就非常方便也很有意义和使用价值。比如，就在厚载红门的西边还有一个特征值：厂桥，距离厚载红门刚好 700 步。

而且，刘秉忠建大都必定需要准确测量，测量工作是相当巨大的，人员也是众多的，如何统一标准和方法就非常重要。所以，东、西步量桥，以及万宁桥、厂桥等，看来很有可能是刘秉忠的基准测量标志桥。这样，东不压桥、西压桥均称为“步量之桥”，其起源就会很早，就有可能源于元大都的修建，作为测量的基准也是完全讲得通的，是值得保护和纪念的。至于东不压桥、西压桥另有意义，与步量桥不是一回事。

第三节　量桥摸钉

一、走桥与摸钉

从“丙寅”谐音、“桥梁”和“运粮河”的蕴意，“步梁桥”和“布粮桥”

均可为步量桥取义来源之一，但步量桥不就是“量桥”吗，而且“量桥”曾经是个民俗节日，至今还有遗存。

清李孚青《都门竹枝词》：

> 女伴金箍燕尾肥，手提长袖走桥迟。前门钉子争来摸，今年宜男定是谁。

这首竹枝词描写的是妇女们到北京前门摸城门门钉的习俗。为什么一定要到正阳门来摸门钉呢？据传是因为正阳门的门钉最为灵验，可能因其名为正阳吧。不仅正阳门，明刘侗《帝京景物略·元旦》云：元宵节期间妇女们“至城各门，手暗触钉，谓男子之祥，曰摸钉儿”。可知摸钉旨在求子，各个城门都可以。

摸门钉（图片引自网络）

与“摸钉”同时还有“走桥”：明袁宏道《十六夜和三弟》：“花火每攒骑马客，蜡光先照走桥姬。”清陆又嘉《燕九竹枝词·同咏》：“队队走桥深夜出，小姑双缠纤无力。”清潘荣陛《帝京岁时纪胜·正月·走桥摸钉》：“元夕妇女群游，祈免灾咎，前一人持香辟人，曰走百病。凡有桥处，三五相率以过，谓之度厄，俗传曰走百病。”“走桥”又称为“量桥”，即民间妇女“踩桥”传统习俗，就是过桥的意思，在我国许多地方至今都有，传说其起源在元或明，其实这种习俗由来久远。唐陈嘉言《上元夜效小庾体同用春字》诗：“今夜可怜春，河桥多丽人。”唐长孙正隐在其序中解释为：“美人竞出，锦障如霞；公子交驰，雕鞍似月。同游洛浦，疑寻税马之津；争渡河桥，似向牵牛之诸。”追寻其共同的起源，似乎在《战国策·燕策一》所载：“信如尾生，期而不来，抱梁柱而死。”还有《庄子·盗跖》：“尾生与女期于梁下，女子不来，水至不去，抱梁柱而死。”可见，尾生抱柱应该是从古代男女约会于桥下的故事演绎而来。男女相会于桥，流传至今的故事还有牛女鹊桥、西湖断桥，以及梦断蓝桥等，说明桥梁在民间是男女两性结合的比喻。

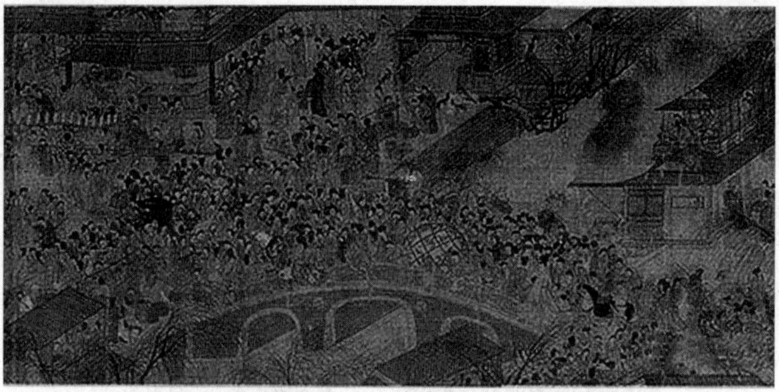

走桥图（图片引自网络）

二、量渡三桥

量桥大多称为“走桥”“踩桥”“走百病”等，这是发生了从青年男女约会到已婚妇女求子再到老年妇女祈求平安的变化。据文献记载，我国福建邵武（光泽）和广东佛山等地称之为“行桥”，时间是在每年七夕这天。选在七夕这一天，是牛郎织女鹊桥相会的日子，且一般在廊桥上举行。按民间说法，人的一生要过三桥，即父母桥、夫妻桥、子孙桥，以保佑父母安康，夫妻恩爱，子孙满堂，光泽县当地就对应有这样的三座桥。以往每逢七夕之日，这三座桥上就非常热闹，四方信众大多是老年妇女，呼亲唤友，成群结队，穿红戴绿，身背香烛香纸等祭物赶赴这三座桥，等待晚上“量桥”。2010 年，“七夕行桥（邵武）”还被列入南平市第三批市级非物质文化遗产代表作名录。

综上，踩桥相亲、量桥去病、走桥渡厄，由来久远，寓意绵绵。再考北京的东步量桥和西步量桥，隐隐之中有着古代量桥的影子，而且似乎也隐含着万宁桥和东、西步量桥亦为人生要“量渡”的“三桥”。

三、正阳桥、万宁桥和东西步量桥的交通地位和历史价值

到了明清时代，正阳桥与万宁桥，前门桥与后门桥，在中轴线上一南一北一阴一阳相互呼应，此观念深入人心。其原因在于北京东西城之间的交通往来，因为皇城居中造成了巨大障碍，不得不向南绕行前门或向北绕行地安门，唯此两条路线方可沟通东西二城，更加凸显了前门和后门、正阳桥和万宁桥之间的呼应关系，成为老北京人心中的重要交通坐标、北京城市地理的重要节点，具有不可替代的交通地位和历史价值。

作为北京中轴线南北两端的两个著名节点，一处作为地下古迹的正阳古桥和一处作为地上古迹的万宁古桥，以及还应该包括东、西两座步量桥，它们不仅在桥梁与渡口方面具有极其珍贵的历史文化和文物价值，而且在北京城市历史发展与地理变迁中，与元大都的规划思想、中轴线的起源、古代城市水系的变迁、北京古城街道肌理和胡同路线的形成、古代城市交通地理空间的变化等诸多方面，存在着复杂的内在联系，特别体现在将中国传统五行八卦风水学说，运用于城市格局的规划设计方面，在漫长的历史长河中彰显出古渡古桥的特殊历史价值与人文魅力，成为北京中轴线上的弥足珍贵的文化遗产。

第九章

银锭观山

第一节　银锭桥

一、西涯八景

万宁桥旁边有一座金锭桥，不远处还有一座银锭桥。论桥的结构如今都是新建的，不过论桥的历史名气，两者相差六百岁不止，而且银桥可比金桥贵重得多。

银锭桥是什刹海的前后海交界处的一座小石桥。桥虽然很小，但名气不小，因有银锭观山之妙处。《天府广记》称："又西山玉泉从水关经越桥，俗称银锭桥，流入西苑。"明《燕都游览志》有银锭桥乃曰：

> 城中水际看西山第一绝胜处也。桥东西皆水，荷菱菰蒲，不掩涟漪之色。南望宫阙，北望琳宫碧落；西望城外千万峰，远体毕露，不似净业湖之逼且障也。

清关岩《银锭桥河堤》诗云："短垣高柳接城隅，遮掩楼台入画图；大好西山迎落日，碧峰如嶂水亭孤。""银锭观山"曾是"燕京小八景"之一①，也有

---

① 注：燕京小八景银锭观山（什刹海）、南囿秋风（南苑）、西直折柳（西直门高梁河）如今还基本存在，西便群羊（西便门）、回光返照尚有点滴遗迹，其余的长安观塔、燕社鸣秋、东郊时雨三景随着城市的建设发展都已荡然无存了。

说是什刹海西涯八景之一①，或燕京十六景之一的。站在银锭桥上，极目西望，但见后海、积水潭波光粼粼，烟波浩渺；远处的西山层峦叠嶂，“层层弯弯，晓青暮紫，近如可攀”。

据学者考证，银锭桥之名气起于明朝文渊阁大学士李东阳。李东阳是明弘治、正德两朝重臣，他在《先考赠少傅府君诰命碑阴记》中写道：“吾祖始居白石桥之旁，后筑（住）入地安门内，移于慈恩寺之东海子之北。”这里提到的白石桥，即元初所建万宁桥。李东阳家一直住在万宁桥附近，后来移居“慈恩寺之东海子之北”，即今烟袋斜街。学者分析道：“李东阳舍近求远在《先考赠少傅府君诰命碑阴记》用万宁桥‘白石桥’标识故居位置，却没把距离他家更近的银锭桥当作地理坐标，似说明这座桥在李东阳以前一直‘养在深闺人未识’。在其《慈恩寺偶成》中，将银锭桥一带的景色誉为‘城中第一佳山水’，银锭桥从此声名鹊起，成为北京城一道绚丽的风景线。而‘银锭观山’被誉为燕京西涯八景第一美景。”

二、银锭观山水倒流

银锭桥不仅是风景绝佳处，也是老北京市井风味最繁之地，钟鼓楼、烟袋斜街、火神庙、荷花市场、北海公园、恭王府、大运河码头……风物名胜吃喝玩乐都在周边，是后海地区极为重要的交通枢纽。桥小人气旺，全国各地乃至世界各地慕名而来的游人络绎不绝。据说早先的银锭桥在今银锭桥的西边不远，是因海子不断淤积，水面日趋狭窄，慢慢地形成日后被人们所称的“前海”和“后海”。之后为方便往来交通，在此修筑了一座石桥，初建确切年代已无从考证，最早应建于明代，也经历了屡次翻建。② 桥南北长10米，东西宽6米，单孔拱券，中间狭窄两端宽大，状如蜂腰，形似一只银锭，且白石如银，故起名“银锭桥”。桥两边的护栏外侧刻有著名史学家单士元先生手书“银锭桥”三字。除了观山之外，此处还是观水最佳处，当年还有“银锭观山水倒流”的奇

① 注：西涯八景是旧时什刹海周边地区极具代表性的自然美景，什刹海亦称“西涯之海”。所谓西涯，指什刹海西北角玉河水围之地，处于什刹海的核心地带。明代宰相李东阳，号西涯，生于此地，并度过很多岁月，始终对自己在什刹海边的生活一往情深，称之为“西涯胜地”。《西涯杂咏十二首》是其一生诗作中咏怀西涯的代表作。西涯八景环绕什刹海，包括：银锭观山、响闸烟云、柳堤春晓、谯楼更鼓、西涯晚景、景山松雪、白塔晴云和湖心赏月。

② 注：古建专家孔庆普先生自1950年以来多次参与过银锭桥维修，他在《北京古桥银锭桥》文中写到银锭桥历经1918、1950、1953、1987和1992年多次维修和改建，早已不是古桥原物了。

特景观。因为后海迤西的积水潭的水并非都是直接东流注入后海的，而是有部分水东行至李广桥后南下，顺今柳荫街、前海西街（恭王府南墙）注入前海。而当澄清闸的水闸落下之后，前海的水位便逐渐上涨，以至于从银锭桥下向西倒流而注入后海。这便是“银锭观山水倒流”。

有人说汪精卫谋刺载沣就在银锭桥，说得头头是道的，这其实是不确切的。清宣统年间，摄政王载沣住在后海北沿醇亲王府（北府），银锭桥不可能是他每日进宫的必经之路。因为从城北进宫最近之道必走地安门，然后绕景山进神武门。如果走银锭桥反而绕道，也不如大路好走。其实从王府东行，往北穿过干石桥胡同，可走上鼓楼西大街。干石桥胡同又称甘水桥胡同，即今甘露胡同。当年在胡同南口有一条无水的干沟，有一座小小的石板平桥，那才是革命党放置炸弹的地方。据东莞张次溪寻考，指为甘水桥，在旧鼓楼大街小石桥南。1943 年，福建人李宣倜曾撰有《北京庚戌桥记》说明此事。但甘水桥后来只剩下地名，桥已没有了。具体故事是宣统二年旧历二月二十一日（1910 年 3 月 31 日），汪精卫、黄树中、罗世勋三人就在这座小桥下埋炸弹，谋刺载沣。事未成，被巡警发现，不久三人同时被捕，郎铛入狱。汪精卫还写下“慷慨歌燕市，从容作楚囚。引刀成一快，不负少年头”一诗，一时轰动社会。

第二节　虚空瞻岱与妙里望岳

一、银锭观山观的是什么山？

当然是北京的西山。如果具体来说，自银锭桥向西北顺着后海南北两岸分别延伸，南侧视线可见香山的香炉峰，北侧视线可见颐和园的万寿山。中间视线近处是玉泉山，其后通过卧佛寺山门前可直指妙峰山山门，自然这得通过地图察看了。在银锭观山的视域之内，完全包含了颐和园和玉泉山的全部，北边缘正好通过颐和园后身的青龙桥，为西山龙脉潜入之地，南边缘通过颐和园的绣漪桥，为西山水脉进入京城的关口。如果把昆明湖横置并拉长，极其近似于后海和什刹海的形状。这都可以当作城市山水谐趣而观想，这是银锭观山的妙处，也是中轴线桥梁景观价值的体现。

请您从银锭桥来到鼓楼上，还有一个绝妙之处可作个穿越元明清三代的鼓楼大观。以鼓楼为中心，向西北和东南方向的同一条直线上由近及远可依次看到：

向西北，第一处，积水潭北岸的汇通祠脚下的积水潭水关，即汇通祠郭守敬纪念馆北侧二环路下，这里是长河的出水口也是“三海大河”的进水口，元代曾经有一座铁平章桥。

银锭桥（图片引自网络）

第二处，颐和园东南角的绣漪桥和南如意门，这里是昆明湖和长河的界桥，是瓮山泊的出水口也是长河的进水口。上述两处水口可以说一是长河的最北端、一是其最南端，是郭守敬开辟的西山引水渠的高梁河段。

第三处，再往西北刚好穿过玉泉山乾隆修建的东岳庙。

第四处，继续向西北直接可进入金顶妙峰山娘娘庙的山门。

第五处，您得转身180°，面向东南方向，沿着这条直线可刚刚好穿过朝阳门外东岳庙的瞻岱门。

二、妙岱连线

故此将此条直线命名为“妙岱连线”，妙指妙峰山，岱指东岳庙。鼓楼即元大都的齐政楼为元代遗址、明代遗迹、清代重修之建筑，朝外的东岳庙建于元代，而玉泉山的东岳庙建于清代，妙峰山碧霞元君娘娘庙建于明代以前，其中似乎隐含着跨越三朝的说不清的神秘。其实若深入探寻，均与泰山崇拜相关，与东方日出相关，而这条线恰好与北京的晨昏线有着关系。

朝拜东岳大帝和碧霞元君是自元宋以来成为上至朝廷帝妃下至民间百姓非常看重的信仰，为此在北京就出现了著名的三山五顶，而东岳庙的地位更在三山五顶之上。为什么东西两座岱庙通过鼓楼而联系起来呢？这是巧合吗？笔者猜测其原因，一是表明两座岱庙实为一体，二是通过鼓楼所代表的皇都以钟鼓和鸣之声，向东岳大帝表达瞻仰、敬献诚意吧。

北京历史悠久，大大小小的文物古迹星罗棋布，若在地面（地图）上随便划过一条直线，说不定就穿过许多古迹，甚至现代建筑。在这种情况下，我们只能说是巧合了，因为在北京，建筑物的密度相当大，巧合的比例就相当高。可是如果穿过的都是有着紧密关系的性质相同、内涵一致著名建筑古迹，而且穿过的位置又是如此的精准，比如上述“妙岱连线”，那就不得不令人思考和为之惊叹了。所谓思考，就是除了巧合之外，问古人为什么要这么做？那肯定是在天人感应方面有所讲究，正如今日我们为北京中轴线的文化蕴意所折服一样。其实早在六、七千年前的新石器时代遗址中，人们就发现了古代建筑遗迹与日月星辰运行位置的高度关联，如陶寺遗址。直至清代康熙皇帝还曾在《西顶进香碑记（康熙八年，1669 年）》中说过：

> 窃尝观于东山泰岱之间，未有不颂神功赫奕、福被万方如天圣母之盛者。曷言乎其为盛也？风雨之所由，时也；阴阳之所由，序也；天界之所由，超也；虚空妙里之所由，照也；清灵普化之所由，归也。

所以，这虚空妙里的因由一线，自是一种神明观照，由此更增添了神灵的效力和持信的心力。所谓惊叹，就是为古代的测量技术之高超而惊叹，为大尺度空间规划思想而惊叹，在必须依托高精度大比例尺地图基础上才可能完成的任务，这些古代的风水测量大师又是如何做到的？所以，不要以为古代的测量技术很落后、测量误差很大，其实其精度远远超过现代人的想象。朝外东岳庙到玉泉山东岳庙的距离为 18.6 千米（二岱连线），妙峰山娘娘庙到朝外东岳庙的妙岱连线全长 38.56 千米，中间还与卧佛寺擦身而过（琉璃牌坊南侧 20 米内）。如此“虚空妙里”的巧合，使得妙峰山娘娘庙—玉泉山东岳庙—鼓楼—朝外东岳庙四点贯通一线，不由得不让人从东岳大帝和碧霞元君的身份上加以思考，这条连线不正是“神明观照”的体现吗？“妙岱连线”特别“碰巧”穿过了两个有着紧密关系的重要水口，这里只能用“巧合”这个词了，因为即使现代的城市规划，也是万难实现的。

不过，因为与水有关，似乎确实隐含着些许人和神的因素。比如“玉泉趵突”之名，就参照了山东济南趵突泉。清乾隆二十一年（1755 年）在此建立东岳庙，更是将玉泉山与泰山相比拟，写下了《玉泉山东岳庙记》：“东岳为五岳宗，……出云雨以蕃殖嘉谷，阜成兆民。……京师之西，玉泉山峰峦窈深，林木清瑟，为玉泉所自出，滋液渗漉，泽润神皋，与泰山之出云雨，功用广大正

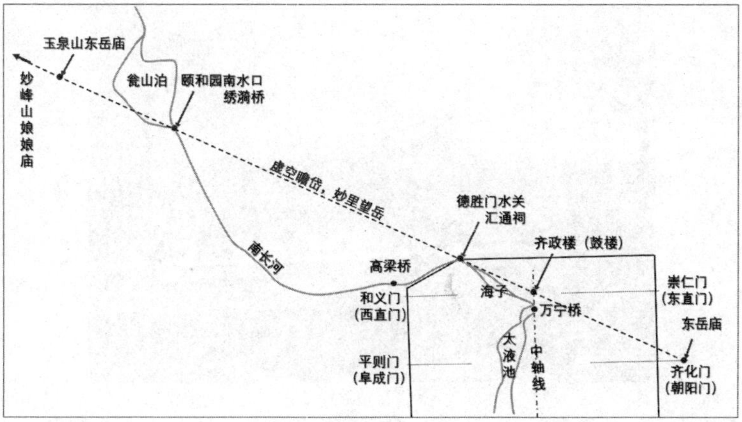

虚空瞻岱妙里望岳图（本书绘制）

同。”可以说，东岳崇拜与雨水联系紧密，这条神秘的连线则代表了北京的一条龙脉。既然上述连线关系到基于道教传统的东岳大帝和碧霞元君信仰，那么在北京的各处著名的庙宇之间尤其三山五顶的关系中，应该也有所体现，实际情况确实如此。

另外，根据笔者的测量和计算，妙岱连线的方位角约为109°10′24″（东偏南19度多），与北京的冬至日出方位角121°（东偏南31°）相差11°49′36″。按一个节气方位角差5°15′（冬至121°-夏至58°=63°，12个节气区间）计算，妙岱连线大致落位于冬至后第二、三个节气即大寒和立春之间。立春不仅是二十四节气中的第一个节气，而且还是一个重要的节日。在天文意义上它标志着春季的开始，在六十四卦中为三阳开泰之泰卦。而且自隋唐时起，受秦汉以来国家郊祀传统和思想观念影响，首次确立了立春祭泰山的制度。显然，妙岱连线与立春和祭祀泰山神有关，那么连接两个岱庙和金顶碧霞元君庙就很有意思了。

第三节 金锭桥

金锭桥是21世纪初新修筑的汉白玉三孔石桥，位于万宁桥西边，也是紧邻中轴线在北京古城中修建的最新一座桥梁。相比南边的“模型”般的天桥来说，金锭桥还是规规矩矩偏重实用的，它的修筑完全是为了往来行人的方便，也减轻了万宁桥的负担，为保护万宁桥做出了贡献。不仅如此，站在桥上极目西望，但见什刹海波光潋滟，大有透过“银锭观山”之妙。

金锭桥

2001年，随着万宁桥的修复和玉河恢复通水，为了交通需要，什刹海东端出水口处修筑了一座汉白玉石桥，当时遇到了起什么名的问题。当时任北京市副市长的汪光焘就此请教时年已届90高龄的历史地理学家、北京大学教授侯仁之先生。侯仁之先生在经过了一番考察和思虑之后给汪光焘副市长写了下面这封信：

光焘同志：

后门桥改建一新，深受地方群众赞赏。我虽建议在前，正是有赖鼎力规划施工，终于迎来我们首都在规划设计最初起点的新景象。这实在是很值得纪念的一件事。更有出乎个人意料的是桥下河渠的上游，又新建一石桥，便于沿什刹海、前海东岸南北通行，从而为来往行人提供了一个饱览水上风光的好去处。承嘱我为此新桥命名，实出我意料。受命之余，筹思再三，考虑到桥名必须便于称道，又应与什刹海上的风物相结合，因而联想到前后海之间有银锭桥，创自明朝中时，立足桥上，西山央望，遂有“银锭观山”之称。1984年重修之后，原形设计已有变化。又后海西岸高楼耸起，遥望西山胜景，自然受到影响，但是银锭桥之名，依然如初，日益增民间向往之情。联想及此，因而建议前海东岸新建石桥即命为金锭桥。这样，什刹海上前后两桥，金银并称，不仅便于记忆，而且与金锭桥隔海相望的西北岸上原有胡同两处，即以大小金丝套为名。我便以金锭桥之命名，征求相会诸位好友之意见，无不欣然同意。敢以奉闻，尚祈裁夺为盼。专此，顺致敬礼。

侯仁之敬上

2001 年 1 月 30 日

据报道，现在镌刻在桥上的“金锭桥”三个金光闪闪的大字，另有一番来历。请看侯仁之先生同一天的另外一封信：

光焘同志：

嘱我为什刹海上新建石桥命名，我认为这是很重要的一件事。因此经过慎重考虑之后，已将命名经过写了一份正式的报告书，另纸抄写，尚祈定夺。至于写桥名以便刻石一事，我实在感觉力不从心。因为我缺乏书法训练，近来又深感目力衰退，虽曾试写过“金锭桥”三字数次，实难如意，反复考虑，还是另请长于书法的专家执笔为是，我也就安心了。谊在知己，敢以奉闻。此致敬礼。

仁之敬上

2001 年 1 月 30 日。

尽管侯仁之辞再三，但现在镌记在桥上的“金锭桥”三字，乃至“侯仁之”的签名，都是从上述侯仁之给汪光焘副市长的信中植下来并放大而成的。

元代，万宁桥西是碧波荡漾的积水潭，宽阔的水面上停泊着来自南方的密密麻麻的漕船；桥南北地安门大街两旁高柳巨槐，迎风摇翠；桥南不远，是金碧辉煌的大内。绿水、粮船、翠树，以及殷红色的酒楼，衬托着雕凿精美的白石桥，景色十分优美。因此，时人常留下不少赞美诗句，如王蒙诗云：

暮登海子桥，西绕红门归。霜风著宫树，叶叶带红飞。

据鞍吹短笛，乘月捣征衣。江南冰雪里，音信寄来稀。

那时，海子南岸边有皇家饲养大象的象房，万宁桥还是观赏浴象的地方。每当六月伏天，伺象人员就将大象赶入积水潭内洗澡，届时不少人来到万宁桥观看。元代诗人宋坰《过海子观浴象诗》云：“四蹄如柱鼻垂云，踏碎春泥乱水纹。”明初，国都设在南京。积水潭失去航运总码头的地位，一时显得非常冷清，万宁桥周围自然也不如往昔热闹。一些诗人不时登桥追思往事，如宋讷《壬子秋过故宫》诗云：“黄叶西风海子桥，桥头行客吊前朝。凤凰城改佳游歇，龙虎台荒王气消。”明成祖朱棣称帝后，又将国都迁回北京。为歌颂朱棣迁都的英明，一些文人、词臣极力歌咏北京秀美的风光，诗人笔下的万宁桥也不再冷落萧条。胡俨《越桥》一诗就道出海子桥的浩荡春风：

浩荡东风海子桥，马蹄轻蹴软尘飘。一川春水冰初泮，万古西山翠不消。

第四节 跟着宋褧去上班

元代宋褧是北京看海第一人。他有一首七绝，题名《四月晦日早自石桥北度安济桥入史局马上口号》①（简称："度桥入史局诗"），其内容为：

街树葱茏晓雨收，官河相近御沟流。帝城不是多尘土，直住诗人到白头。

诗人后注："安济桥颇危，俗呼舍命桥者是也。"

此首诗描写的帝城就是元大都，诗题、诗文、诗注涉及石桥、安济桥、史局、官河、御沟、舍命桥等与元大都城及水系相关的丰富信息，对元大都的研究很有价值，值得欣赏。

一、宋褧人物生平居止

宋褧（1294—1346），字显夫，北京人，历史上著名的元代学者官员，生活于700年前的元代中期，殁年52岁。在其出生时，正逢郭守敬开通惠河（至元二十九年，1292年），而在其去世的前几年，至正二年（1342年），又发生了开凿金口新河的大失败事件。宋褧是元泰定元年（1324年）进士，授秘书监校书郎，改翰林国史院编修。恰好此前一年为至治三年，大都河道提举司报告："海子南岸东西道路，当两城要冲，金水河浸润于其上，海子风浪冲啮于其下，且道狭，不时溃陷泥泞，车马艰于往来，如以石砌之，实永久之计也。"此道路后来成为宋褧上下班的必由之路。

---

① ［元］宋褧. 燕石集：卷九［M］//钦定四库全书. 北京：中国书店，2018：11. 注：本节所引宋褧诗文皆出此。

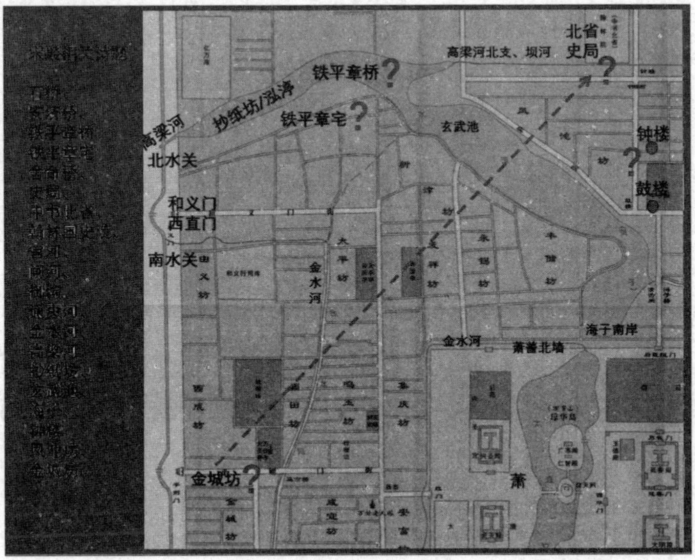

宋褧诗题与北省位置考图示（底图为《北京历史地图集》之《元大都复原图》），结合《析津志》等书罗列关联因素，本书绘制

根据《燕石集》，宋褧家住大都金城坊，即今阜成门里南侧。其工作单位在元中书省翰林国史院，在诗文中作者称其为“史局”，当时称为“中书北省”，简称“北省”，地点在今什刹海北岸、旧鼓楼大街西侧。但是具体地点待定，至今有不同认识。有文献推测并在元大都复原图（见《北京历史地图集》）中，显示出中书北省在大都招贤坊，即今旧鼓楼大街北端过护城河西北方向的六铺炕北滨河公园处。亦有文献指认其在南边的凤池坊，即靠近什刹海北岸，这也正是本书所分析推论的结果，可以做个旁证。

二、“度桥入史局诗”义解读

作者于某年四月三十日（晦日）的清晨，早早去上班。可能因为出来的比较早，就没有走寻常路线，而是自金城坊私第出门后一直向北，先走过御沟上的一座石桥，再向北通过跨越官河且处于危险中的安济桥（俗称舍命桥，可能因为此桥危险，所以不作为其上班的寻常路线），然后到达史局，即中书北省的翰林国史院，故写诗以记之，所谓“马上口号”即路上有感而发的诗情和诗句，看来他是骑马或坐马车上班的。时间大约在1335至1340年间。因为作者有个哥哥，名宋本（1282—1334年），字诚夫，也是进士、授翰林修撰、监察御史，与宋褧齐名。按《燕石集》，上述“度桥入史局诗”估计写于其兄去世之后，所以不会早于1334年。

诗中写到“街树葱茏晓雨收，官河相近御沟流。帝城不是多尘土，直住诗人到白头。”描写的是春天大都的街道，刚刚下过一场晨雨，树木葱茏。沿路跨过相隔不远的官河和御沟，沟里水流潺潺。如果帝都总是这样雨意清新就好了，不像往常那么多尘土的话，诗人愿意在此白头到老。

三、官河相近御沟流

按照相关文献和宋褧本人《燕石集》中的众多诗文，诗中的官河，可以认定就是郭守敬开挖的通惠河上游的高梁河和玉河。自和义门（即西直门）北水关以西为高梁河，即今西直门外长河；水关以东至东便门大通桥为御河或玉河，其下至通州为通惠河，又全称为通惠河、闸河。

诗中的御沟，则是指金水河，自和义门南水关进城，循今西直门内大街南侧向东至河槽（又称为西沟、高梁河西河，明代为大明壕，清代为河槽、南北河沿等，清末民初改造为赵登禹路），跨河跳槽后转向南，循赵登禹路过马市桥至甘石桥，再转向北沿皇城西墙至其西北角，又转向东经厂桥至北海后门，过西压桥转南入皇城苑墙（详见本书第十章金水桥河）。上述官河和御沟在和义门内外一段，均平行靠近，故诗人说：“官河相近御沟流”。

宋褧《先兄正献公坟所寒食自和气门归马上赋》：

> 适野襟怀自豁然，入城景物又堪怜。御沟春水高于路，海岸风尘暗似烟。醉客轻生驰騕袅，痴儿薄行调婵媛。徐驱返顾西山色，自笑诗人嗜好偏。

此诗为作者清明节祭扫其兄墓所写，墓在京西香山乡，所以诗中“和气门”应为“和义门”之误，但也可能是当时民间有意俗称。此诗所写多为“入城景物”，明确指出“御沟春水高于路”，说明和义门里的御沟就是修建在地面上的金水河，不会是官河通惠河。按照这两条河沟的方位，可以判断诗人两次分别跨越了御沟和官河，而且通过石桥过御沟、通过安济桥过官河。这两座桥都在哪里呢？

四、石桥与安济桥位置推测

首先，石桥，由“自石桥北”和“官河相近御沟流”两句判断，石桥应该是南北向的，就在和义门南水关至西沟之间的某一位置，如果街道走向至今没有大的变化的话，大致应该在今南草场街北端、西直门内大街南侧附近。如此，值得在此处进行考古探查。

其次，安济桥（舍命桥），即位于元大都和义门内迤北的抄纸坊（积水潭上游）、今已消失的太平湖，河水进入今积水潭入口处的铁平章桥，准确位置大致在今新街口豁口迤东到汇通祠下积水潭水关处。关于该桥，元熊梦祥《析津志》① 中有多条相关记载：

(1) 高梁河，原出昌平县山涧。东南流至高梁店，经宛平县境，由和义门北水门入抄纸坊泓渟，逶迤自东坝流出。高梁入海子内，下万宁闸，与通惠河合流，出大兴县潞河。

(2) 闸河水门，在和义门北。金水河水门，在和义门南。

(3) 高梁河桥，(水) 自西来，流于东，入万亿库桥，过抄纸坊下闸。

(4) 铁平章桥，(水) 自西而东过桥，过东散漫流入于玄武池。

(5) 安济桥，在铁平章宅后。

(6) 高梁河，由铁平章桥流入玄武池。

(7) 会川闸二，在西水门外。水由北方入城，万亿库泓渟，东出抄纸坊。

(8) 朝宗闸二，在抄纸局外。此水直出高梁桥，入海子内。

(9) 盈进桥，在万亿库前。

(10) 无名桥，万亿库东二。铁平章宅后一，俗呼舍命桥。

据上述各条记录，安济桥即舍命桥即铁平章桥，无疑。虽也有“无名桥”之说，可能是文献记载不确，从舍命桥和宋褧诗词后注，可以判断此无名桥是有名的，就叫安济桥。

最后，高梁河水流进和义门北水关之后，东入抄纸坊泓渟（泓渟即蓄积为一片大水面，这是郭守敬有意设计的中途调蓄湖泊），然后分为两支，一支流向正东为坝河上游，即今明清北护城河；一支向东南流入玄武池（积水潭前身）。那么，安济桥是跨越“泓渟”的一片水，还是仅跨越流入玄武池的“一条水”

① ［清］朱彝尊. 日下旧闻考：卷一五六·存疑引·析津志［M］. 北京：北京古籍出版社，1988：96-102.

呢？肯定应该是后者，因为《析津志》明确指出了："高梁河由铁平章桥流入玄武池"，"铁平章桥，…过东散漫流入于玄武池"，即安济桥下只有流入玄武池的水，其下水流"散漫"即过桥后漫开来泻入玄武池湖中。

从此不难判断，结合《元大都复原图》看，安济桥即铁平章桥应该就在新街口豁口附近，桥梁大约呈西南—东北向，跨过此处水域最狭窄处的水口当为合理。铁平章宅就在水口的东南角，今新街口豁口东南角解放军歌剧院处。宋褧《早春遣怀》一诗对于这座桥梁的考证具有重要意义：

百尺危桥路稍平，新年邂逅一经行。池台半入荒残景，觞咏浑非少壮情。

祇见晴波群浴马，未闻芳树乱啼莺。相亲赖有西山色，常似连屏照凤城。

此诗所说的"凤城"即大都城，一路池台映衬西山春色，有大城、有荒池、有百尺危桥、有枯树而无鸟，诗人已非壮年，似乎可见大都元气不足。考察元大都唯有此处水面才可能出现百尺即30余米的桥梁，还是危桥，描写的还是这座安济桥。而且，还可继续推测：一是通过安济桥，无论如何作者不会跨过高梁河的"东支"即坝河前身，说明宋褧不会走到"东支"的北岸，中书北省也就不会在北边的昭回坊。二是今德胜门内大街那时确实还未开通，大都东西城之间唯有一条海子南岸道路能够联系。也就是说，在整个元代，举凡涉及北京东西城交通的诗文和历史事件，其绝大部分都发生在这一条地当要冲的道路上——地安门东西大街。

由此上溯，元代及辽金以及唐幽州以前，从北京之南，北到昌平及至居庸关、古北口，唯有经"三海大河"东岸万宁桥的南北大道最为重要。至于高梁桥左近及北边的海淀，水泊很多，南北通行不是很方便，但也是可以通行的，所以发生在宋太平兴国四年（辽保宁十一年，979年）七月初六的高梁河之战，大概率就发生在今高梁桥附近。

五、"北度安济桥入史局"中书北省

作者过了安济桥后进入"史局"即中书北省翰林国史院。北省具体在何处，《析津志》也有几条记载：

（1）中书省，至元四年，世祖皇帝筑新城，命太保刘秉忠辨方位，

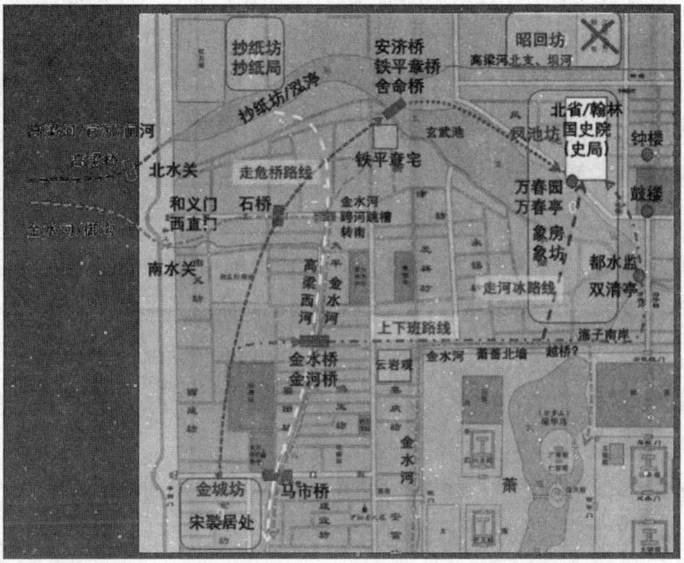

据元宋褧诗文对元大都中书北省即翰林国史院位置的推测示意图（底图为《北京历史地图集》之《元大都复原图》，本书绘制）

得省基，在今凤池坊之北。以城制地，分纪于紫微垣之次。

(2) 至元四年（1267 年）二月己丑，始于燕京东北隅，辨方位，设邦建都，以为天下本。四月甲子，筑内皇城。位置公定方隅，始于新都凤池坊北立中书省。其地高爽，古木层荫，与公府相为樾荫，规模宏敞壮丽。奠安以新都之位，置居都堂于紫薇垣。

(3) 至元二十七年（1290 年），尚书省事入中书省，桑柯移中书省。于今尚书省为中书省，乃有北省南省之分。后于至顺二年（1331 年）七月十九日，中书省奏，奉旨：翰林国史院里有的文书，依旧北省安置，翰林国史官人就那里聚会。繇是北省既为翰林院，尚书省为中书都堂省固矣。

(4) 北省始刱认公宇，宇在凤池坊北，钟楼之西。

(5) 钟楼，京师北省东，鼓楼北。

关于“凤池坊北”，如何理解？笔者理解不是凤池坊的北方，而是在凤池坊的北部，就在凤池坊里面。因为最有道理的根据就在于“凤池”两字。凤池即凤凰池，《晋书·荀勖传》：“（荀）勖久在中书，专管机事。及失之。甚罔罔怅恨。或有贺之者，勖曰：‘夺我凤凰池，诸君贺我邪！’”凤凰池是禁苑中池沼，由此借指中书省或宰相。南朝齐谢朓《直中书省》诗："兹言翔凤池，鸣佩多清响。"唐刘知几《史通·史官建置》："暨皇家之建国也，乃别置史馆，通籍禁门，西京则与鸾渚为邻，东都则与凤池相接。"宋柳永《望海潮·东南形胜》："异日图将好景，归去凤池夸。"所以，凤池与中书省有着内在关联，刘秉忠选定凤池坊建立中书省是有道理的。如果设定在北面的昭回坊则是毫无道理的。

凤池坊在海子北岸，而且包括海子，即把海子作为凤凰池。如《析津志》中记录："凤池坊，在斜街北。""海子桥、澄清闸。西，斜街过凤池坊。北，钟楼。""上位、储君、正宫俱入厚载门。二后、三后銮舆，一如上仪，于凤池坊南，从西入西宫。"斜街，应为沿海子北岸向德胜门方向的道路。最后，"于凤池坊南，从西入西宫"，指的是沿海子南岸向西。所以，凤池坊北至钟楼北，南至海子南岸，东至钟鼓楼。

宋褧《同年会》（宋注：四月二十九日海岸之万春园）：

> 临水亭台似曲江，同年人物宴华堂。婵娟笑弄龙香拨，醽醁深涵鸟羽觞。醉后方言频尔汝，座中除目互平章。从来期集输京雒，仍见诗歌播八方。

万春园在北省，海子和岸边的临水亭台形似长安曲江池。

显然，宋褧过了安济桥后，是沿着斜街即今鼓楼西斜街来到史局的。北省的合理位置应该在凤池坊，还临近海子，而不在北边的招贤坊。据此，《北京历史地图集》等文献中的《元大都复原图》，关于中书北省的位置应该画错了，而且铁平章桥即安济桥（舍命桥）的准确位置，应可以在图中积水潭狭窄处表现出来。另外，据"钟楼，京师北省东，鼓楼北"一条记载，完全可以推断元钟楼不会在今旧鼓楼大街北口，而是接近现今钟楼的位置。

六、宋褧上下班的寻常路线

宋褧十几年中，大多在国史院工作，其上下班的寻常路线，通常是出金城坊走向东北方向，在金水河某处过桥（某金水桥，见下考证），沿萧墙北墙下的御沟北侧直到海子南岸再转向北，过海子桥、经都水监后，进入的史局。宋褧《燕石集》中有多首诗文均可作证：

> 《早春马上即景书怀呈张孟功左司》：日日骑马到西城，年来竟无清兴生。氷潭照影觉形秽，云岫对人增眼明。墨客词流惊邂逅，玉珂

香毂恼逢迎。凤池赖有知音客，一曲阳春为寄声。

作者日日骑马往来上下班，冰潭即海子，凤池即凤池坊。在元代，坐骑就是当时的“私家车”，宋褧上班路线长度按今天测量有 5 千米，骑马的时速约为 10 千米，所以宋褧上班耗时约半小时。

其《冬日杂诗五首》：暗尘驽马夕阳酣，冻路凌兢思不堪。徥侣徒行知快捷，踏冰时过象坊南。

作者冬天骑马行走在结冰的道路上，颤颤巍巍很是害怕。随行的朋友中有胆大的，知道最快捷的方式，就是从象房（坊）所在的海子南岸直接踏冰走到北岸，北岸即为史局翰林国史院。

其《海岸春行》：越桥西下苑墙高，绿染垂杨绛染桃。霞拥玉楼晴启户，风生瑶海暮翻涛。官因立马看花担，渔忆闻莺罢竹篙。唯有杏园春事好，几人诗兴似吾曹。

海子岸，越桥，一说月桥，一说即西压桥前身，待考。不过，苑墙即萧墙，墙压桥而过即为越，走下越桥，越发感觉旁边的苑墙很高，似乎很有道理。

其《寒食暂出》：一百五日上街头，半晴半雨天悠悠。豪家出郭车争道，少妇当垆人上楼。辇路暗生芳草远，御沟平瞰碧波流。少年直把春偿酒，若个新诗纪胜游。

御沟就在道路旁边，能够“平瞰碧波流”，说明水位很接近人的视线，贴近地面。

其《望海潮·海子岸莫归金城坊》，若说元大都的水天秋色，当读这首诗词：

山含烟素，波明霞绮，西风太液池头。马似游龙，车如流水，归人何暇夷犹。丛薄拥金沟。更萧萧宫树，调弄新秋。十里烟波，几双鸥鹭两渔舟。

暮云楼阁深幽。正砧杵丁东，弦管咽啾。澹澹星河，荧荧灯火，一时清景难酬。马上试冥搜。填入耆卿谱，摹写风流。明日重来柳下，携酒教名讴。

海子岸，莫归即暮归，诗人迎着夕阳还家直至星河升起。宋褧长期任职翰林国史院，地处今旧鼓楼大街路西、海子北岸，家居大都西城金城坊，即今阜成门里南侧，上下班则必往返于海子桥、海子南岸的皇墙西大街（今地安门西大街）。因大都皇城居中阻碍的缘故，城东与城西唯有此一条道路贯通。从词中可以看到在初秋的暮色中，也是北京最好的季节里，走在海子和太液池边，道路上车水马龙很是热闹，一路上灌木丛中金水河又称金沟与萧墙、宫树相互伴随，海子十里烟波、渔舟唱晚、捣衣声中传来抚琴竹笛之音，远望西山、水天一色，这一座城市里居然有着如此辽阔的山水景致。天色很快转暗，转瞬即逝的风景，让诗人难抑诗情。翻开宋褧的《燕石集》，循其踪迹，我们可以借其眼光体验到大都海阔天空的别样景致。

其《冬日杂诗 其二》：金水桥西沙路低，东来翠幰与桥齐。不知夫壻何官职，后拥前驱过曲堤。

据此判断，此金水桥东西向，因为桥拱很高，西边的沙土路也很低，人轿若从东边来，只能看到轿子顶。此金水桥不会是皇宫正前方的南北向的金水桥，而是过金水河的东西向的桥。拱桥很高，也说明桥下的金水河水面比较高，贴近地面。

元代张和《金河桥期友纳凉不至作》① 也写道：

凉月鉴广津，微风集高树。翻翻栖鸟惊，杳杳流萤度。萧条旅中怀，伥望桥东路。有约君不来，无语独归去。

诗中金河桥、桥东路，与宋褧的金水桥大约是同一座桥，可能因为跨在金水河上，所以俗称金河桥、金水桥，桥东路即海子南岸的东西的道路。那么，此桥何在呢？依据宋褧的日常路线，其位置大约在元社稷坛的东北方向、今平安大街与赵登禹路相交处，横跨在西沟和金水河上。

---

① ［清］朱彝尊. 日下旧闻考：卷五十四·城市引·析津志［M］. 北京：北京古籍出版社，1988：871.

第十章

金水河桥

第一节　跨河跳槽

一、金水河走向

宋褧上下班途中与其相伴相行的金水河，最终流入皇宫御苑，但最终却消失在历史烟尘中，了无痕迹。据专家研究，北京的金水河其实有好几条，除了今天天安门前金水桥下的金水河外，积水潭西岸向西南连通西沟（今赵登禹路）北端横桥为一条，西单甘石桥东流入太液池为一条，北海公园北门北水闸向南经蚕坛、西板桥、景山西街至北筒子河为一条，还有故宫里的河流为内金水河。

本节所说的金水河是自和义门南水关进城，最终经陟山桥渡槽流到琼华岛万岁山上的金水河。元代马祖常（1279—1338年）有一首《玉河诗》描述这条金水河：

御沟春水晓潺潺，直似长虹曲似环。流入宫城才咫尺，便分天上与人间。

此诗传达出些许意思，值得玩味。直似长虹应该指的是御用河道金水河，曲似环到底指的是河道的弯曲还是桥梁的曲线，令人遐想。自元大都建成以来，与这条金水河有关的桥梁很多，如跨“运石大河”桥（地点待考）、三虎桥（或跨高梁河桥）、和义门（西直门）南水关跨护城河桥、横桥（虹桥、红桥或跨高梁河西河桥）、西压桥（北海后门）、陟山桥（琼岛东侧）等，均为金水河在桥上的渡桥。还有金水河在桥下的甘石桥、西安门（元皇城西红门）外桥、断魂桥、厂桥（长桥）等。在今赵登禹路（西沟或西河或沟沿）沿线还有马市桥，以及北大桥、南大桥、王公桥、赶马桥等20余座小桥，不见得都是元代始建，但肯定与这条河道变迁相关。算下来沿线将近有30座中小桥梁，其中多数还成为有名无实流传至今的地名。

金水河是在元大都城基本建成之后，在至元八年至十三年（1271—1276年）间，为解决皇城宫苑供水问题而特别修建的，因其引自西山玉泉，故名为金水河，又称玉河、御河。金水河是一条长达近20千米的全封闭的专门运送玉泉山泉水的人工渠道。其重要水源之一是玉泉山一带的诸泉水，其河道据有关文献考证位于现颐和园以下的南长河西、南侧，与南长河基本平行，经西直门南水关进城后，在西直门内大街横桥（红桥）、今赵登禹路北口处南折，顺赵登禹路和太平桥大街南流转为东、北两支，分别入太液池南、北。其中北支绕行西安门外，经厂桥、北海北门处转而南行进入大内。

如此大规模的特定专用引水系统，在北京历史上仅次于郭守敬引白浮泉水进京，并且成为历史上跨河跳槽最多的一条河渠。令人奇怪的是，金水河河道及有关桥梁长期以来一直无迹可寻，史书也记载不详。自玉泉山到火器营可能略有痕迹，以南到西直门一段则了无踪迹，进城后沿赵登禹路一段又与西沟搅混不清。侯仁之先生在他的《北平金水河考》一文中也留下些许疑问。元大都考古也仅理清了的城内金水河的河道位置，具体细节还有待考古证实。不过从清乾隆的一首诗中，可了解到南长河一侧的金水河直到清初可能还有局部留存：“金河高长河，玉河高倍蓰。设非次第蓄，一泻无余矣。”当时，调节水量的蓄水池、闸等还有存在。

为了确保金水河水不受污染，修建之初就采取了独特的工程措施，即凡与旧有河道交叉处，均修建“跨河跳槽”。跨河跳槽即渡槽、渡桥，即在过河桥梁的桥面上垒砌石渠，使流水过河，并在桥面砌石接缝处填充灰麻和桐油以防漏，这可谓北京最早的水道“立交桥”了。《元史·河渠志》记载：至元二十九年（1292年）二月，中书右丞马速忽等言：“金水河所经运石大河及高良河（即高梁河）西河俱有跨河跳槽，今已损坏，请新之。是年六月兴工，明年二月工毕。”说明通水不到20年，金水河渡槽已有损坏，需要维修。此段记载中的运石大河、高梁河、西河，一直为史家迷惑，侯仁之先生亦说过：这是一个问题。

与金水河交叉的主要河道首先是运石大河，有说是车箱渠即古高梁河。但是文中将运石大河与高梁河并列，与高梁河有可能无关。关于运石大河的位置，有说其位于金水河上游靠近玉泉山附近，有说为郭守敬所开金口河的分支，在今北洼路。要弄清楚，还需要结合西山石材的开掘地点的考古进行考察研究。

其次，关于“高梁河西河”，因其断句不同，成为多个颇有争议的情况，至

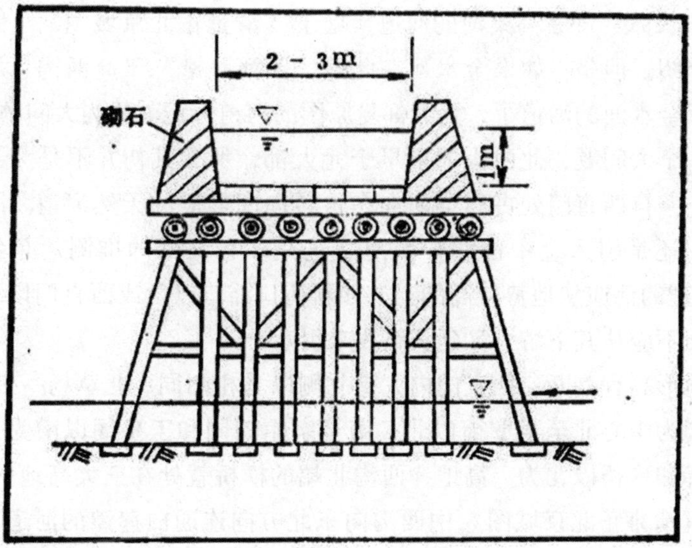

金水河跨河跳槽（引自蔡蕃《北京古运河与城市供水研究》）

少有三种说法：

一说“高梁河之西河”，指高梁河分为东西两段，此为其西段，即城外以西的高梁河。如果这样，即指的是高梁河本身，大致在今紫竹院、三虎桥附近金水河跨越古高梁河，即今南长河在紫竹院向西接古代车箱渠故道。也有人说此段即是上述运石大河的。

二说“高梁河、西河”，明言指的是两条河流。按照文字叙述顺序，高梁河为上述古高梁河，西河则另有所指。金水河既跨高梁河，也跨西河。

三说“高梁河西河”，指高梁河以西的一条河，其本名即为“高梁河西河”。金水河除了跨越运石大河，并没有跨越高梁河。那么这条“西河”作为下述的几条河道，都有可能：

（1）元大都的西护城河（简称：元护城河，即明清北京城西护城河，今天的西二环路和地下暗沟），金水河与之相交于城墙下。如此则大都西护城河早已有之，按照地理形势以这条西河引水向南直接进入金中都，比东边沿赵登禹路—太平桥大街下的西河引水更加合理，元借此傍河东岸修建城墙也是非常现实和方便的。

（2）或者指在大都城内，据有关文献考证为“开凿”于金代的南北向沟渠，即后来的大明壕，清代时尚称西沟（简称：西沟），在赵登禹路北端与西直门内大街交汇处曾经有一名为“横桥（红桥）”的小桥，桥下确曾有一条北通白莲潭（积水潭）即古高梁河的河道，见于《清雍正北京城图》（侯仁之）和蔡文中的介绍。但是，如果金水河在此桥“跨河跳槽”于此西沟，那么此西沟就不会是元金水河的河道了，元大都复原图的河道标记就成为大问题。

还有一个大问题，此西沟如果早于元大都，那么其初并不是为了引水开通的，而是一条自西直门处古高梁河向东再转向南伸展的天然河道。因为无论引水向南溉田还是引入金中都北护城河（这是多种文献的推测，亦名其为金水河)，最合理的话应从地势较高的上游如新街口豁口以西或西直门以北之高梁河段引水，而不应从其下游、又延长路线来引水。

根据地形高程判断，西直门内大街北侧以马相胡同、北草场一带为一高地，南侧以官园为中心北至半壁街以北、南至宗帽胡同和玉皇阁以南为一高地，东边自护国寺和厂桥以北为一高地，西沟北端的横桥就处在三大高地中心最低处，由此判断《清雍正北京城图》中西沟向东北方向连通白莲潭的河道，其河水应是流向白莲潭方向的，绝对不是也不能够从白莲潭（积水潭）向西南引水。

由此引发了另外一个问题，西沟的源头在哪里？笔者认为西沟的源头就在北京城的西北角，一种可能是从豁口以西（已经填平的太平湖，元抄纸坊泓渟处）分水东流，绕过北草场高地后转南接西沟，接近侯仁之先生绘制的《金中都城内外水道示意图》中的走向；一种可能就是自西直门处进城沿西内大街至横桥处转接西沟，西内大街在元以前可能就是一条河道，因修建大都而被遮蔽掩埋了。西沟南流河道和北通白莲潭的河道（东北流）只是这个源头的两个分支，保留下来成为排水沟。西沟应该早于元护城河，金中都引高梁河水至其北护城河就是利用了这条河道，而不是完全新开凿的。正是因其位于“三海大河”即古高梁河的西侧，所以名为高梁河西河。如果元护城河道早就存在，也就没有必要从西沟引水，也不会出现掩断其源头的情况。这件事的发生就在修建元大都也即修建金水河的时候，西沟能够保留下来自然是被当作城市的排水渠道，时间很近，所以名字还是叫高梁河西河。

那么，同时也可以推断金水河进入西直门南水关后不会径直走半壁街，而是拐向北侧沿着西内大街南侧流向横桥处“跨河跳槽”，然后转向南，沿着西沟东岸至马市桥方向，这样最便于施工和管理，与民宅、胡同的矛盾关系最少。不可想象，为皇家服务的引水工程会从密集的胡同院落中弯弯曲曲地穿过。

金水河水道的确切位置如何？是否有多条分支？而且“高梁河西河”其名就不是金水河，这样沿赵登禹路向南的西沟就与金水河完全无关了，那么与元史文献中关于金水河的记载如何解释呢？元太子宫、隆福宫、兴圣宫前，最终流向太液池的金水河又如何解释?

笔者推测:金水河应该是在“横桥”处跨过了高梁河西河,过河后并未向东,而是转向南,沿高梁河西河的东岸沟沿流经马市桥东,直到太平桥大街后才向东流,一直使用到明初被废弃,最终消失。高梁河西河则一直作为城内排水河道没有变化,后来变成了大明壕,并沿用至民国,如今的考古均可为证,但是它不是金水河。为什么呢?因为金水河是一条贴近地面的浅沟,而高梁河西河是一条深沟。

二、“马市桥,水自东流”辩

马市桥对于上述分析极为关键。《析津志·河闸桥梁》中有一条很重要的记载:

> 马市桥,水自东流入咸宜坊,西至囊八总管府桥,顺城门石桥,转东隆福宫桥,流入于太液池。流出周桥右。水自西北来,而转东至周桥,出东二红门,与光禄寺桥下水相合流出城。①

文中提到的马市桥为石拱桥,在今阜成门内大街与赵登禹路相交十字路口处,南北原为大明壕、西沟,桥以北又称北沟沿,以南为南沟沿。1930 年改造西沟时发现桥与下水道连为一体,被一并埋入地下,原桥拱券仍未损坏。② 上述引文,最为难解的是“水自东流入咸宜坊”。应该“向东流”才对呀,难道北京还有水倒流的河道吗?肯定不是,笔者提出是否可以说“水自桥东流入咸宜坊”呢?金水河在此或自北向南流或自西向东流,再怎么也不应自东向西流。其实,这里有断句问题。重新断句释解如下:“马市桥,(金水河)水自(该桥)东(侧向南)流入咸宜坊西,至囊八总管府桥,顺城门石桥(即甘石桥),转东隆福宫桥,流入于太液池,流出周桥(右)。右水自西北来,而转东至周桥,出东二红门,与光禄寺桥下水相合流出城。”

如此解读,不违文义,说明金水河不在马市桥下,也没有上马市桥,而是在马市桥东侧自北而南流过。咸宜坊在马市桥的东南区域,“水自东流入咸宜坊西”,即金水河自马市桥东侧向南流入咸宜坊西。流至今丰盛胡同和前泥洼胡同

---

① [元] 熊梦祥. 析津志辑佚·河闸桥梁 [M]. 北京:北京古籍出版社,1983:100-101.

② 《北京百科全书西城卷》编辑委员会. 北京百科全书西城卷 [M]. 北京:奥林匹克出版社,2000:110.

之间再转向东南流，沿西斜街过甘石桥（今西单北大街道路下），然后顺东斜街东北流向大都西萧墙外。直到多年以后才在甘石桥下另外开辟东支，沿今灵境胡同方向进入西苑太子宫和隆福宫前苑，汇入太液池。

关于马市桥有一首老北京歌谣值得玩味：

> 平则门，拉大弓，过去就是朝天宫；朝天宫，写大字，过去就是白塔寺；白塔寺，挂红袍，过去就是马市桥；马市桥，跳三跳，过去就是帝王庙；帝王庙，绕葫芦，隔壁就是四牌楼。

为什么过马市桥要“跳三跳”？有人说过桥时需要跳过好几个积水坑，有可能。但在桥上出现好几个积水坑，时间还很长，居然值得写进歌谣传唱，这种可能性太小了。推测最大可能是要连续过桥，一是马市桥，二是马市桥东边的金水河桥，跟坐过山车一样。

文中“流出周桥右”如何理解？周桥右，按照中国传统左东右西方位解读，应该是“周桥西侧”。考察文字“流出周桥右”，唯一准确的意义是水还没有流过周桥，只是在周桥西侧流出太液池而已。其后“转东至周桥，出东二红门”。也可以理解“流出周桥”，表明从一个较大水体即太液池流出，流出的第一座桥即周桥，相当于水从周桥最终流出太液池。下句为前文叙述的总括：“右水自西北来，而转东至周桥”，“右水”一方面是指西边的金水，一方面是因为古籍书页排版，汉字竖向左书，“右某”之某恰在右侧而已，如同现在文章“上述”“前述”一样，“右水”即指本段文章主题：金水河。可以猜测，《析津志·河闸桥梁》的文本内容是以水为纲、以水带桥，不应该是《析津志辑佚》中把各个桥梁罗列起来的叙述结构。

第二节　金水萧墙

一、皇城西

金水河进城后之所以跨西沟转而向南，至甘石桥再转而向北，推测有几个缘由：

（1）地势使然，使得渠水流而不急。如由赵登禹路北口直向东南流到（平安里处）皇城北墙下，地面坡度过大，一是冲刷大，二是不可行舟，三是无益于南面需求。金元时，北京地面比如今要低一些，而且是高处愈高、低处愈低，至今平安里路口向东到北海后门一线的地面坡度还是相当大的。

（2）向南有用水需求，防火、饮马，还有沿途的和义行用库、社稷坛、大圣寿万安寺（白塔寺）、蠢八总管府、各式仓库等，以及元太液池西边的前苑隆福宫、西苑太子宫、后苑兴圣宫等处的用水需要（虽然其开凿通水在时间上要晚一些，但应在规划之中）。

《析津志·河闸桥梁》中有一条记录："蒲萄（即葡萄）园金河（桥）一。"可能说明在今白塔寺即元大圣寿万安寺北的葡萄园胡同附近，有葡萄园，需要灌溉，且邻近金水河，其上有桥。

（3）皇城萧墙外壕沟即西护城河用水需要。金水河作为皇家水道，不让民众取用，但宫人还是可乘小船直入大内。其时，萧墙只是整个大内的外围垣墙，并不称为皇城，后来才起建皇城墙。在1271—1276年间，元大都引金水，建引水渠，实为防火用水、饮马用水，同时也是为"皇城护城河"的雏形——壕沟引水。对于骑马民族，即使定居下来，高墙意识还是很淡漠的。所以引水同期建萧墙，初期仅为篱笆式围栏，以拦马（以水饮马，故而周边马场多、驻军多，至今留下太仆寺地名）。到了1290年前，皇城周边还在让军队列阵防守，而不是高大的城墙。大都皇城墙垣的全部建成，应在成宗初年，即元贞二年（1296年）十月以前。晚于开金水河20年。通惠河即御河（玉河）自至元二十九年（1292年）开工，至元三十年（1293年）完工，元世祖将此河命名为通惠河。说明御河的开凿也早于萧墙的改建，但晚于金水河，有可能是随着东侧壕沟的最终形成，才开始改建萧墙的。

随着简陋的萧墙被改建为墙垣，墙外驻军，城墙名为红门阑马墙。墙外则延续了不那么规整的城壕——东边是海子出万宁桥后经东步量桥（东不压桥）曲转南行的御河，南边是从太液池东出流过周桥（今端门附近）的南金水河，西边就是经甘石桥、东斜街转向北直到皇城西北角的金水河，北边也是这条金水河向东到达北海后门，所以北边和西、南的城壕不是很平直。

甘石桥，又名干石桥。建于元代，位于元顺承门内、阜财坊东北，横跨在小河漕上。《析津志》所谓：顺承门内石桥，当指此桥。现位置在灵境胡同西口和西斜街东口的西单北大街道路下面。呈南北走向的单拱弧面石桥，桥长38米，桥面宽12米，桥孔高2米，宽3.5米。桥上石栏板已无存，桥身尚保存原状，因修建道路埋于地下。桥距马路东便道约12米，距马路西便道约22米，桥拱最高处距马路路面约 0.3 米。今西单北大街原称甘石桥大街，缘此。①

金水河过甘石桥后之所以沿东斜街斜向东北贴近皇城，笔者推测斜街与皇城之间本属于皇城一部分，即元太子宫“西苑”之地，后不知何时将皇城取直（估计 1296 年筑垣墙时）。

《析津志》记：“云岩观，在金水河西，与高□寺邻。”“大德元年，（黄道盈）云游至大都集庆里，得地二亩，建云岩观，起三清殿，殿之后建一室，为供老人之计。”此大都集庆里应为紧邻西皇城的集庆坊，即今平安里南部，金水河即萧墙西护城河。引文中“高□寺”，有学者提出为护国寺前身崇国寺笔误。护国寺是北京八大寺庙之一，始建于元代。原为元丞相托克托官邸，初名崇国寺（北寺）。明宣德四年（1429 年）更名为大隆善寺，明成化八年（1472 年）赐名为大隆善护国寺。这是有道理的。

关于云岩观，有元代宋褧《咏御沟》② 诗为证，笔者于括号中加注：

> 决决穿云出涧初（源自玉泉山），千回百折到皇居。行人不敢来饮马，稚子时能坐钓鱼。内史府前晴滉瀁（流过官府门前），云岩观后晚舒徐（观之身后，观坐东朝西）。波漫略彴（小木桥，金水河上有木桥）通丹禁，风飏辎軿（宫女车轿正过桥）映画裾。三月霏烟著柳杨，九秋凉露泣芙蓉。荒唐莫说流红怨，自是清涟解起予。

御沟即金水河，诗中所提云岩观当为御沟西集庆里的云岩观，位于护国寺以南，其位置大约在今毛家湾、太平仓胡同一带，坐东朝西，背后就是金水河和萧墙。

《元史》志第十六河渠一记录：

> 至大四年（1311 年）七月，奉旨引金水河水注之光天殿西花园石山前旧池，置闸四以节水。闰七月兴工，九月成，凡役夫匠二十九，为工二千七百二十三，除妨工，实役六十五日。……隆福宫前河，其水与太液池通。英宗至治二年（1322 年）五月，奉敕云：“昔在世祖时，金水河濯手有禁，今则洗马者有之。比至秋疏涤，禁诸人毋得污

---

① 《北京百科全书西城卷》编辑委员会. 北京百科全书西城卷［M］. 北京：奥林匹克出版社，2000：110.

② 段天顺，李永善. 水和北京：北京历代咏水诗歌选［M］. 北京：中国水利水电出版社，2006：56.

秽。”于是会计修浚，三年四月兴工，五月工毕，凡役军八百，为工五千六百三十五。

《日下旧闻考》引《南村辍耕录》记御苑：

> 御苑在隆福宫西，后妃多居焉。香殿在石假山上，……圆殿在山前，……后有流杯池，池东西流水圆亭二，……东西水心亭在歇山殿池中，……池引金水注焉。
>
> 兴圣宫中建小直殿，引邃河分流其下，甃以白石，翼为仙桥，四起琐窗而抱彩楼。
>
> 至大元年（1308 年）二月，建兴圣宫。①

邃为深邃幽深之意，平地而起的兴圣宫苑中所谓邃河当为人工暗河。“甃以白石，翼为仙桥”，应指小直殿四周围以水池，池上建白石桥，类同北海公园里的小西天极乐世界。

上述金水河即为从甘石桥向东的分支，而且是在金水河北支修建通水约 50 年之后才开通的，更加证明了北支的存在和重要意义。之所以皇城西护城河不采取自北向南流，是因为前面提到的如地形限制和水量有限情况下，统筹兼顾的最优设计方案，如从西直门内大街直接向东南流到北萧墙外，既无法照顾西护城河，若分支西护城河，还是无法照顾到西边的社稷坛、白塔寺、蘘八总管府等处用水。上述推测的河道位置及走向其实与元大都考古结论和《元大都复原图》② 基本上吻合，笔者在此不过是再加论证而已。

据说在兴圣宫前还有一条水：“在今刘兰塑胡同之西，西什库东南角上旧有一石桥。一九三七年以前尚留有遗迹，今已废弃，难指其确处。但是，可以证明此处确有一水流过，可能是兴圣宫前之水。”③ 不排除也是金水河后期的一条小分支。

据考古记录，20 世纪 50 年代，拆西皇城墙时发现了城墙西南角处拐角基础，但未做发掘。40 年后，考古人员为配合西黄城根道路改造工程，对这处转角遗址与墙基下的一处过水涵洞进行了考古发掘。发现城墙转角自上而下依次

---

① ［清］朱彝尊. 日下旧闻考：卷三十一 宫室［M］. 北京：北京古籍出版社，1988：454.

② 汪德华. 中国城市规划史［M］. 南京：东南大学出版社，2014：105.

③《建筑史专辑》编辑委员会. 科技史文集（二）：建筑史专辑［M］. 上海：上海科学技术出版社，1979：25.

为 1.3 米残高的墙体、两层砖砌的墙基与三合土夯土层。它的发现，准确地标定了明清皇城的西南角。此外，在该转角北侧 3.75 米处发现一地下过水涵洞，东西两端各置铁栅一道。涵洞两侧连接东西向砖砌沟渠。结合 20 世纪 70 年代曾在甘石桥下发现一条水道，与该涵洞的沟渠属于同一时期，且可以连为一体。考古判断由此确定了这条水道就是金水河向东的分支，也确定了金水河分支进入皇城的具体位置。① 不过这支分支修建于金水河主河道开通近 50 年之后。

二、皇城北

《析津志·河闸桥梁》中有关北金水河的记载如下：

“万新仓金水河（桥）一。”说明万新仓在大都西城或北城，邻近金水河，具体方位不清。

“海子西金水河（桥）一。”说明在今地安门西大街，元皇城北萧墙外跨北金水河（护城壕）上有桥，一说为今厂桥前身。

“象房在海子桥金水河北一带。”再次说明北金水河邻近海子一带。

北金水河直到明代还存在，袁宏道在其《答梅客生》② 文中写道：“一春寒甚，西直门外，柳尚无萌蘖（言西直门外柳树还未发芽，尚不可游）。花朝之夕，月甚明，寒风割目，与舍弟闲步东直道上（东直门内大街），兴不可遏，遂由北安门（清改名地安门）至药王庙（地安门西边路北），观御河水（即金水河）。时冰皮未解，一望浩白，冷光与月相磨，寒气酸骨。”文中描述了北金水河的位置和冬季结冰情况。

金水河绕行今平安里在地形上合辙，如果抄近路走兴圣宫南侧斜向东北再奔北海后门，看似便捷，但地势先下后上，不符合水流规则。

三、皇城东

皇城东不是金水河，是通惠河，也称御河、玉河，其上有多座御河桥。

根据文献考证，需要说明的是通惠河也不完全是新开河。通惠河起自大都城北的海子，出万宁桥、澄清闸东南行，穿过皇城东北角，沿今南、北河沿大街一线向南。当时大街是河道，元大都皇城东萧墙就在该河的西岸不远。《元史·赵孟頫传》中记述说，元朝初年，赵孟頫上朝时骑马经“行东御墙外，道

---

① 郭京宁. 穿越皇城［M］. 上海：上海古籍出版社，2014：37.

② ［明］袁宏道. 袁宏道散文注评［M］. 孙虹，谭学纯，注评. 上海：上海古籍出版社，2016：105.

险，孟頫马跌堕于河”。说赵孟頫摔下马、跌入玉河。丞相桑哥将此事报告元世祖。元世祖对赵孟頫十分关心，为此特下令“移筑御墙稍西二丈许”，以免赵孟頫再次为上朝跌入河沟中。为什么赵孟頫会走到萧墙与护城河之间呢？因为元初的萧墙只是栅栏或“木骨泥墙”，而且通惠河开凿前只是一条小河沟，估计赵孟頫是为了抄近道走到墙根下的小道上。通惠河开通前就是利用旧有河沟作为护城河的，水道水源皆近似后来的通惠河，河沟还比较浅狭，郭守敬依此掘宽掘深为通惠河，而不是平地挖新河。赵孟頫堕河事发生在至元二十七年（1290年），也就是通惠河开凿前三年。由此可见，在通惠河开通以前，今南、北河沿大街就已经有一条河沟了。至元三十年（1293 年）九月，平章不灰木奏言在这里建仓，正是通惠河凿成通航的当年。这条皇城东墙外的河沟已经加深、加宽成为通惠河的航道。由于河道的西侧是元朝皇城的东墙，又称东御墙，所以这段河道也叫御河。不灰木奏言中所说的“东城红门内隙地”，指的就是已因“堕河事件”而向西移筑二丈许后的东皇城墙内空地。在得到元世祖的允许后，至元三十年（1293 年）这道皇城东墙又向内即向西收进去了 50 余步。按一步折合五尺计算，这次东皇城墙向西又移了近 25 丈左右（约 83. 3 米）。两次则一共向西移进了近 30 丈（约 100 米）。元朝政府在通惠河经今南、北河沿大街的西岸的原东皇城内空地上又盖造了不少京仓。

第三节 地上金水河

一、濯手有禁

为了保证金水河的水质并防止污染，除经常修浚外，还有严格的管理制度，如禁止上游设置水碾、水磨，禁止在河内洗涤，“濯手有禁”，连洗手都禁止。《都水监纪事》云：

> 金水入大内，敢有浴者、浣衣者，弃土石瓴甋其中，驱牛马往饮者，皆执而笞之。屋于岸道因以陋病（狭窄因而影响）牵舟者，则毁其屋，碾硙（以细碎之物污染）金水上游者，亦撤之。

此外还下令禁止在玉泉山“樵采渔弋”以涵养水源。此条记录同时说明了金水河不同于自然河道的形态，其两边的天然沟渠、坡面排水等与此河是不连通的，否则难以控制污染。而且金水河是一条沟渠和“岸道”并行、河渠宽度甚至可以行小舟（需要拉纤）、也是封闭（设有出水口和蓄水池）的输水渠道。

此河渠之水首先应该用于饮用，其次用于园林和皇家游乐。否则，花费如此大的物力和心机，只是为了浇园子，很不值得。故而“牵舟”也是需要的，当然只许皇帝嫔妃一家游玩，但也未尝不可用于运送一些珍玩细软和美食鲜花到皇宫御园里受用。基于如此需要，其河流坡降就不可过急，也要保证能够逆水行舟，金水河河道就要拉长以降低坡度。再有，萨都拉《立春御沟作》：

> 燕姬白马青丝韁，短衣窄袖银镫光。御沟饮马不回首，贪看柳花飞过墙。

看来，老百姓是不能使用金水的，但皇家可以饮马，当然行舟也是可以的，管束就严厉了。即使在皇城之内，为保证水质不受影响，也多有“水道立交工程”。至治三年三月，大都河道提举司言：“海子南岸东西道路，当两城要冲，金水河浸润于其上（位于道路堤坝之上），海子风浪冲啮于其下（堤坝北侧面临海子，即什刹海前海前身），且道狭，不时溃陷泥泞，车马艰于往来，如以石砌之，实永久之计也。”“泰定元年四月，工部应副工物，七月兴工，八月工毕，凡用夫匠二百八十七人。”此段文字足可证明金水河在今北海北门处是一条修建在河堤上和道路旁边的石砌渠道，并且跨越了西步量桥（西压桥）。《元大都复原图》① 所描绘的金水河在今北海北门西侧未过河堤而直接流入太液池是完全错误的。

实际上，金水河是顺皇城北墙外流过上述河堤后右转，沿太液池东岸南行，其河道的具体位置难以确切断定。但在北海东边目前还保留一股水脉，疑为金水河遗迹。即在北海幼儿园原“先蚕坛”东侧有条南北走向的小河叫浴蚕河，往南流进画舫斋、濠濮间。

二、陟山渡桥

金水向南经过万岁山附近时，一水分为两支，一支转东直入位于东南的“元大内”，如《都水监纪事》记：“金水入大内”。现存沟渠水流至濠濮间南侧水闸出北海公园东墙，至西板桥（1973 年填埋，2018 年挖出）南折，经白石桥沿景山公园西墙、穿过鸳鸯桥后，注入故宫筒子河，向南隔河可对接故宫内金

① 汪德华. 中国城市规划史［M］. 南京：东南大学出版社，2014：105.

水河，也流至周桥（内金水桥）。另外一支则过石桥（陟山桥前身）来到万岁山下。

据《南村辍耕录》① 记载：万岁山“山之东有石桥，长七十六尺，阔四十一尺，半为石渠以载金水，而流于山后，以汲于山顶也”。这是一条建在桥梁上的渠道，渠道占有小半个桥面，达20.5尺宽，合8.09米。② 若取渠道侧墙宽二尺合0.79米，渠道净宽近6.51米，这条渠道可说是一条大渠了。这座桥就是北海陟山桥的前身，位于现在陟山桥的位置或北侧不远的地方。金水过桥后通过“转机运戽，汲水至山顶，出石龙口，注方池，伏流至仁智殿后，有石刻蟠龙，昂首喷水仰出，然后由东西流入于太液池”。这是750年前北京最壮观的人造水景。还可推测这条引水渠的水量不可能都提升到万岁山上，一部分应该直接归入了太液池。

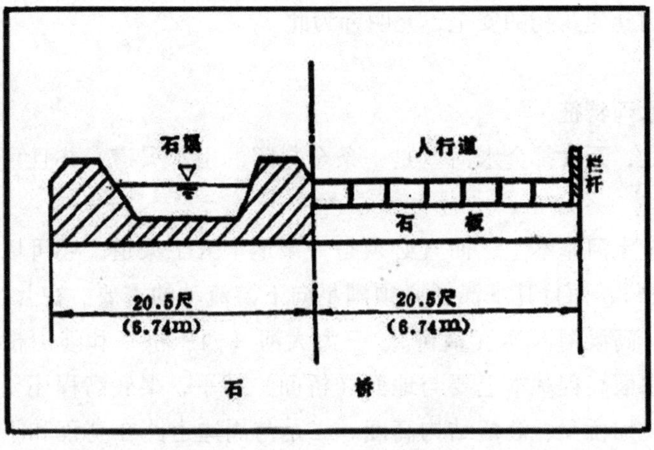

陟山桥跨河跳槽示意图（引自蔡蕃《北京古运河与城市供水研究》）

上述情形说明无论什刹海前还是陟山桥位置，金水河均“跨河跳槽”无疑，且必然是紧贴地面的一条人造河渠。

金水河为什么要修成这个样子呢？仅仅为皇帝的乐趣吗？元大都金水河几

① ［元］陶宗仪. 南村辍耕录：卷十八［M］. 北京：中华书局，1958：225. 注：此段文字有人断句：“阔四十一尺半，为石渠以载金水。”笔者重新断句：“阔四十一尺，半为石渠以载金水。”因为此段文字强调以桥渡水，若仅交代桥宽而不顾渠宽，不妥。两者兼顾才合理。

② 注：一元尺合今0.3944米，一元步五尺，一元步为1.972米。

乎完全类同于南宋汴京的金水河，进入汴梁的东京城后是“夹墙遮墉”的地上河，① 因而汴京内城的北水门和皇城北水门成为两座地上水门。其实这不仅是大都模仿汴京的结果，据《元大都的勘查与发掘》② 记载，明太监刘若愚解释说：

> 是河（指金水河）也，非为鱼泳在藻，以资游赏；亦非过为曲，以耗物料。恐以外回禄之变，此水实可赖。天启四年六科廊灾；六年武英殿西油漆作灾，皆得此水之力；而鼎建皇极等殿大凡泥灰等项，皆得此水之力……又如：天启年一号殿哕鸾宫被灾者二次，如只靠井中汲水，能救几何耶？疏通此河脉诚急务也！

所以，金水河之所以贯通西城、北城如此大的区域，其目的是防火抢险，主要是保证宫廷建筑物的安全，元明皆为此。

三、金水河特征

由上观之，元大都金水河就是一条全封闭的引水渠道，并且可以推测金水河的特点：

第一，金水河基本上，而且必须是一条地上人工渠道，还可以行船。因为要“跨河跳槽”，而且其水流还必须满足向下游流动的需要。在几个关键节点，如运石大河、高梁河西河（横桥）、三海大河（西压桥）和陟山桥等河湖交叉处，一是其水面高程基本上要与地面（桥面）持平，渠底高程还要高于所跨河流的最高水位加桥梁、渡槽结构高度。二是与周边道路在高程和平面上要相匹配，其坡度达到非常均匀平缓的程度，其勘测设计与施工测量都是极其高超的。

第二，在交通要道处，渠道不能够太宽，否则影响交通。

第三，这样修建的渠道有诸多好处，一是便于修建，建造速度快，当然维护其不要“跑冒滴漏”的难度很大，到底是如何做到的，值得深入研究。二是便于封闭管理，对周边环境污染便于管控。三是便于取水，以保证宫苑消防需要。

第四，当其渠道破损跑水时，对周边威胁较大，但多数渠段均贴近地面，类似江南水乡的街面沟渠，所以问题不大。

---

① 梁思成，林徽因．中国建筑史［M］．北京：生活·读书·新知三联书店，2011：53.

② 元大都考古队．元大都的勘查与发掘［J］．考古，1972（1）：19-28.

第五，最大的问题是冬季结冰与风沙危害。冬季肯定断流，至于风沙，历史记载不多，但在《元史》中有记录：至治三年（1323 年）四月“浚金水河”。至顺二年（1331 年）五月“调卫兵浚金水河”。至正二十七年（1367 年）三月“京师大风、飞沙扬砾”，整整刮了一天一夜。看来，风沙淤塞也是经常发生的。

第六，如果金水河要流过今北海北门处的早期河堤（比现在可能低一些，但不会很多，因为附近有万宁桥、东不压桥古桥的位置和高程为证，还有元时海子水面、水量均比现在更大），那么其上游如沿着高梁河西河走，过深的西沟（大明壕）就不可用，正如前述推测，它根本就不能也不是金水河故道。

第七，金水河要流经今北海北门向南再过陟山桥，考虑到元陟山桥桥面应该很低甚至贴近水面，其河道坡度方可允许自流到万岁山上。

第八，当其消失的时候，比较快、比较彻底，甚至不留痕迹。正因如此，所以至今才难以发现这条金水河的踪迹，历史记载也基本上缺失。

金水河的河底标高在西直门水关处应该高于护城河水位，在跨越古高梁河时要高于两岸的河堤，所以在西直门外这一段，渠底基本接近现今地面高程。自此以上至玉泉山大部分都要高于此标高，而自西直门南水关起，虽然低于此标高，但也基本上保持水面与地面持平高度。所以金水河是紧贴地面修建的一条比较直的、既浅且窄的石砌渠道，地势高处略下挖，地势低处用石块垒砌而成。因其易于建成，也易于毁灭，所以在其废弃后便很快完全消失了。如果要追寻考证这条河流的遗迹，不要去找地下的河道，而要去发现地面上的石砌基础。

跨河跳槽的水道不止金水河，还有北京西山的引水石槽（引水石渠）体系中也有这种结构。清代在香山及卧佛寺引流泉水的石渠工程中，充分发挥了渡槽的作用。“皆凿石为槽以通水道。地势高则置槽于平地，覆以石瓦；地势下则于垣上置槽。”① 水槽上垣墙被称为河墙，至今遗留的“河墙烟柳”成为北京水利史的难得一景。当时石槽是由整块石料斜凿出 U 形槽，宽 60~70 厘米。从香山引出石渠，经过滚水坝上的渡槽跨过东南泄水河。香山的石槽工程大约在八国联军入侵北京，西山诸园被焚殆尽后而失于修治，逐渐毁废。石槽遗迹至今还可见多处。1959 年，香山公园拓建静翠湖时，拆掉了静宜园内的大部分石槽垒砌湖岸，而园外则被垒做梯田之用了。

---

① ［清］朱彝尊．日下旧闻考［M］．北京：北京古籍出版社，1988：1672.

第十一章

金鳌玉蝀

第一节　陟山蓬莱

一、蓬莱仙境

现在大家如果到北海公园游玩，可以从南面、西南门、东门和北门进出，但是你可知道哪个门是北海公园的正门吗？许多人可能对这个问题有点懵？打小就去北海公园，至今还真可能不清楚北海公园的正门是哪个，很多人或直接把南门当作正门。

北海公园和中南海称为“西苑三海”又俗称“三海大河”，是北京中轴线上的最重要的水脉、宫苑、园林，是构成北京城宏伟气象和古都山水风貌的不可忽视的重要组成部分，试想若没有“三海大河”这条水脉或“水龙”，北京不仅将失去灵性，而且也将失去古都新生的活力，难以坚守国都地位直到如今生机盎然的国际化大都市。所以，北京中轴线申遗不能仅仅着眼在故宫南北中心线或“陆龙”范围，据古都北京的风水龙脉形态，在中轴线的起源、空间规划和文化内涵方面，陆龙是不能单独成立的，水龙是不可或缺的，两者不可分离，而且这两条龙脉是依靠桥梁紧密联系在一起的。那么到底是哪一座桥有着如此举足轻重的作用呢？

北海公园这里原是辽、金、元建离宫，明、清辟为帝王御苑，是中国现存最古老、最完整、最具综合性和代表性的皇家园林之一，1925 年开放为公园。据历史记载，辽太宗耶律德光在会同元年（938 年）建都燕京后，就在城东北郊“白莲潭”（三海）建“瑶屿行宫”。但是否建有“广寒殿”，难以确定。有学者依据《辽史》记：“西城巅有凉殿（广寒殿），东北隅有燕角楼、坊市、观，盖不胜书。”细看，这西城巅应该不是指今北海琼华岛，似指辽南京的西部。但明《洪武北平图经》记："琼华岛辽时为瑶屿"，以上史实似可说明"瑶屿行宫"的存在无疑。而且对于琼华岛南边的团城，据说至今已经有 800 多年的历史。如辽代时就开挖湖泊堆积泥土日渐形成了水中岛屿，称为"圆坻"。金灭辽后，金世宗完颜雍以琼花岛为中心建造了太宁宫，又将挖湖的泥土扩充琼花岛和圆坻。元至元元年（1264 年）元世祖忽必烈营建元大都城，选定琼华岛为行宫，并以琼华岛为中心名为万岁山，以东为大内、以西为皇太后的兴圣宫和皇太子的隆福宫。

中国历代皇帝都喜欢把自己居住的地方建成蓬莱仙境，源于中国古代的仙境文化，特别是蓬莱神话，其源头在蓬莱、方丈、瀛洲"三仙山"，是秦始皇、汉武帝寻仙访药祈求长生不老的地方，也是中国神话的源头之一，"人间仙境"的美誉由此得来。"三仙山"被誉为"神话仙境，蓬莱再现"，既有北方皇家园林之雄，又有南方私家园林之秀，集中国古典园林之大成，展示出一幅人与自然和谐、天人合一的美妙绝伦的画卷。把神话传说中虚无缥缈而又令人神往的三座仙山真实地展现在世人面前，以满足人们拜仙祈福，祈求长生不老的美好愿望。所以数千年来，围绕皇家宫苑的营造，就形成了以"一池三山"的格局构筑仙山幻境的蓝图，成为一种最高级的理想化、神秘化、模式化的理想空间营造方式。辽金时期在当时的北京都城西部的御苑中就有经典的营造形态，如西湖和鱼藻池，今北京西客站旁边的莲花池和鸭子桥附近的青年湖就是其遗址。而以琼华岛为中心的西苑三海，则是中国古代蓬莱仙境最具想象力的登峰造极之作，而且延续保留至今，得以让我们窥见中国古代人间仙境的景致。如"太液池"为一池，琼岛万岁山是"蓬莱"，圆坻就是"瀛洲"，所以圆坻上的仪天殿也叫"瀛洲圆殿"。这些景象基本上在金元时期就已经完全具备了。

二、万岁山第一桥

对此，陶宗仪在《南村辍耕录》中有详细记载：

> 万岁山在大内西北太液池之阳（北海南侧），金人名琼花岛。中统三年（1262 年），修缮之。其山皆以玲珑石叠垒，峰峦隐映，松桧隆郁，秀若天成。引金水河至其后，转机运㪺斗，汲水至山顶。山石龙口，注方池，伏流至仁智殿后，有石刻蟠龙，昂首喷水仰出，然后东西流入于太液池。山上有广寒殿七间，仁智殿则在山半，为屋三间。山前白玉石桥，长二百尺。直仪天殿后，殿在太液池中圆坻上，十一楹，正对万岁山。

说得很清楚，万岁山上建有广寒殿，圆坻上建有仪天殿，两座岛之间有白玉石桥，长200尺，约78.9米。今天的永安桥长85米，宽7.6米，两侧有望柱48根。长度比较接近。

陶宗仪（1329—约1412年），字九成，号南村，为元末明初文人。元至正八年（1348年）前后，携全家避乱到华亭，开始创作《南村辍耕录》。最早刻本是元末建阳刻本，卷前有青溪野史邵亨贞《南村辍耕录疏》，至正丙午（1366年）夏六月江阴孙作（大雅）序。可见，陶宗仪所记录的永安桥前身为汉白玉石桥，元代就有了，且不晚于1348年。

当时的琼华岛和团城已经四面环水，经过元代的进一步营造，极大地扩展了水面，形成烟波浩渺的景致。为此，忽必烈在万岁山的东、南两面各建有桥。金代和元代早期，这里到底是木桥还是石桥，难以为据。但从金章宗的飞渡桥、飞虹桥、御龙桥和龙津桥、高梁河白玉石桥，以及卢沟桥，无论修建材料、施工技术和艺术美学的追求，在这蓬莱仙境般的行宫所在，以皇家之伟力是不会排除白玉石桥方案的。

所以，为慎重起见，根据上述资料，可以说早期可能为木桥，元中期改为石桥。万岁山东为石桥，接太液池东岸可入大内宫殿，即陟山桥前身；南为石桥，接上圆坻，即永安桥的前身。在圆坻南侧修建了一短、一长两座可以连起来的木桥。东侧为短木桥连接圆坻和太液池东岸，上岸不远可通过大内夹垣进入厚载门东边的小红门。西侧为长木桥，也是大都当时最长的木桥，连接圆坻和太液池西岸隆福宫与兴圣宫之间的两宫夹垣，很方便进入西岸的两座皇宫。长桥中间有两只大船，每当皇帝过桥，留守官便移舟断桥，以禁来往，这就是北海大桥的前身。

之所以说元代为石桥，陶宗仪在《南村辍耕录》中记载万岁山的由来和风水环境可作为背景旁证：

> 山（万岁山）之东也为灵囿，奇兽珍禽在焉。车驾岁巡上都，先宴百官于此。浙省参政赤德尔尝云："向任留守司都事时，闻故老言，国家起朔漠日，塞上有一山，形势雄伟。金人望气者，谓此山有王气，非我之利。"金人谋欲厌胜之，计无所出，时国已多事，乃求通好人贡，既而曰："他无所冀，愿得某山以镇奈我土耳。"众皆鄙笑面许之。金人乃大发卒凿掘，辇运至幽州城北，积累成山，因开挑海子，栽植花木，营构宫殿，以为游幸之所。未几，金亡，世皇徙都之。至元四年，兴筑宫城，山适在禁中，遂赐今名云。留守司在宫城西南角楼之

南，专掌宫禁工役者。

陶宗仪还讲到万岁山下两座石桥，本书上一章曾引述部分，在此全引如下：

> 山前有白玉石桥，长二百余尺，直仪天殿后。桥之北有玲珑石，拥木门五，门皆为石色。内有隙地，对立日月石。西有石棋枰，又有石坐床。左右皆有登山之径，萦纡万石中，洞府出入，宛转相迷。至一殿一亭，各擅一景之妙。山之东有石桥，长七十六尺，阔四十一尺，半为石渠以载金水，而流于山后，以汲于山顶也。又东为灵圃，奇兽珍禽在焉。

山前石桥已如前述，摹写一致。特别重要的是“山之东有石桥”，长 76 尺、约今整 30 米，宽 16.17 米。今天的陟山桥长 32 米，宽 7.1 米，为砖拱桥，桥基和栏板石造。但元代是石桥，长度与今天很接近，宽度则大大缩小了。借此我们看一看，这座早期的渡桥，即使不算最早，但也是北京历史上有记录的最早最大的石造渡桥了。尤其令人瞩目的是这座园林桥的宽度达到 16.17 米，比卢沟桥的宽度 7.5 米、赵州桥的宽度 9 米、金鳌玉蝀桥的宽度 8 米、万宁桥的宽度 10 米、朝宗桥的宽度 13.3 米、八里桥的宽度 16 米、清河广济桥的宽度 12.46 米都要宽。后面的这些桥可都是公路上的大桥，只有八里桥的宽度相当接近。当然，与正阳桥无法相比，正阳桥宽度达 32.96 米是陟山桥的 2 倍。修如此宽的桥，就是为了在桥上建水渠，金水河的宽度居然占了一半，水面宽就将近 6.5 米，完全可以划船过桥了。

到了清乾隆五年（1740 年），“将旧桥拆除，向南挪动一段距离后建起了砖石结构的三孔高拱券桥，最终形成现在陟山桥的样子。桥基为花岗岩，桥身和拱券均为烧制青砖砌成，桥上桥面石、仰天石、44 根望柱、41 块护栏板均为青砂石制成。陟山桥的高大浑厚与颐和园后山的三孔桥有相似之处。1951 年翻新桥面石，添配残缺望柱和护栏板。1974 年在望柱和护栏板内侧添加了金属护栏杆，桥面砖石全部更新。”①

北海公园的东门就是位于陟山门街对着的陟山门，门里就是陟山桥。这条街、这座门、这座桥，还有一座牌楼，连接贯通着景山西门和北海公园的东门与东门里面的琼华岛、智珠殿。

---

① 梁欣立. 北京古桥［M］. 北京：北京图书馆出版社，2007：41.

1922年，琼岛东侧陟山桥影像

1930年，北海公园琼岛东南面全景，“左为永安桥，右为陟山桥”（明信片）

陟山桥现状和陟山门（摄影 王锐英）

陟山桥牌楼立于陟山桥西头，牌楼是四柱三间三层金色琉璃檐顶的木制牌楼，也叫智珠牌楼，是北京唯一的一座如意斗拱式牌楼。此牌楼气势宏大，古朴典雅。正楼十二攒如意斗拱，十一处倒垂莲柱，歇山顶大脊上覆盖着闪闪发光的琉璃瓦，牌楼四柱三檐，大点金旋子式的彩画分外夺目。据说此“陟山牌楼”是中国古牌楼中独一无二的佳作。牌楼两侧就是陟山起点。

“陟山”就是登山，无论进景山还是登琼华岛，进门登山，登为陟，天经地义。陟字早就有，《书·舜典》：“汝陟帝位。”又《尔雅·释山》：“山三袭陟。疏：山之形若三山重累者名陟。”可用于登上帝位，也可以形容为山。用在此地此景，既文雅又深奥，一语双关。唯有陟山桥才是中轴线陆龙与水龙两条龙脉相互通气的所在，经过这座桥的不仅有人、有车、有马，还有水。如果你走上陟山桥，表明你开始进入了蓬莱仙境，这里才是进入琼华岛万岁山的第一桥，陟山门才是唯一的北海公园的正门，其他都是旁门左道。

第二节　永安于守

走进北海公园南门，首先映入眼帘的是洁白高耸的白塔和满山青翠。在蔚蓝的天空和朵朵白云的衬托下，山前海波之上一座宽阔的三折连拱石桥引带着你走上琼华岛。这座桥的南北两端各有一座高大的四柱三间三楼式木牌楼和一对古石狮，桥名永安桥。如果按影像文化传承考量，永安桥和白塔山合在一起就是“北海”的标志，早已被绘画、拍摄、印刷到各种各样的物品上和场景中了，这应该算作桥梁文化的一种表现吧。

“永安桥的前身是木桥，建于元代至元三年（1266年）。当时桥两端用石料砌成延长的护岸，中间铺木板装木栏杆，成为单孔木桥。”据前一节考证陶宗仪的记载，万岁山前的这座桥自元代至正八年（1348年）就已经成为白玉石桥了，当时长二百余尺，但不一定是三折桥。后来为什么成为三折桥了呢？

据记载：明代时，此桥称为太液桥。清朝顺治年间建永安寺，乾隆年间建成现在的永安桥。《北海景山公园志》记载：“乾隆八年（1743年）三月十日奏案，拆卸堆云积翠桥一座，改建转弯石桥一座，拆挪堆云牌坊一座，拆修积翠牌坊一座。”建成的石桥成为三折三孔石拱桥，桥长85米，宽7.6米，两侧汉白玉望柱48根。查《乾隆十五年（1750年）京城全图》，永安桥已经绘制为三折桥了。再查《明宫史·金集》：“……曰太液桥，其牌坊曰‘堆云’，曰‘积翠’。今止存山石基址。天启间，魏忠贤擅政，又将旧砌山石，俱拆毁焉。”说明在明代称为太液桥，堆云积翠牌坊已经存在，天启年间为1621—1627年，琼华岛山石可能包括太液桥曾经被毁坏过。因为在桥北有“堆云”、桥南有“积翠”共两座牌坊，所以定桥名为“堆云积翠桥”。可桥名使用起来总感繁复，又因桥在永安寺正门南，大家就叫它永安桥。1979年，这座桥换上了新桥面，装了88根莲花饰柱和有荷叶图案的护栏板，重获新生。

引文中透露出几个信息，明代曾经叫太液桥，乾隆改建桥之前名字就叫“堆云积翠桥”，堆云积翠牌楼在明代就有了。新桥是拆卸旧桥重新安装的，似乎把直桥自此改为转弯桥——曲折桥。而且拆挪了桥北的堆云牌坊，拆修了桥南的积翠牌坊。说明桥南的牌楼没有挪动，桥北的牌楼则随着永安寺的修建，挪到了永安寺山门之前，正对山门。也可说明原桥位置在积翠牌楼中心的南北一线。

1903年，北海永安寺塔与堆云积翠桥

北海永安桥

挪动的原因就在于琼岛南坡正中的永安寺的修建。为了保证中轴对称，既要与永安寺和山上的白塔（元代广寒殿）在一条中轴线上，又要与团城和承光殿（元代仪天殿）在一条中轴线上，形成自南向北的轴线景观。但不幸的是，团城承光殿的轴线与琼华岛白塔的轴线相互错开了约 15 米，无法统一，还要两端兼顾，只好把大桥改造成曲折的三段。北段与琼华岛连接，南段与团城连接，中段则把南北轴线连接起来。就这样在不理想的情况下，反倒借势而为造就了不同凡响的桥梁景观。在此不妨做个推测，难道元代忽必烈、刘秉忠没有注意到这里的轴线问题吗？或者岛屿是在自然基础上形成，根本没有余地做此考量？为什么最初的桥梁轴线所对应的是团城中心而不是琼华岛中心呢？仔细观察北海公园的地图，发现白塔并没有居于琼岛正中心，而是稍偏东侧。所以推测元代的广寒殿中心或中轴线可能要偏西一点（约 15 米），正好位于全岛中央，这样与太液桥的轴线就一致了。

北海永安桥现状（摄影 王锐英）

这座桥还有过一段风光的历史：1949 年中国人民银行发行的第一套 100 元人民币上，永安桥和故宫的角楼代表着我国的建筑名胜，一左一右并排被印在了人民币的正面。

老北京还流传着一句谚语，“永安寺的狮子头朝里”，指办事或处理问题“与众不同”，有贬损对方之意。讲的就是永安桥北端堆云牌楼下的这对石狮子，因其狮头朝北，正对着永安寺山门，与常规的石狮背靠山门不同。这对石狮子身上为什么头朝里呢？根据上述桥梁拆改的历史可以看出，原来这对石狮子早在永安寺修建之前就蹲守在永安桥头了。所以即使随着桥头和牌楼的移动，它们的朝向和职责也没有变化，仍然坚守着堆云积翠桥。

第三节 金鳌玉蝀桥

一、北京城里最早的开启桥

今天，北海大桥所在的大街叫文津街，桥东通故宫神武门和景山南大门，桥西经国图、西安门（已拆毁）到西四，上游是北海公园，下游是中南海党中央所在地。大桥原名御河桥、金海桥、学名“金鳌玉蝀桥”，俗称北海大桥，历史上就是北海和中海的分界桥。北海大桥不仅是北京城里最大最长的古桥——九孔连拱石桥，还是国内最大的堤障式桥梁，北京城最宽的桥梁。

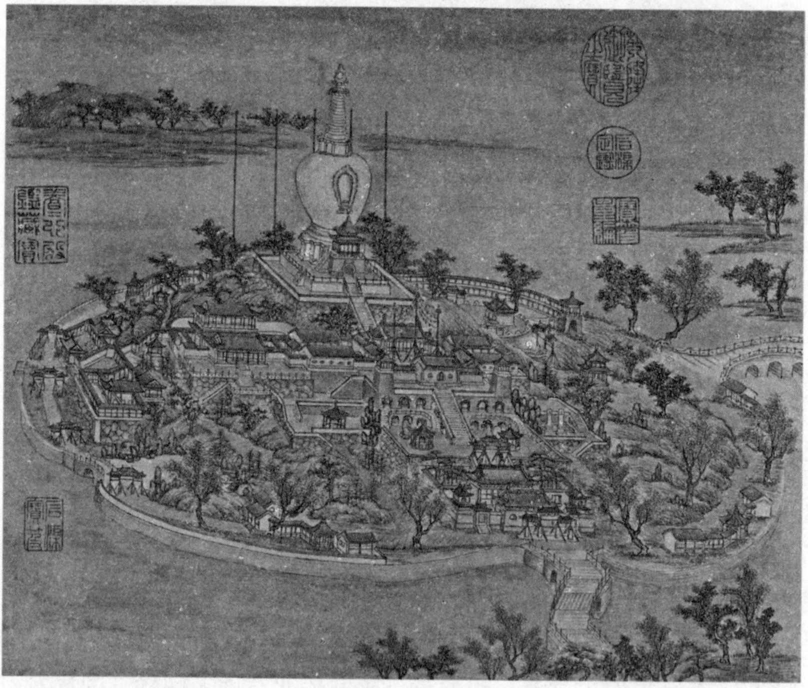

清张若澄《燕山八景图》（乾隆年间）之琼岛春荫，可见永安桥为中孔可开启木板梁

《唐土名胜图会》中的金鳌玉蝀桥和堆云积翠桥，冈田玉山等编绘，日本文化二年刻成（嘉庆十年，1805 年）

《金鳌归里图》，清代官员麟庆著《鸿雪因缘图记》中的插图。画的是道光二十三年（1843 年）他奉命进西安门取道金鳌玉蝀桥回家所见到的景象。

1860 年，金鳌玉蝀桥、金鳌牌楼（历史上第一张照片）

1890 年的金鳌玉蝀桥，桥上有一个瞭望塔

北海大桥——金鳌玉蝀桥

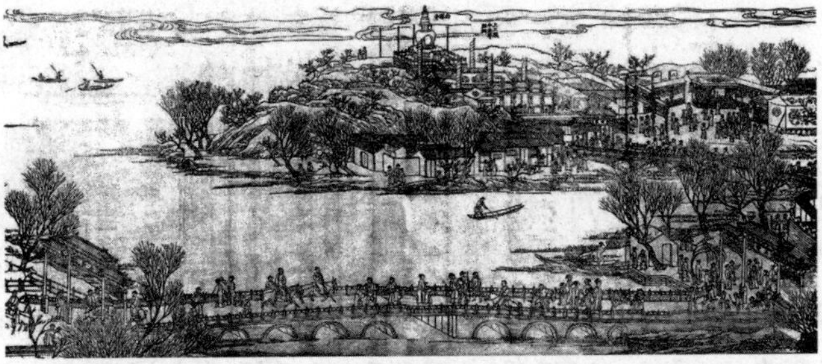

康熙万寿盛典图中的金鳌玉蝀桥，注意中间一孔为木梁

康熙万寿盛典图中的金鳌玉蝀桥

早在元代时，这里水域比现在要大一些，并架有两座木桥，分东木桥和西木桥。据陶宗仪《南村辍耕录》记：

太液池在太内（大内）西，周回若干里，植芙蓉。仪天殿在池中圜坻上，当万寿山（万岁山）……，东为木桥，长一百廿尺，阔廿二尺，通大内之夹垣。西为木吊桥，长四百七十尺，阔如东桥。中阙之，立柱，架梁于二舟，以当其空。至车驾行幸上都，留守官则移舟断桥，以禁往来。是桥通兴圣宫前之夹垣。后有白玉石桥，乃万寿山之道也。犀山台（今中海万善殿所在，西侧水中为水云榭，燕京八景“太液秋风”碑在此）在仪天殿前水中，上植木芍药。

兴呈宫在大内之西北，万寿山之正西，……外夹垣东红门三，直仪天殿吊桥。

可知，北海大桥在元代的详细情况，结构为两座相连的木桥。东为木柱木梁桥，长39.96米，宽7.33米；西为木柱木梁吊桥，长156.51米，宽也是7.33米。对于“吊桥”，虽然陶宗仪点明了，但还要探讨一下。这个吊桥结构只是其中一孔，其余应该还是木构梁桥。所谓吊桥，正如孔庆普先生强调使用的“鸾”字，实际上与古代城门的吊桥类似，通过悬吊方式的开启桥。不过这座吊桥也比较特殊，中空之孔两端立柱，应该用以起吊和悬吊（或固定）活动木梁。可是活动木梁却放在两只船上，通过移舟开闭，如何固定没有讲，但固定方法比较多，不会很复杂。所以，又近乎“浮梁”即浮桥、舟桥了。可能移舟是把梁运到桥下，再通过吊索把木梁安顿到桥上。反之，吊离拆卸，移舟运走，所以称为开启桥比较合理。除了护城河吊桥外，这是北京城里最早的开启桥。

西方人，如《马可·波罗游记》中对元大都汗八里和卢沟桥有记载。但还有一部《鄂多立克东游录》中对元大都和城里的桥梁有比较确切的记载：

大宫殿内，堆起一座小山，其上筑有另一宫殿，系全世界之最美者。此山遍植树。故此名为绿山。山旁凿有一池（方圆超过一英里），上跨一极美之桥。池上有无数野鹅、鸭子和天鹅，使人惊叹。

文中所说上有宫殿的绿山、山边有一池、池上有一桥，足以显示琼华岛、太液池和桥梁三者的关系。马可·波罗也提到大都有一座“青山”，此青山与彼绿山当为一体，不应是景山的前身。①

二、文津眺桥

北海大桥的真正价值是它开启了一条贯通北京东西城的文脉。这条文脉就是“朝阜路”，它东起朝阳门外东岳庙（含朝日坛北边的景升街口景升坊牌楼），西止阜成门外礼士路（含夕月坛北边光恒街口的光恒坊牌楼），全长约 8 千米。这条美丽的大街集中了各类文物重点保护单位 48 处，其中世界文化遗产 1 处，国家级文物 4 处，市级文物 29 处，区级文物 12 处。各类文物景观构成一幅绝无仅有的北京民俗文化和古都文化的精彩画卷。早在 1998 年，在北京市政府工作报告中明确地提出了建设朝阜路文化一条街的任务。2003 年 1 月，“人文奥运文物保护计划”提出整治“两线”景观、恢复“五区”风貌、重现京郊“六景”，营造北京历史文化名城的基本格局。其中“两线”即中轴线和朝阜路（朝阳门—阜成门）沿线，这是构成古都城市规划的纲要和基准。

这条街有一段还被称过“阜景文化街”，即阜成门到景山；以前还有更加响亮的名字，景山西边叫“文津街”、东边叫“五四大街”。

文津街，20 世纪 30 年代前是西安门大街东段。据《京师坊巷志稿》：“西安门大街，迤东为金鳌玉蝀桥，南为西苑福华门，北为阳泽门，门内傍北海，地名小马圈。”名小马圈是因为此处为内厩，即皇家豢养御马的地方，以前是明代玉熙宫遗址。1931 年北京图书馆新楼建成，收入原来藏在承德文津阁里的《四库全书》，街道因此得名文津。最初很短，只有两个门牌，东起金鳌玉蝀桥，西至北京图书馆西墙外。后来扩大到东起北海大桥西至府右街口，这是 20 世纪 50 年代中南海让出来的文津街。

大桥东边至大高玄殿一段曾经叫作三座门大街。三座门名称，有说源自景山前街以前的北上西门、北上门和北上东门，也有说是大高玄殿正面的三座券门的。后来三座门大街并入景山前街。街北从北海南门到大石作胡同南口之间，20 世纪 30 年代曾有一座小院落，门牌为三座门大街 14 号，现门牌是景山前街 25 号。据有关人士考证，“这里曾经是由靳以、巴金和郑振铎等人创办的大型文学刊物《文学季刊》的编辑部所在地。《文学季刊》面世只有短短的两年，然而它却如一颗闪耀的新星，发出了无比灿烂的光芒，照亮了当时整个文学界。

① 鄂多立克（Odoric de Pordenone：1265—1331），意大利人，方济各会传教士，1322—1328 年在华，先后行经广州、泉州等地，最后到达汗八里城，在元大都呆了整整三年。见沈福伟《中西文化交流史》[M]. 上海：上海人民出版社，2006：218.

民国年间团城鸟瞰图，左为永安桥，下为北海大桥，上为故宫北筒子河，满铁株式会社，1939—1940 年

在《文学季刊》出版的八期刊物中，许多新文学史上的不朽之作都是通过它最先和读者见面的。我们所熟悉的著名作家曹禺的巨著《雷雨》就是在这个文学刊物上首先发表的。巴金先生曾在《回忆曹禺》一文中写道：‘北平三座门大街 14 号南屋，故事是从这里开始的。靳以把家宝（曹禺原名为万家宝）一部稿子交给我看，在南屋客厅旁那间蓝纸糊壁的阴暗小屋里，我一口气读完了数百页的原稿。一幕人生的大悲剧在我面前展开，我被深深震动了！’后来在巴金先生的力荐之下，《雷雨》终于在《文学季刊》第三期上发表了，就这样文学巨著《雷雨》‘诞生’在了三座门大街 14 号。”①

三、“五四大街”

今年（2021 年）适逢中国共产党建党 100 周年，北京的五四大街是新民主主义革命的发源地。100 多年前的 1919 年 5 月 4 日，五四运动从这里爆发，开启了中华民族披荆斩棘的红色之路。中国人民的红色之路漫长而充满艰辛与牺

① 读西城故事：神秘而令人向往的文津街名从何来？[EB/OL]. 搜狐网，2019-02-19.

牲，但是“五四大街”却几乎是北京最短的一条大街，长不过两站地（“美术馆”和“沙滩”）。清代东段称双碾儿胡同，西段称东、西沙滩。清末民初，中段称汉花园，西段称沙滩。沙滩为五四大街西段，至今还是地名，旁边有皇城根遗址公园。关于沙滩和附近的银闸在本书中还会讲到。

五四大街路北，就是北京大学的旧址——北大红楼和新文化运动起源地。这里曾经是新思潮、新时尚的渊薮，如今辟为“新文化运动纪念馆”。

刚刚我们站在北海大桥上，东西眺望了一下西方的文津街和东方的五四大街。再往历史的深处眺望一下北海大桥的始建，时间在至元元年（1264年），当时就被称为“眺桥”，即眺望之桥，景观之桥。如《析津志》记载“游皇城”：

> 于十五日早，自庆寿寺（今西单电报大楼前）启行，入隆福宫绕旋（顺时针）。皇后三宫诸王妃戚畹夫人俱集内廷，垂挂珠帘；外则中贵侍卫。纵瑶池篷岛莫或过之。迤逦转至兴福宫（兴圣宫），凡社直一应行院，无不各呈杂剧，赏赐等差。由西转东，经眺桥（即北海大桥前身）太液池，圣上于仪天（仪天殿，在团城上）左右列立帐房，以金绣文锦疙，捉蛮缬结，束珠翠软，殿望之若云锦绣谷。……从历大明殿（皇宫正殿）下，仍回延春阁前萧墙内交集。自东华门内，经十一室皇后斡耳朵前，转首清宁殿后，出厚载门（今神武门）外。……近年唯太师右丞相脱脱奉旨，前后相游城二次。

游皇城，在元代文献中留下清晰的记录，是一场全城居民的狂欢活动，在大都和上都几乎每年都要举行。其中提到自太液池西岸向东经“眺桥”过太液池，可达团城仪天殿，指的就是金鳌玉蝀桥。眺桥，应该是凭桥而眺，而且是因桥之高而能眺。琼华岛东边有陟山桥即能登山之桥，南边又有能眺望之桥，直到明清时九月九，皇帝都要到此登高远眺。说明金鳌玉蝀桥比较高。

林徽因曾经在《我们的首都》一文中充满感情地描述过眺望北海的感受：

> 在二百多万人口的城市中，尤其是在布局谨严，街道引直，建筑物主要都左右对称的北京城市，会有像北海这样一处水阔天空，风景如画的环境，据在城市的心脏地带，实在令人料想不到，使人惊喜。初次走过横亘在北海和中海之间的金鳌玉蝀桥的时候，望见隔水的景物，真像一幅画面，给人的印象尤为深刻。耸立在水心的琼华岛，山

巅白塔，林间楼台，受晨光或夕阳的渲染，景象非凡特殊，湖岸石桥上的游人或水面小船，处处也都像在画中。

四、金鳌玉蝀

“金鳌”出自《列子·汤问》，所载东海有巨鳌驮载着仙岛漂浮于水面的典故，比喻琼华岛、团城如仙岛。“玉蝀”出自《诗经·蝃蝀》“蝃蝀在东，莫之敢指”，“蝃蝀”读音为“帝冻”，意为彩虹，玉蝀是形容此桥像是玉石砌成的彩虹。金属于西方，玉为光属于东方，故而两座牌楼也指明了桥梁和道路的东西方向。

明代以降，团城发生了较大的变化：明永乐十五年（1417 年），明成祖朱棣重修仪天殿，先后更名为承光殿、乾光殿，以供帝后大臣观灯火之用。东部被填为陆地，东木桥就此消失。西侧废木桥，建起了大石桥。环圆坻全岛一圈砌起了城墙，“圆坻”改称团城。明代弘治二年（1489 年）五月，西海子九孔石桥建成。石桥两端立有牌坊，西边牌匾曰金鳌，东边牌匾曰玉蝀，故名金鳌玉蝀桥。明刘若愚在《酌中志》中讲到此桥为玉河桥：

> 其石梁如虹，直跨金海，通东西往来者，曰玉河桥。有坊二，曰金鳌、玉蝀。万历年间，凡遇七月十五日，道经厂、汉经厂做法事，放河灯于此。桥之中，空约丈余，以木坊代石，亦用木阑杆。桥之东岸，再南，曰五雷殿，即椒园也。①

其文多句读为“放河灯于此桥之中，空约丈余”，本书断句为“放河灯于此。桥之中，空约丈余”。主要考虑放河灯均在河岸就水方便处，难见在桥梁正中，其与水面夺高，难不成向河里“扔河灯”吗？不可理喻。且大桥本为中间一孔架木梁，拆掉木梁即为空，会上下文，本文断句方讲得通。引文说明一是中孔的净空一丈余，按明尺估计在 3~5 米间。二是万历年间，大桥的中间部分还保留有开启功能，两侧并有栏杆，木板可以撤换。

明代《玉光剑气集·卷一·帝治》中记载：

---

① ［明］刘若愚. 酌中志：卷十七 大内规制［M］. 冯宝琳，点校. 北京：北京出版社，2018：3030. 注：该书写于崇祯年间（1630 年左右）。

> 天顺己卯（1459 年）四月，赐诸大臣游西苑。苑在宫垣西，中有太液池，周十余里，池中架桥以通往来。桥东为圆台，台上有圆殿，殿前古松数株。太液池在乾明门外，周凡数里，水从玉泉流入，延竟大内，旧名西海子。上设石梁，自承光殿达西安里门，约广二寻，长数百步，两涯穹甃出水中，下斗门，鲸兽栏楯，皆白石镌镂如玉。中流驾木贯铁索，丹槛，掣之可通舟。东西峙华表，东曰“玉蝀”，西曰“金鳌”。其北别驾一梁，自承光殿达琼华岛，制差小。南北亦峙华表，南曰“积翠”，北曰“堆云”。①

金鳌玉蝀桥确实独特，也确实是座开启桥，连带周边景致引得历史上众多人的关注和记载。引人关注的是历史上曾经有一个皇帝差点淹死在这座桥边。说的是天启五年（1625 年）五月十八日（再过一年整，即天启六年五月初六，北京发生了神秘的天启大爆炸又称王恭厂大爆炸）明熹宗朱由校“在桥北水最深处，泛小舟荡漾。上身自刺（划）船，二珰（太监）佐之，相顾欢笑若登仙然。忽风起舟覆，二珰与上俱坠水，船上金火壶酒具尽没。当时两岸惊哗，皆无人色。逆贤（魏忠贤）、客氏（皇帝乳母）手足无措，逆贤亦自投水，然远不济事。最先奔趋入水救先帝圣驾者，管事谈敬等也。高、刘二竖子皆淹死，后赠升乾清宫管事”②。

清康熙八年（1669 年），承光殿毁于地震，康熙二十九年（1690 年）重建。乾隆十一年（1746 年）对团城大规模扩建，整修城墙，堆叠假山，增建了玉瓮亭、古籁堂、敬跻堂、余清斋、镜澜亭等殿阁，形成了团城现在的格局。乾隆二十二年（1757 年），皇帝曾经“御制泛舟至瀛台即景三首”，其一：“玉蝀新修饮练横（御河桥以年久重修时方告成），轻舟直拟达仙京。由来太液一池水，三海何人浪与名（桥北为北海，南为中海，过勤政殿红墙为南海，盖明季相沿即有此名）。”③

乾隆三十六年（1771 年），将大桥中孔木板改为石券洞，全部变为固定的石桥，中间一孔用于通水，其余封堵作为装饰。大桥总长 156.73 米（比元代木桥短 30 米），桥宽 9.48 米，九个石拱券其净跨径分别为第一、九孔 3.2 米，第二、八孔 3.82 米，第三、七孔 4.45 米，第四、六孔 5.1 米，第五孔（即中孔）

---

① ［清］张怡．玉光剑气集：卷一 帝治［M］．北京：中华书局，2006：16.

② ［明］刘若愚．酌中志：卷十［M］．冯宝琳，点校．北京：北京出版社，2018：2947.

③ ［清］朱彝尊．日下旧闻考：卷二十二 国朝宫室·西苑二［M］．北京：北京古籍出版社，1988：296.

民国年间金鳌玉蝀桥，满铁株式会社，1939—1940 年

民国年间金鳌玉蝀桥，满铁株式会社，1939—1940 年

5.74 米。按第五孔跨径 5.74 米、明代一尺合 32 厘米，以《酌中志》所记“空为丈余”计算，中孔当为明尺 17.94 尺，即一丈八尺。中孔南北两端有皇帝亲自题写的匾联，南侧上联为：“玉宇琼楼天上下”，下联为：“方壶员峤水中央”，横额：“银潢作界”。北侧上联：“绣縠纹开环月珥”，下联为：“锦澜漪皱

焕霞标”，横额：“紫海迴澜”。桥下八个桥墩厚度相等，均为 7.84 米，桥墩厚度大于桥孔净跨径，无分水尖墩台，每个石拱券顶都有一螭状吸水兽头，这是该桥独有的造型。桥两侧原是汉白玉石栏杆，方望柱莲瓣方柱头，栏板为镂空型，上有束竹式寻杖和云拱，下部内外板心有海棠池雕线。整个桥身如同一条洁白无瑕的玉带，是中国古老堤障式石拱桥的典型。堤障就是堤坝，堤坝建有水闸可调蓄河水。具有堤坝功能又有桥梁的形态即北海大桥。清朝灭亡后，因缺乏维修经费，桥两端木牌坊糟朽严重。1933 年维修大桥时，将木牌坊改成钢筋水泥结构，又维持了 20 多年。

五、一段广为流传的北海大桥改造的故事

1954 年北京市人民政府决定，拓宽东四至西四之间的道路。而处于道路中线位置的北海大桥是向北还是向南拓宽，直接影响古老的团城去留。此事请示到周恩来总理，他亲临团城，听取设计人员和专家意见，提出了要保护好团城，大桥往南拓宽的意见。1956 年拆掉了东、西两端的牌楼。拆掉后的两个牌坊，被移到了陶然亭公园，在“文革”期间，被当作“四旧”销毁。当时桥面向南侧加宽，从 9 米多加宽到 34 米，桥长增加到 220 米，桥坡度从 8%改到 2%，桥面改铺沥青路面，中间的车行道为 27 米，两侧设 3.5 米宽的人行道。1957 年改名为“北海大桥”。大桥的九孔只保留中间的第五孔能流水畅通，其余的八孔桥洞用砖砌堵死只为装饰之用。1974 年又将石望柱与石护栏全部拆掉，换成了 2 米多高的铁栅栏，南侧设警卫岗哨。

据历史资料，具体过程是这样的：1954 年 11 月 12 日，北京市规划局受张友渔副市长委托，邀请专家学者开座谈会，征求《北海大桥交通改善工程方案》意见。出席座谈会的专家有：茅以升、罗英、梁思成、单士元、俞同奎、容肇祖、祁英涛、陈孝开、陈占祥、钟森、华南圭、曹安礼、王明之、陈明绍、林是镇、林治远、仇方城、袁德熙、王文俊、赵冬日、朱兆雪等。① 对于北京的一座桥梁的改善，一次云集如此众多的知名专家学者，可谓史无前例。此次历史性的座谈会有何背景呢？

笔者注：曹安礼、王明之、陈明绍、袁德熙、赵冬日等均为笔者学习和工作单位、今日北京建筑大学的前身北京市土木建筑工程学校的校领导和教授先生。其中以曹安礼（1898—1982 年）资历最老，先生又名曹典三，为该校前身北平市市立高级工业职业学校、北京市工业学校教务主任、副校长、校长，材

---

① 孔庆普. 中国古桥结构考察［M］. 北京：东方出版社，2014：54.

料力学教师。王明之为该校成立的“北京市城市建设业余学院”兼任院长。赵冬日为该校另一前身北京市建筑专科学校常务副校长，建筑学教授，北京城市规划“朱赵方案”提出者之一，另一人为朱兆雪。陈明绍，该校副校长，市政工程专家，后任九三学社中央副主席、北京市政协副主席。特别是袁德熙先生(1905—1987年)，北洋大学毕业，道路桥梁专业高级工程师，抗战时期在我国西北任公路局局长主持公路建设，中华人民共和国成立后任北京市土木建筑工程学校道桥专业教研室主任，直至该校历经北京建筑工程学校、北京建筑工程学院。本人于1978—1982年在校就学市政工程系道桥专业，毕业留校工作即在道桥教研室，有幸成为袁先生的学生和同事。本人毕业设计导师即是袁先生，亲聆其教诲，受益终身，谨记。

中华人民共和国成立后，北京的车辆不断增加，金鳌玉蝀桥桥面过窄，且坡陡弯急，已难以适应交通发展的需要。有人建议拆除团城，把路面拉直，另建新桥（市交通部门方案）；还有主张拆除旧桥，原位置加宽建新桥（苏联专家方案）；梁思成和陈占祥方案为保留旧桥，同时在南侧并行建一座与旧桥一样的新桥。众多的文物工作者及古建筑学家都坚决反对拆除团城。当要“拆除团城”的消息传到国家文物局后，顿时引起大哗，尤其急坏了郑振铎先生。他立刻请来了梁思成、范文澜、翦伯赞等几位专家学者进行会商。要保住团城及北海大桥，唯一的办法是将桥身向中南海方向拓宽。于是，郑振铎立刻给周恩来总理写了一个报告，直陈自己的意见。梁思成先生还请苏联权威专家参观团城，以期得到支持，并未奏效。后来郑振铎先生直接去见总理，当面恳陈保护团城的意见。为防备不测，留下完备的资料，郑振铎局长又让专家罗哲文赶快去北海团城，进行测绘拍照，搜集文献资料，尽快在《文物保护参考》杂志上发表。

梁思成、陈占祥北海大桥改造方案图

北海大桥改造施工

1956年，改造加宽后的文津街北海大桥与团城、北海公园南门和北长街北口

几天后的一个深夜，郑振铎接到了总理办公室的电话，通知他陪同总理视察团城，同去的还有副局长王冶秋。1954年6月的一天，周恩来冒着酷暑来到了团城。周总理来到团城后，他先是环团城走了一圈，然后站立在城墙边，时而眺望北海的琼岛，时而又专注地观察来往的车辆，还不断地向郑振铎等文物工作者询问有关情况，最后他把目光移向中南海方向说：团城的一砖、一瓦、一树、一石都不能动！把桥面向中南海方向扩展，只是需要把“金鳌”“玉蝀”两个牌坊拆掉就可以了。正是在周恩来总理的指示下，北京确定并制定了北海大桥的保护改造方案。桥面主要向南侧加宽，团城仅仅做了局部压缩，改建后的金鳌玉蝀桥，保持了原桥的风格。实施方案主体为苏联专家提出。①

① 高亦兰，王蒙徽. 梁思成的古城保护及城市规划思想研究［J］. 世界建筑，1991（3）：64.

六、关于北海大桥还有一段真实故事

民国元年（1912年），北海大桥辟为通衢大道，行人至此，“南望瀛台，北瞻琼岛，未尝不流连忘返也”。可是在袁世凯就任“中华民国”大总统后，将总统府迁入中南海，下令在北海大桥上之南侧，加筑一道长墙，与中海北面围墙相接，使其成为中海与北海之间的一道屏障，致使“过是桥者，仅见北海烟波，而中海、南海诸胜无由瞭望”。我们都知道西压桥的故事，是说元明时期，皇城修建在了西步量桥上。不过，据考证当时皇墙确实压在了桥上，但并没有占用马路的桥梁宽度，而是将城墙专门修建在了过水涵洞上。不过，袁世凯倒是创造了真正的“西压桥”奇迹，还是在北京最大的一座古桥上。袁世凯清楚地知道自己“称帝”复辟极不得人心，又有险遭暗算风险，故在桥上修建围墙，目的就是防止有人从桥上窥视总统府，以保证他的人身安全，这也正是他做贼心虚的具体表现。

老舍先生在小说《骆驼祥子》里有一段描绘：祥子曾在曹宅里拉包月，虎妞到曹宅里来找过祥子：“他们边走边谈话，由北长街走到北头的三座门，再到景山前街和文津街。这儿什么都有，有御河、有故宫的角楼、有景山、有北海、有白塔、有金鳌玉蝀桥、有团城、有红墙、有图书馆、有大号的石狮子，多美，多漂亮。”这些景致，这些文化元素，汇集在这条街上，汇集在这座桥上。最后告诉大家，北京其实有两座金鳌玉蝀桥，您知道在哪儿吗？请在北京或在本书里找一找。

北海大桥上建起了长墙（摄影 甘博）

圆明园四十景图之金鳌玉蝀桥

民国年间圆明园金鳌玉蝀桥，满铁株式会社，1939—1940 年

第十二章

濠梁知鱼

第一节　濠濮间桥

一、瀛台“奈何桥”

经过北海大桥的眺望，我们应该思考一番关于桥梁与思想、桥梁与人生，甚至桥梁与哲学的问题。北海公园的桥梁就提供了很好的素材。北海公园内外有多少座古代桥梁呢？大多数游客即使走过，可能也不清楚自己脚下的桥梁有着悠久的历史。北海周围有记录的古桥共30余座。主要有北海大桥（金鳌玉蝀桥）、永安桥（堆云积翠桥）、三折小玉带桥、烟云尽态亭小石板桥、陟山桥、濠濮间七折曲桥、画舫斋外石平桥、汆祥桥、静心斋三桥、五龙亭七石桥、极乐世界四平桥、小西天前原址复建石拱桥、小火车石平桥等。其中有五座古桥已被拆除，分别是：小昆邱亭石板桥、万佛楼北的石拱桥、澄性堂前的汀步桥、蚕坛中两座清乾隆年间的石木桥。保留下来的古桥，大部分都进行过多次修缮。

北海公园外北边的什刹海（前海）现存古桥有万宁桥（海子桥）、银锭桥（现代改建）和德胜桥（现代改建；位于德胜门内大街，建于明代，将积水潭一分为二，桥西称积水潭、西海，桥东称后海、什刹海）。还有新建仿古桥金锭桥。已经消失的古桥有西压桥（改建为水闸涵洞）、李广桥、三座桥、摄政王府的廊桥等。还有一座汪精卫刺杀醇亲王未果失败被擒的小石桥。

南边的中南海由中海和南海组成，主要有：瀛台桥、垂虹桥、蜈蚣桥和石平桥等。瀛台桥在南海，石平桥在西花园，垂虹桥和蜈蚣桥都是南海与中海的分界。皇家宫苑中居然起名叫蜈蚣桥，一听颇有些诧异。正如本书在桥神一节所解说的，蜈蚣为天龙，五行属土可镇水。

清代吴长元《宸垣识略》载：“太液池：池在西苑中，……瀛台在其南，五龙亭在其北，蕉园、紫光阁东西对峙。夹岸榆柳古槐，多数百年物，禁中人呼瀛台为南海，蕉园为中海，五龙亭为北海。”西苑三海的格局很是清爽，不愧世界水平的天子之园。但三海不是一次形成的。自金代浚挖太液池，主要在北海。元代挑挖的北海和中海，南海则是明永乐年间挑挖的。

明成祖朱棣还是燕王的时候，他的燕王府设在太液池畔。可是这个太液池畔是东还是西，难倒了众多的历史学家。朱棣迁都北京后，自然是住在紫禁城里。那么他原先当燕王时的燕王府又在什么地方呢？历史记载不是很清楚，一说在元大都皇城西南的隆福宫，即元朝的太子府，位置大约在今北京的西安门大街以南，府右街以西，灵境胡同以北。一说在元大内的西南部，即武英殿为中心的地方。由此又引发了关于元大都中轴线的争论。①

就在明皇宫基本建成的同时，即明永乐十八年（1420 年），南海开凿和西苑扩建工程也在这个时期完工。同时也堆筑了一座四周环水的小岛——瀛台。三海格局就在这时基本形成了。北海、中海、南海是由地上的两座桥分隔而成的，金鳌玉蝀桥以北为北海，蜈蚣桥之南为南海，两桥之中间为中海，这个格局一直沿用至今。因此乾隆对太液池有：“液池只是一湖水，明季相沿三海分”之说。

中南海垂虹桥（图片引自网络）

《日下旧闻考》记：“仁曜门东，沿堤过昆仑石，渡桥，桥上有亭曰垂虹。又沿堤东南一亭曰‘俯清泚’，稍北为淑清院，院东北隔水南向者为葆光室，院

① 李燮平. 燕王府所在地考析［J］. 故宫博物院院刊，1999（01）：51.

左过小桥有堂三楹曰韵古堂。"①《光绪顺天府志》记："仁耀门折而西有屋数楹，为圣祖养蚕之所。又西桥上有亭，曰结秀亭，西为丰泽园。"②

按上述引文看，仁耀门在瀛台北岸勤政殿，向东过昆仑石（北京皇家园林独有的一种碑碣），然后渡桥，桥上本有垂虹亭，故桥名垂虹桥，或垂虹亭桥亦可。桥梁位于中南海中间勤政殿和东八所之间沟通中海和南海的水道南侧，北侧有小桥接蜈蚣桥连接东岸。垂虹桥的面貌在清末民初的照片中还可以看到，是一座精致的三折弧线弯曲石平桥，白石望柱栏杆。如今被改造为直平桥了，已经失去了典雅的韵味。有人想象垂虹亭桥与此桥一直向西的结秀亭或荷风蕙露亭（桥）类似。《日下旧闻考》接着记载：自垂虹桥向东的"日知阁建石梁上，其下为水闸，太液池水从此出，达于织女桥"。③ 太液池即中南海水自日知阁下的水闸流出，经织女桥穿社稷坛即中山公园，行到天安门前金水桥下，这就是外金水河。

南海的主要建筑都集中于瀛台，但瀛台桥曾经让皇帝阴阳两隔，最终成为光绪皇帝的"奈何桥"。瀛台桥是"海中小蓬莱"瀛台与湖岸的连接桥，全为石结构，三孔拱券，中孔略大，半圆弧拱桥。花岗岩石砌桥身，青白石铺桥面，每侧 22 根连珠花蕊形望柱和 21 块镂空寻杖栏板。当年"戊戌变法"失败，慈禧太后下令把光绪皇帝圈禁瀛台，以桥为界，不许任何人见光绪。光绪体弱多病，久治不愈，未能赢过慈禧的寿命，与其仅仅相差一天，于 1908 年 11 月 14 日死于涵元殿内，其尸棺就是从瀛台桥上抬出去的。民国初年，袁世凯的副总统黎元洪曾经搬到瀛台居住过数年。这座桥甚至可称之为中国末代皇朝的"奈何桥"。

二、庄子知鱼桥

最引人哲思的是濠濮间的七折曲桥。有人戏谑北海公园中此桥最是"文艺"。其实不该是文艺，而是心曲，追寻的是人生本相，欣赏的是前人后人。

濠濮间是一个以水池和亭阁为主体的小园林，水池青石砌岸，中间略偏东南、西北方位，斜置七折曲石平梁桥，全石结构七孔，桥长 25.18 米，宽 2.67

---

① ［清］朱彝尊. 日下旧闻考：卷二十二 国朝宫室·西苑二［M］. 北京：北京古籍出版社，1988：296.

② ［清］缪荃孙. 光绪顺天府志：京师志二·宫禁上［M］. 北京：北京古籍出版社，1987：38.

③ ［清］朱彝尊. 日下旧闻考：卷二十二 国朝宫室·西苑三［M］. 北京：北京古籍出版社，1988：306.

濠濮间桥和桥头石牌楼（摄影 王锐英）

濠濮间桥（摄影 梁欣立）

米。桥墩为粗青砂石打凿，桥面每折由三块长条石顺铺桥面，桥头加铺横条石，桥石栏杆低矮，雕刻简单镂空“回”形纹，桥头有抱鼓石，每侧 22 根石望柱，在折弯处的望柱加宽。桥南为水榭，北端有一座石制桥头牌楼，单间双柱仿木结构，牌楼斗拱出檐，整体雕作精致，显得小巧玲珑，是北海公园唯一一座石牌楼。在颐和园谐趣园里有一座知鱼桥，桥头也立有一座形貌大小与此几乎一模一样的石牌楼，雕工手法一致，可能同出一源。

水榭濠濮间临水一面匾额：“壶中云石”，楹柱间联，上联“半山晨气林炯洭”，下联“一枕松声涧水鸣”。石牌楼有乾隆题字，南面坊额：“山色波光相罨画”，坊柱联：“日永亭台爽且静，雨余花木秀而鲜。”北面坊额：“汀兰岸芷吐芳馨”，坊柱联：“蘅皋蔚雨生机满，松嶂横云画意迎。”

“濠濮间”的名称来源有多种说法：“濠濮间想”一语出自《世说新语》中东晋简文帝入华林园“濠濮间想”的故事，谓“会心处不必在远，翳然林水，便自有濠濮间想也，觉鸟兽禽鱼自来亲人”。乾隆六次南巡江南，带来江南园林的临摹绘本，濠濮间是依图仿建的一部分，乾隆特别喜爱。但濠濮间的根本之一，就是中国哲学史上有名的“濠梁之辩”。

《庄子·秋水》：

> 话说庄子与惠子游于濠梁之上。
>
> 庄子曰：“鲦鱼出游从容，是鱼乐也。”
>
> 惠子曰：“子非鱼，安知鱼之乐？”
>
> 庄子曰：“子非我，安知我不知鱼之乐？”
>
> 惠子曰：“我非子，固不知子矣，子固非鱼也，子不知鱼之乐，全矣。”
>
> 庄子曰：“请循其本。子曰汝安知鱼乐云者，既已知吾知之而问我，我知之濠上也。”

“濠梁之辩”是庄子与惠子的一次以河中的鱼是否快乐以及双方怎么知道鱼是否快乐为主题的辩论，也可能是庄子以对话体方式所做的一次思想实验的记录。后来庄子垂钓濮水边，对楚王的两个使者，对以神龟曳尾与泥涂来比喻自己悠然自得于山海的放逸之心。《世说新语》不过杂糅二者作会心之语而已。

为便于欣赏知鱼桥，在此将“濠梁之辩”释解如下：

庄子说：“白儵鱼游得多么悠闲自在啊，这就是鱼儿的快乐。”

惠子说：“你不是鱼，怎么知道鱼儿的快乐？”

庄子说：“你不是我，怎么知道我不知道鱼儿的快乐？”

惠子说：“我不是你，固然不知道你；而你也不是鱼呀，所以你同样不知道鱼的快乐，论证完毕。”

庄子说：“还是让我们顺着先前的话来说。你刚才所说‘你怎么知道鱼儿的快乐’这句话，证明你是已经知道了我知道鱼儿的快乐而问我的，而我则是在濠水的桥上知道鱼儿的快乐的。”

濠濮之思抒发的是自得山水之乐、自由之乐的一种情怀，自此成为中国园林意境表达的一个优良的传统。只是因为有桥有水有鱼，便与桥梁结下了千古之缘，同时使得桥梁居然蕴含了深厚的哲辩意味，甚至有超过鲦鱼的地位。感谢庄子，让中国的桥梁文化在三千年前就升华到了哲学的高度，中国的桥梁自此都带上了一股思辨的味道。

知鱼桥（图片引自网络）

颐和园谐趣园内共有五座桥，其中以知鱼桥最为著名。知鱼桥为七孔石平梁桥，也是仅有一座桥头牌楼，另一端有两棵大树权作桥头“大门”。该桥不是曲桥，桥身平直，贴近水面，栏杆低矮，与濠濮间桥设计风格一致，透空很大，不仅便于凭栏观鱼，坐赏园景，也极大地增强了桥梁的韵律和装饰性，颇显空灵之美。站在桥上可以俯瞰红鱼悠游，与杭州西湖的花港观鱼异曲同工。

《日下旧闻考》载：濠濮间西侧“路西有水殿，以藏御舟。……水殿十有一间，即船坞也”。今船坞尚存，为画舫游船憩修之所。船坞即“水殿之北有龙王庙，庙后小渠亘之，自太液池注水入春雨林塘者也。上有桥，桥南北坊各一。南向榜曰‘贮月’、曰‘摛锦’；北向榜曰‘轶云’、曰‘延春’”。今石桥还在，但桥头南北二坊已不复存。龙王庙遗址则在20世纪50年代，借此桥下的水渠，建有红领巾水电站，20世纪80年代曾经改为餐厅。亦有认为画舫斋为水殿的。“画舫斋之右池上架石梁，构廊其上，曲折达于西室，曰小玲珑。”① 此所谓画舫斋西小石桥也。

画舫斋西小石桥（摄影 梁欣立）

画舫斋西小石桥（摄影 王锐英）

① ［清］朱彝尊. 日下旧闻考：卷二十七 国朝宫室·西苑七［M］. 北京：北京古籍出版社，1988：390.

第二节 我是一条知桥鱼

一、响闸烟云

“响闸”，指因闸前跌水发出巨大声响的水闸。老北京文人叙事中最著名的是什刹海前海的响闸，留下了“石闸听瀑”“响闸烟云”的名号，传遍四九城，与北面的“银锭观山”有一比。有名无名的响闸在北京委实多处，例如城墙各处水关均有水闸。笔者小时候记忆最为深刻的有两座，一是20世纪60年代西直门外转河上的水闸，震耳欲聋，水清无比；二是天坛东门外，东四块玉路口向南到龙潭湖的道路尽头处，脚下就是水口，其水激荡，令还是孩童的我平生恐惧，印象极其深刻。

什刹海一带曾经是水乡泽国，沟渠纵横，桥梁众多，石桥、木桥、板桥、拱桥各擅奇妙。据《燕都游览志》：“海子南岸旧有海子桥，亦名月桥，俗呼三座桥。”又云：“银锭桥在海子三座桥之北，此城中水际看西山第一胜处。”又云：“德胜桥在德胜门内。西有积水潭，水注桥下东行，桥卑不能渡舟。湖中鼓枻人抵桥，俱登岸，空舟顺流，始得渡，复登舟东泛。”原先积水潭经德胜桥下的水，从西向东并不是直接进入后海和前海，而是在后海南岸之外另有一条水道月牙河，又称玉河。河上就有刚刚提到李广桥、板桥、清水桥、三座桥、响闸石桥等至少七座桥。响闸位于最后一座即什刹海前海西岸西压桥下，所以西压桥称为响闸石桥，水由此注入北海。响闸水位落差很大，过闸之水形成瀑布发出很大的声响，尤其是在夏季雨霾之时，还激起很高的水花，甚至形成如烟水雾。此情此景号为西涯八景之一的“响闸烟云”。引得不少人专程前来观赏，什刹海也一度变作“石闸海”。如当年住在白米斜街的张之洞来赏荷花，有人拉他喝酒，他作诗婉谢：诗题《晓起至石闸海看荷花，奇克坦泰观察邀入水轩置酒，素不识主人，赋诗谢之》中就留下了石闸海。

当年自响闸往西北，月牙河沿岸，李广桥一带，小桥流水、密柳成荫，清幽雅静，什刹海和后海沿岸古庙罗列，西涯一带更有水田阡陌，京城市井百姓、骚人墨客纷纷前来踏青访古、休憩消夏，避暑纳凉。西涯、响闸成为京城胜景，与明代著名的政治家、文学家，官至礼部尚书兼文渊阁大学士李东阳（号西涯）有直接关系。李东阳称后海迤西的积水潭为“西涯”，写了一组《西涯杂咏十二首》诗，从此留下了“李西涯”美称，不知是先有西涯方有其号，还是先有其号后有西涯，然后才有了西涯八景。① 西涯八景是旧时什刹海周边地区极具代表性的自然美景，什刹海亦称“西涯之海”。八景是：“银锭观山、谯楼更鼓、西涯晚晴、景山松雪、白塔晴云、响闸烟云、柳堤春晓、湖心赏月”。李西涯赋诗，《海子》：“海子西入城，中与龙池连。高楼河口望，正见打鱼船。”《响闸》：“春涛夜忽至，汩汩溪流满。津吏沙上来，坐看青草短。”

可惜因多年淤塞，缺乏治理，河道变成了臭水沟，响闸烟消云散。1949 年后，市政府将臭水沟改为暗河，上铺柏油路成为今日石虎胡同、柳荫街、三座桥胡同。其中的柳荫街就是当年的李广桥所在。

北海北口水闸（前身为西压桥、西步量桥、响闸）（摄影 王锐英）

如今，响闸石桥变成了平安大街下的过水涵闸，位于北海公园北门东边一点，在水闸南出口右侧，有一座三孔梁桥，名为汆祥桥，继续充作响闸的角色，众人足可一观。“汆”字为饮水之饮，按字形为金水，正符合金水河之意。此桥不简单，嘉靖十一年（1532 年）三月初三，专门为此桥立牌坊添“汆祥桥牌”。② 虽经过多次改建，旧桥墩透露出年代久远。桥后水闸泄水如瀑、水声哗哗作响，激起层层水花，似乎传达着响闸的余韵回响。

---

① 法式善. 西涯考［M］//续修四库全书：存素堂文集・卷一. 上海：上海古籍出版社，2002：674. 注：法式善（1753—1813 年），本名运昌，清高宗把他的名字改为法式善，是满语勤勉的意思。

② ［清］孙承泽. 春明梦余录：卷之六［M］//文渊阁四库全书. 上海：上海古籍出版社，1989：79.

羕祥桥现状（摄影 王锐英）

二、烟云尽态

三海桥梁的烟云中，不仅有北京最大的古桥，还有一对儿北京最小的桥。它俩就依偎在白塔山西山坡的烟云尽态亭下。顺着琼华岛西侧小道上山，登 30 多步石阶就到达了八角攒尖石柱青瓦屋面的烟云尽态亭。亭子建在一个长方形水池中间，四周以太湖石，宛如重峦叠障。亭脚台面由两块尺寸完全相同的石板与池边相连，石板面向上略微弓起，跨度只有 0.57 米，宽 1.85 米，不仅长度和宽度最小，长宽比也是最小。大跨步可一步越过，小到无栏杆、无花纹装饰。这块石板自古就称为石板桥，桥与烟云尽态亭都是清乾隆十八年（1753 年）建造的。烟云尽态亭为八棱八柱八角攒尖顶凉亭，亭上八角灰瓦攒尖砖雕花宝顶，亭身八根额坊和八根石柱雕刻了乾隆皇帝的七言诗，其中额坊上刻两首，每根石柱刻三首，共计 26 首，可谓诗文满亭。下部亭基座在水池当中，浮于水面，全靠二座小巧石板桥连接。据传，当年水池中水是太监们用扁担从太液池装水桶挑上来的。①

① 梁欣立. 北京古桥［M］. 北京：北京图书馆出版社，2007：42.

烟云尽态亭的两座小桥（摄影 梁欣立）

北海的小桥还有一座小昆邱亭石桥。实则为其貌不扬的一块青石板，桥身比烟云尽态亭石板桥略长。青石板搭在离烟云尽态亭不远的小昆邱亭与延南薰之间的雨水沟上，略带弯拱，长 2.27 米，宽 1.04 米，厚 0.13 米，素无雕琢。1987 年在石板桥下纵向用槽形钢加固，使得石板桥今日还在继续使用。再有，就是显得规规矩矩的小桥——画舫斋西小石桥，时称小红桥，横跨在北海太液池的第二进水河道之上，在画舫斋西配殿“观妙”与碧海楼之间，很古朴的小石平桥。现水道无水，桥已经为通行加宽改造。

三、比翼齐飞

烟云尽态亭石板桥自成一对儿，又与近在咫尺的金鳌玉蝀桥相映成趣，成为一对儿最小桥和最大桥；而金鳌玉蝀桥也是自成一对儿，一座在北海，一座在圆明园。

北京真有两座金鳌玉蝀桥，笔者以前也是不知道，感谢桥梁文化专家唐浩先生的提醒，并查阅圆明园四十景资料，发现圆明园四十景中的曲院风荷景区里也有一座九孔石桥，也有东、西两座牌楼，也是书写金鳌、玉蝀匾额，也叫金鳌玉蝀桥，煞是有趣，也难以理喻，不知道是清朝皇帝有意复制还是故意抄袭的。很值得玩味和对比欣赏。

我们以前说过东步量桥和西步量桥这一对儿，说过万宁桥和万安桥这一对儿，或者正阳桥和后门桥相对，也探讨过升平桥和龙津桥这一对儿，再有内、外金水桥不仅相对，两处金水桥各自东西两边的王公桥、品级桥、公生桥，还有东、西华门外筒子河桥，内外城东西南北的城门外护城河桥之间都有相对的意思，这是从象天设都、中轴对称角度讲的。

前两节专门介绍了北海濠濮间曲桥和颐和园谐趣园知鱼桥，一曲一直，也是一对儿庄周知鱼桥。

看来北京的桥梁里面成双作对、相映成趣的真是不少。其实就在北海景山附近还有一座神秘的鸳鸯桥，虽然只有一座，但也是自成一对儿，怎么实现的呢？原来这座鸳鸯桥居然是半边石、半边砖构成的砖石成对儿混合桥，你说是不是一对儿呢？

1910 年，鸳鸯桥桥面分为石、砖两种

鸳鸯自古成双对，牛郎织女更是成双对。北京中轴线天安门两侧，东边的菖蒲河上有一座牛郎桥，西边几乎等距离位置，在南长街织女河上有座织女桥，这是必需的一对儿，明代就有。

另外，也可算是有点意思的一对儿，朝阳门内大街南北两侧，南边胡同口有座万历桥，胡同就叫万历桥胡同，北边斜对不远的一个胡同口居然有座康熙桥。康熙桥位于东四路口以东，孚王府西三官庙东，原东单头条里南北的一段胡同。据当地老人讲，这是搭在排水沟上的一座小便桥，大概是清康熙年间所建，所以，就传称为康熙桥。《燕都丛考》有记载："朝阳门内大街，西头路北有延福宫，其西曰驴蹄胡同，其东曰康熙桥。又东曰北小街，有孚王府。"

四、沁泉廊桥

北海静心斋又称“乾隆小花园”，这里曾经是文史研究馆，末代皇帝溥仪的《我的前半生》在此写成。在这个一方小天地里至少有五座小桥：小玉带桥、沁泉廊桥、青石板五折曲桥、画峰室后廊桥和西院太湖石桥。其中沁泉廊为桥廊式建筑，实则为豪华的皇家廊桥，位于静心斋中央，建于清光绪十三年（1887年）。廊桥横架水面，桥下有滚水坝，特意营造流水空调，成为帝后消夏纳凉的好地方。桥长12.1米，宽2.3米，桥为三孔，花岗岩方石桥墩，桥面木板横梁，墩上八根大红立柱，加上两侧红木栏杆和楣子坐凳，托起彩画廊檐和青灰筒瓦卷棚屋顶。沁泉廊东面不远有一座精致的汉白玉石拱桥，高拱石券。类似颐和园的玉带桥，俗称小玉带桥。西侧为一座青石板的五折曲桥，桥南端搭接在画峰室后廊，形成一头接建筑，一头连假山的景致。西院太湖石桥形成桥下溶溶孔洞、桥上小道平伸的临水盆景景致。静心斋里的桥相互依偎、相互衔接，起落有致，无论外观还是穿行其间，感觉富丽典雅的院落别有一番江南水乡韵味。

沁泉廊桥和青石板五折曲桥（摄影 王锐英）

五、折曲罗锅

北海的折曲桥有好几座，永安桥三折曲桥，濠濮间七折曲桥，静心斋五折曲桥，最奇特的是琼华岛西岸海边的三折曲石拱桥。其起浮转折的拧曲桥身、扭曲排列的望柱栏板，状如玉带。这座桥依山临水，是观鱼赏景绝佳之处。它还有一别名——“罗锅桥”，只因桥背高拱，使得人们从这头看不到那头。

在这座三折玉带桥东面的山坡上，有悦心殿，“殿前循山西行，有石桥，南

静心斋小石桥（摄影 王锐英）

北坊楔各一，前后各有榜，南向曰‘涵秀’、曰‘濯锦’，北向曰‘挹源’、曰‘艳雪’。渡桥有坊楔二座，前后各有榜，南向曰‘芳渌’、曰‘舞藻’，北向曰‘静游’、曰‘纫香’。”① 乾隆皇帝在悦心殿有两首诗讲到北海的桥梁，一是《悦心殿即目》：“承光直北是琼华，宛转虹桥路不赊。积雪欣滋瑶岛树，轻阴又叠赤城霞。”说的是宛转折曲的永安桥。另一首《坐冰床至悦心殿》，看似说的是金鳌玉蝀桥：

筠冲锡宴有余闲，琼岛韶光暖镜间。尚可翠鸾轻舵试，徐过玉蝀一桥弯。

冻酥岸觉看波漾，春到物知听雁还。今日悦心真恰当，窗凭积素慰开颜。

永安桥确实宛转，玉蝀桥也让人悦心，但这三折玉带桥却宛转得过头儿了。如此的扭曲对于交通是非常不利的，有时甚至是危险的。不仅上下不方便，在桥上要斜向行走，可是脚下的台阶却是正向迈步（以前的桥面为条石坡面），加上栏杆低矮（曾经缺失），非常危险。尤其对于古代皇帝太后、皇后、嫔妃、宫女们是个考验。俗话说：看景不走路，走路不看景。所以对于游客也是危险的。

广义上说，所有桥梁都有一定的危险性，但乐趣也在其中。想想看，任是

① ［清］鄂尔泰，张廷玉. 国朝宫史：卷之十六 宫殿六 · 西苑下［M］. 北京：北京古籍出版社，1994：360-361.

1909 年，琼岛西侧三折玉带桥，远处可见五龙亭、阐福寺大佛殿、万佛楼

民国年间三折玉带桥，满铁株式会社，1939—1940 年

桥梁的大小、高下、宽窄、曲折、长短、起伏、斜正，不就是人生吗？北海的桥，中轴线上的桥，北京的桥，都该走一走，看一看，还要想一想，人生没有走不过去的桥。但是，作为修路架桥的人，一定要站在安全的角度考虑问题，可能有点煞风景，但还是要说一说这些弯、坡、斜桥的利弊。

三折玉带桥现状（摄影 王锐英）

罗锅桥与前面的各种曲桥都是“斜桥正做”的建造方法。首先两端桥台前立面是相互平行的，但因为河岸自然条件、建筑规划安排，以及纯粹为了追求一种新奇美学意味，而故意设计，总归使得桥台不相对应，而是相互错位。按说可以让桥台、桥墩立面与桥面路径轴线相互垂直，虽然是斜跨在河道上，但桥还是正直建造的。不过，这样的话不仅无趣，也使得河岸与桥台成了夹角，桥墩也与水流不顺直，不利于排水也不利于桥下船舶的通行。所以只好斜桥正做，上部的桥梁部分只好斜放。刚才讲过斜桥是有危险的，其实在结构力学方面，对于建筑材料也是一个考验，对桥梁的结构稳定是不利的。因为出现了过多的斜交桥跨构造，有很小的锐角还算有利，但很大的钝角部分、中间还有悬出部分，非常不利。

六、五龙亭弯桥

北海沿湖景点中最吸引游人的地方之一是五龙亭。五座水中龙亭由七座古石桥相互联系在一起，并连接湖岸。这里是观赏湖光山色的绝佳之地。

五座亭子正中龙泽亭最大，左右两侧四亭相互对称，依次减小并向岸边缩进。从东起五亭名曰：滋香亭、澄祥亭、龙泽亭、涌瑞亭、浮翠亭，共由七座石桥把五座亭子以及各自同湖岸系在一起。五龙亭始建于明嘉靖年间，因位置不在一条线上，而是呈梯形布局，所以连接亭子之间的石桥设置成圆弧形的曲线。每座桥均为石砌桥墩，花岗岩条石过梁，墩、梁、仰天石、栏板水平方向均为弧形，形成两弯两孔转弯桥，在北海桥梁里面，要说曲线最圆滑的就是这几座弯桥了。

桥面用一尺边长的四方砖铺地，汉白玉石仰天地伏、护栏板、望柱。四桥

民国年间北海五龙亭桥，满铁株式会社，1939—1940 年

共长 56.8 米，桥宽 3.55 米，把五座水中的亭子连成“平地”。据记载，五龙亭的七座桥护栏板和望柱原是青砂石制成，因年久失修，加之清光绪二十六年（1900 年）被八国联军所毁，到 1925 年北海公园对外开放时，桥上青砂石护栏板和望柱已荡然无存。1951 年湖底清淤，挖出 20 多块石桥旧石构件。1974 年对亭子和石桥进行过全面整修。

七、极乐世界四平桥

“世界”是平的，“极乐世界”也是平的，指从东、西、南、北四面进出北海的“小西天”极乐世界均为平桥。极乐世界是五龙亭往西的一处雄伟庞大的建筑群，大殿内塑造了一座巨大的神山——藏传佛教的须弥山和坛城曼荼罗，又译为曼陀罗，古人想象的“西天”，众多仙人齐聚神山之上。殿外围以四方水池，在正南、正北、正东和正西的四个方向各建有一模一样的四座石平桥，每桥长 9.1 米，宽 5 米。里侧桥头望柱与水池护栏连在一起，外侧的有顶柱抱鼓石。望柱顶是圆柱形浮雕八层祥云纹，中间有凤鸟飞舞。四座桥均造型大气精

五龙亭弧线曲桥（摄影 王锐英）

美，用料考究。四座古桥对整个极乐世界，起到了四平八稳的对称平衡作用，水是仙界和凡间区隔边界，桥是打破区隔、建立联系，升入天堂的安全通道。极乐世界南面有一座琉璃牌坊，牌坊前还有一座石桥，应该统称极乐世界桥梁。

据清史档案记载，其建筑始建于清乾隆三十三年（1768 年）二月初二，两年后竣工，八月初一日奏案："新建极乐世界并万佛楼工程业已完竣开光……"四方大殿在中央，殿内一座神山，山上塔庙和各类神仙飘然，殿外四周水池环抱，东南西北设四门，四桥、四牌坊、四隅设方角亭。要想进入"极乐世界"，必须进牌坊门，跨桥涉水，方可进入。

极乐世界四平桥之一南平桥（摄影 王锐英）

极乐世界南侧琉璃牌楼外石拱桥（摄影 王锐英）

第三节 板桥入画——画作中的中轴线桥

一、先说东、西板桥

北京的街巷胡同、沟沟坎坎上有无数的小桥，如石板桥、木板桥，看到它们或铺陈于市井，或隐藏于角落，不禁想到了同是北京人的马致远的《天净沙》：“小桥流水人家，古道西风瘦马。夕阳西下，断肠人在天涯。”其实，不仅是古道，就在北京皇城里中轴线两侧也有石板桥，而且还成双成对的，如西板桥和东板桥，并且在这两座板桥中间可能还有一座石板桥，因为与清初著名学者朱彝尊的故宅有关，值得在此对他和他写的《日下旧闻考》做个纪念。

西板桥（近处罗汉栏板）和白石桥（远处寻杖栏杆）

西板桥（正对）和白石桥（右侧）

景山西街北海东门外，有一个公交站名“西板桥”，如今地面上了无桥梁的痕迹。不过在 2018 年 8 月，在景山西街北头的恭俭胡同南口地下，发掘出了西板桥和一段 29 米的河道。人们是健忘的，但历史不会忘记，西板桥自来就有历史记载，上次被填埋的时间是 1973 年河道改暗河，这次应该说是“重新发现”了这座桥，新闻界搞得有点“轰动”，对西板桥车站做了一次验证。元明的景山

现状西板桥桥面遗存（摄影 王锐英）

西河（内金水河一支）自北海公园的濠濮间东南侧水闸流出北海公园东墙，至西板桥下南折，不远经景山西街和后街相接处的白石桥（已拆除），向南注入故宫筒子河。此次考古，首先发掘出石桥的桥面石条，后来挖出了南北走向的单拱平板桥，桥下中间穿设的雨污水管道，之后桥址被再次填埋。古桥桥面呈近正方形，边长6.5米，桥洞高约1.7米，拱脚坐落于桥台上的金刚墙上。石条铺砌的桥面已有残损，现宽4.15米，桥面两侧栏杆与栏板已无存。新闻报道特别强调“西板桥”是流出北海经过的第一道桥，这没有什么意义。有意义的是景山西河进入元大内的第一座桥，也是进入景山前身即元大内北御苑的桥梁，它可能昭示着在景山后街处可能有一条东西向的沟渠。这条沟渠下游流到碾儿、碾子胡同，元代的御园里有过水碾。

与西板桥相对的东板桥在玉河湾的北河一段，就在东不压桥南边玉河拐弯的地方。1958年古桥随着玉河改为暗河终被拆除。2014年重新开挖恢复玉河，但桥已无存。与西板桥车站一样，虽然不见古桥，可是留下了南北向的东板桥街。很有意思，一座无桥车站、一条无桥胡同，东、西板桥遥遥相对。

二、《唐土名胜图会》与“朱竹垞赐宅”

《唐土名胜图会》（简称《图会》）中绘有北京历史大家朱彝尊（1629—1709年）的《康熙赐宅图》。研究北京历史者无人不晓《日下旧闻考》，而对于《图会》则知之者不多，知道其编著者为日本人的则更少了。

《日下旧闻考》始修于乾隆三十八年（1773年），成书于乾隆四十七年（1782年），是在朱彝尊《日下旧闻》的基础上删繁补缺、援古证今、逐一考据而成，是迄今所见清代官修的规模最大、编辑时间最长、内容最丰富、考据最翔实的北京史志文献资料集。

《唐土名胜图会》于日本文化二年刻成，正当我国嘉庆七年（1802 年）。该书编著者为冈田玉山等人，冈田玉山原名冈田尚友（1737—1812 年）。该书共有六卷（集），原拟从京师、直隶开始，陆续出版介绍中国各地府县。目前看见的六卷本仅有京师、直隶部分，实际上是描绘北京和河北省的版画集。画中就有正阳桥、万宁桥、金鳌玉蝀桥、永安桥、陟山桥、泡子河桥、东安门桥、卢沟桥等众多桥梁，这也是在此专门做个介绍的原因。

自朱彝尊编写《日下旧闻》至乾隆年间编辑《日下旧闻考》差近百年，其后至《唐土名胜图会》相差 20 年，自此至今 218 年。《日下旧闻考》偏于历史考证和文字记录，《图会》则相当于一本图文并茂的北京及周边地图的游览手册，把两者直接关联起来的是因为其中绘有朱彝尊的“豪宅”。

《唐土名胜图会》中的朱竹垞赐宅图局部和门前的小桥，冈田玉山等编绘，日本文化二年刻成（嘉庆十年，1805 年）

《图会》第二卷京师皇城中第 21 页有一张“朱竹垞赐宅”图。图右侧为朱竹垞宅园全图，上边为朱竹垞题诗，左侧有朱竹垞绘像、康熙年间御史龚祥麟的题诗和景山文字介绍。这座宅园至少两进，前院竹林高树之后，还有两幢鼎立的二层小楼，绘画简单，但格局气势显得还是颇大的一座庄园。注意院门为卷棚顶的高台阶广亮大门，两侧八字虎皮石墙，门前边还有一条不大不小的沟渠，上架三道石板和两道矮小的石栏杆，衬托出庄园的地位还是比较煊赫的。这座石板桥就是笔者所念叨的上述东、西石板桥中间的那一座。那么，这座石板桥和朱宅到底在哪里呢？那就要追寻一下“朱竹垞赐宅”的故事。

朱彝尊，字锡鬯，号竹垞，浙江秀水（今浙江省嘉兴市）人。清朝词人、学者、藏书家，明代大学士朱国祚曾孙。朱彝尊在四十余岁以前忘情于山水市肆古迹，曾经四处游历。在他五十岁时，值康熙十七年（1678 年），清廷首开博学鸿词科，征举名士。当时著名学者如李颙、顾炎武、吕留良等人均拒绝赴考，在有人荐举之下，朱彝尊应试博学鸿词科，应试入选。康熙十八年（1679 年），举博学鸿词，与李因笃、严绳孙、潘耒同以布衣身份授翰林院检讨，参与修撰《明史》，时称“四大布衣”，后来与当时颇有诗文名气的姜宸英、严绳孙并称为“海内三布衣”。当年七月，入京寓居虎坊桥。康熙二十二年（1683 年）二月，任日讲起居注官，入值南书房，特许紫禁城骑马，赐居禁垣，赐宴乾清宫。《严君（绳孙）墓志铭》：“二十二年春，予又入直南书房，赐居黄瓦门左。”康熙二十三年初，因被人告发，因携带楷书手（抄书人）私自进入大内禁中，抄录四方所进图书，被“降一级”，谪官，迁出了禁垣，移居宣武门外海波寺街（今海柏胡同 16 号，原顺德会馆）古藤书屋，其《日下旧闻》等著作即完成于此。

朱一新《京师坊巷志稿》在“东黄瓦门”下注释：“朱彝尊《曝书亭集》：康熙癸亥，予入直南书房，赐居黄瓦门之东。又有《赐居禁垣》诗：讲直华光殿，居移履道坊。经营倚将作，宛转绕宫墙。对酒非无月，摊书亦有床。承恩还自哂，报国只文章。”朱竹垞所题诗正是《图会》中由署名“公廉”所书写的五律。诗中所谓“履道坊”不是北京地名，是指唐朝的白居易在洛阳的履道坊宅园，其任杭州刺史和苏州刺史期间，经营大约六七年而成。这是朱竹垞拿来用以比喻自己的成就和待遇吧。诗中和《曝书亭集》提到的“黄瓦门”则是北京的地名，在景山北偏东侧。今地安门内大街，明称北安门里街，东边为黄瓦东门，门内即今黄化门街（黄花门街），这里是朱竹垞赐宅所在吗？

让我们再看《图会》第二卷京师皇城中第 22 页“景山”图，上有五峰，下有寿皇殿和寿皇门等宫殿分布。独有图左下方路边注明“朱竹垞宅”，令人起疑。还有令人疑惑的是图中寿皇殿北面的景山北门“黄瓦门”，明代正名“北中门”，清代似乎不存在，至于“黄瓦门”不知道是俗名呢，还是绘画者按照朱竹垞赐宅在“黄瓦门之东”而误写为“黄瓦门”？图中所示“朱竹垞宅”确实在

《图会》景山图局部，右边注明寿皇殿和黄瓦门，左下方路边注明“朱竹垞宅”

图中标注的“黄瓦门”东北临街位置。《图会》中绘出景山北门且标示为“黄瓦门”，有很大可能真是“误会”之绘。因为作者冈田玉山等人，据说没有来过中国，仅凭到手的北京图书所做的二次创作，但其细致入微，居然将朱竹垞赐宅能够描绘到家，其所本也必然是非常具体详尽的北京地理资料，有很大程度的准确度。

所以，朱竹垞赐宅不应在景山“北门”或北墙外临街处，应在地安门内大街东侧的黄瓦门里，无论黄瓦门东或黄瓦门左，那就一定在黄化门街里，宅园坐北朝南，前临街，街边还有一条沟渠，沟渠上正对大门有一座小石板桥。查看《乾隆京城全图》，黄瓦门里自西向东街北第三座宅院很有可能是朱竹垞赐宅，这条街上只有这一座院子是有着二进或三进带八字翼墙大门的宅院，明代属于司设监。而且，《乾隆京城全图》绘制于1750年，朱竹垞赐宅发生在1683年，两者相距仅67年，距1644年明朝灭亡106年，对于一座大宅院，百年时间不是很长，变化不会很大。

黄化门街还曾经住过一个有名的人物，他就是清末慈禧太后的大红人李莲英。接着推测一下，朱竹垞赐宅前的这条沟渠如果是真实可靠的，有极大可能就是自今北海公园东墙里面的“内金水河”或称为“景山西河”中途泄流而来，自西向东穿过地安门内大街，沿途灌溉“元御苑”中的花田，然后沿黄瓦门街最终流向“碾子胡同”，从前的元代御苑的水碾就有可能在此。这些信息将有助于对元代御苑的考证。

第四节　小火车惊动了龙脉

要说北京城里而且还是皇城第一条铁路和第一座铁路桥就在我们现在游览的北海公园里。那是1886年，一条名为“紫光阁铁路”，又称“西苑铁路”通到了五龙亭西侧，为不影响五龙亭，专门修建了一座可称为六孔石梁涵洞。之所以称为西苑铁路，因为在明清，北海和中南海都是皇家禁苑，被一体称为“西苑”。到了民国年间北海才开放变成公园，老百姓才有权利观光游览。

1900年，穿过阳泽门的西苑铁路（活安铁路的轨道），远处可见阐福寺大佛殿

这条铁路的起点在中南海紫光阁，终点在北海静清斋，故此多称为紫光阁铁路，其修建要从清光绪年间说起。铁路，在清朝被守旧的贵族视为“洪水猛兽”，起初他们反对在中国修建铁路，更反对在北京修建铁路。但随着“洋务运动”日益扩大的影响，铁路这个“洪水猛兽”已经很难被阻挡了。光绪十年（1884年），英法等发达资本主义国家通过清朝大臣李鸿章奏请慈禧太后，以发展中国铁路为名，妄想让外国势力控制中国的铁路管辖权。为讨好慈禧太后，

北海小火车桥（摄影 王锐英）

北海小火车桥，专为慈禧乘“专列”到静心斋游玩而建（摄影 梁欣立）

清朝大臣与法国人策划先修一段示范性的窄轨铁路，让慈禧乘坐火车感受一番。光绪十二年（1886 年），西苑铁路开工，全长 1510.4 米。1888 年，铁路竣工，法国新盛公司用低价将一列六辆精制小火车出口到中国，供慈禧享乐，实则展示法国工业的成果。

这条小铁路从紫光阁向北延伸，经过福华门（今中南海的北门），进北海的阳泽门（今北海西南门）沿着北海西岸向北，经过阐福寺、浴兰轩、大西天到达终点站——静清斋。据《1888 年京师西苑铁路图》① 中文字说明：“西苑铁路本段总长四百六十七丈七尺（约合 1559 米），其中活铁路总长二十四丈四尺

① 注：光绪十四年（1888 年）《西苑铁路图》图中多处附注文字说明。

（合 81.3 米），固定铁路总长四百四十三丈三尺（1477.7 米），宽七尺（2.3 米，应该为路基宽）。轨道宽接近四尺（约 1.3 米）。”在这条小铁路中有 157 米长的“活铁路”，分别安装在福华门内、福华门外至阳泽门（通过今文津街）、阐福寺前。这三段活动铁轨，当时叫作“活安铁路”，顾名思义，就是现用现安的可拆装铁轨。通车不久，蒸汽机车巨大的排汽声和震耳的汽笛声却把慈禧吓得不轻，只好以火车的动静太大，恐会震坏了皇城的气脉为由，又称火车司机坐在她前面不成体统，遂下旨不准用烧火冒烟的火轮车牵引大清国的皇家专列。于是世界铁路史上最搞笑的一幕出现了：六节火车车厢全靠人力，由宫内的太监们挽着黄缎子织成的绳索拉着跑。

西苑铁路在五龙亭也就是北海海岸西北角，因铁路轨道转弯需要弧形弯道，而此处湖岸凹进，为减少“填海”工程和对五龙亭的影响，选择了建桥而过的方案，由此这座小火车桥便诞生了。桥梁全长约 18 米，宽 3.5 米，为五墩六孔石平桥，每孔跨径 1.7 米，桥墩厚约 1 米，桥上原铺枕木和钢轨。据该图记载：“添修大料石涵洞一座，六孔，长七丈（约 23.3 米），宽一丈（约 3.3 米），高七尺（约 2.3 米），基础为柏木桩。”另外还有文献说：“谨拟在五龙亭迤西，添修过水涵洞，石平桥一座，均长七丈六尺，宽一丈二尺。”应该理解为过水涵洞和石平桥是一回事。“全线设有过水暗沟十七道，总长四十丈九尺合 136 米。”核算下来每道暗沟“口径”平均 8 米，太大了，此数字似乎为暗沟长度，而不是跨度。

第五节　人间烟火

一、吃穿住行桥

皇宫西边看尽了仙山琼阁，皇宫东边则有人间烟火。这是指顺着玉河即郭守敬修建的通惠河，从东不压桥经南北河沿崇文门，到东便门大通桥一段，曾经出现过许多桥梁。如据元《析津志辑佚》《城池街市》和《河闸桥梁》中关于此玉河一段上的桥梁有下述 15 条记录（括号为笔者备注）：

（1）枢密院南转西为宣徽院，院南转西为光禄寺酒坊桥（归 5）。

（2）丙寅桥二，蓬莱坊西水自枢密桥（归 4）下南薰桥（一座）、流化桥（归 7），出南水门外，入哈达门南文明桥（一座）下。

（3）文明闸四，在哈达门第二桥（一座）下。有皇后水磨一所。

（4）朝阳桥在东华门外，俗名枢密院桥。（朝阳桥、枢密院桥、枢密桥，应为同一座）

（5）通明桥在光禄寺西，俗名酒坊桥。（通明桥、酒坊桥、光禄寺酒坊桥，应为同一座）

（6）保康桥在柴房东，俗名柴垛桥。（保康桥、柴垛桥，为同一座）

（7）云集桥在南水门内，碑刻流化桥，有碑。（云集桥、流化桥，为同一座）

（8）望云桥在后红门东，今澄清下闸。（望云桥、澄清下闸，为同一座）

（9）神道桥在红门北东，俗名烧饭园桥。（神道桥、烧饭园桥、烧饭桥，应为同一座）

（10）烧饭桥（归9）南出枢密院桥（归4）、柴场桥（疑似6）。内府御厨运柴苇俱于此入。

（11）下则官酒务桥（一座）、光禄寺流化桥（归7）。

（12）此为御河皇后酒坊桥（归5）。

（13）酒务桥（归11）、光禄寺流化桥（归7）、酒坊桥（归5），中正院属，即典饭局。

（14）烧饭园在蓬莱坊南。先，烧饭园在海子桥南，今废为官祭场。

（15）海子，东西南北与枢密院桥（归4）一带人家妇女，率来浣濯衣服、布帛之属，就石槌洗。

依上述信息分别统计，北自东不压桥（澄清中闸）起，而南至文明门外，共有11座桥：东板桥、望云桥（澄清下闸）、南薰桥、枢密院桥、酒坊桥、柴垛桥、流化桥、烧饭园桥、官酒务桥、文明桥、哈达门第二桥，可能还有一座柴场桥，一共12座。多数桥既有官方正名，又有民间俗称，与日常生活相关的就有五六座，占一半。若说形成原因和最终的变化，应该有两个方面：

一是此处紧邻玉河，在元代至明初还在皇城之外。玉河一直是都城中较为重要的一条运输通道，不仅漕运粮食，还有柴米油盐酱醋茶，以及各种地方特产纷至沓来，致使临河市井异常繁华。每日里船只、商贾来来往往，买卖声此起彼伏，估计呼儿唤女、打情骂俏的喧嚣吵闹，严重聒噪了皇城里皇帝的耳根。于是在明宣德七年（1432 年），皇帝下令将皇城的东墙东移至玉河的东岸。见于《明实录》记载：

> 上以东安门外缘河居人逼近黄墙，喧嚣之声，彻于大内，命行在工部改筑黄墙于河东，皇城之西有隙地甚广，豫徙缘河之人居之。命锦衣卫指挥监察御史、给事中各一名，度其旧居地广狭，如旧数与地作居。凡官吏军民工匠俱给假二十日，使治居。

二是元大内宫廷的五行八作、饮食买卖，包括祭祀、养马等几乎都集中在紧邻皇城里侧地方，皇城墙开辟了不少“红门”以利进出，也正是因这条玉河提供的方便，沿河设置了不少码头和桥梁。可以看出皇墙与玉河相互关系设计得非常合理，不惟只往万宁桥海子运送粮食物品。其实，明代也有许多大内后勤服务的机构挨着这条运河。不过主要是由于河道淤塞，漕运不济所致，加上皇上图个耳根清净，外移皇城，就此废了运河，改成排水沟了。

明代，在皇城东北角还设有火药局、织染局、皮房、纸房，皆为用水机构，借此，玉河成为专为皇家服务的内部河道。

东安里门和远处的东华门，近前的石路面为望恩桥桥面

元代的桥梁至今全部不见踪影了，明清以来还有东板桥（今东板桥街北口)、二道桥（今北河胡同东口)、御马监桥（今五四大街临御马监附近)、涵碧桥（骑河楼桥，今骑河楼街东口)、东安桥（皇恩桥、望恩桥，今东华门大街东口)，尚可在老北京地图上见到它们的蛛丝马迹。

涵碧桥原为楼阁式桥，上悬匾额："涵碧"，相传始建于明代，因桥正对着一条街，街名骑河楼街。据《日下旧闻考》载："骑河楼在东安桥北。芜史云：有亭居桥上，曰涵碧。桥上有石础二。相传有楼骑河（近似廊桥)，今桥西街尚叫骑河楼。"另据《北京园林史话》中描述涵碧桥的情景："东华门大路再北为涵碧桥。平桥近处有漾金亭，涵碧桥近处有涵碧亭。涵碧桥即今之骑河楼，涵碧桥北为北箭亭，有崇德殿。"民国期间玉河中尚有泄水，桥被废弃。1950年后旧沟变暗河，桥已无处寻觅，而骑河楼的街名一直用到今日。①

东华门东西一线有三座桥：东华门内桥跨内金水河、东华门桥跨东筒子河、东安门桥跨玉河。东安门桥位于今东华门大街与南河沿北口的十字路口，以前是横跨御河之处，桥为三孔石拱桥，桥上有座小庙真武庙，全称"皇恩桥玄真观"或"皇恩桥真武庙"，庙前还有一座小石桥，堪称珍品，故有"桥上有庙，庙前有桥"的说法。此桥有多个名称：皇恩桥、望恩桥、忘恩桥、东安桥、东安门桥、太平桥等。据《京师坊巷志稿》载："中官初入选进东华门，门内有桥曰皇恩，谓从此即受皇恩也，俗呼曰忘恩桥，以中官即富贵，必仇其所生也。案：东安门俗亦称外东华门。"中官指太监，上桥以前望恩，上了桥感谢皇恩，过了桥自然忘恩。忘恩一是身为太监不齿于父母之命，二是富贵了不再认穷爹娘。明代时此地一度是花灯市场的举办之地，后来花灯市场移到灯市口大街。到了民国初年桥名又改称"太平桥"。值得一提的是有网友发现，"历经沧桑，东安门没了，皇城墙没了，玉河没了，望恩桥也没了，这座庙竟然还在。没错，庙还在。民国时，它在内六区东安门大街45号，现在是东华门大街1号。门额'皇恩桥玄天观'仍清晰可见。"

顾念皇恩也好，念念望恩也罢，甚至如民间传说忿忿忘恩亦可，北京的都城、皇城、紫禁城城门中，唯有东华门桥、东黄城根下的玉河一带桥梁，留给人以普通人的情感，给人留下了念想，一种希望或者一种报答或是一种抱负，不一而足。但都是在巍峨的高不胜寒、高不可攀的情景中，却能让老百姓唏嘘、调侃的一座试图可以沟通的"桥梁"，哪怕它是如此虚幻，如此骑虎难下，无可奈何和血泪斑斑。令人胆战心惊的还有一座断魂桥，在西安门外北边的西四东大街东头丁字路口处，与东安门望恩桥相对。真是伴君如伴虎啊！

---

① 梁欣立. 北京古桥［M］. 北京：北京图书馆出版社，2007：31.

望恩桥以北、骑河楼桥以南有一座小桥通向公府胡同，内有一条南北向的箭杆胡同。1917年陈独秀受北京大学校长蔡元培先生之邀，任北京大学文科学长。著名的《新青年》杂志也随陈独秀由上海来到了北京。陈独秀来京后的寓所和《新青年》杂志编辑部就在箭杆胡同，老门牌是9号，现在新门牌是20号。

随着玉河（御河）被填平改造成大街，再也见不到石桥的影子了。1999年6月，铺设热力管道时还挖出了石桥的桥基石。2001年，东城区政府斥资全部搬迁东黄城根居民，建成一处宽约30米的带状公共绿地就是“东黄城根遗址公园”，就在明清北京城的“东皇城”遗址上，南起东长安街，北至平安大街，全长2.4千米，平均宽度为29米，宛如一条连接紫禁城和王府井商业区的绿色飘带。并且通过考古发掘出皇城墙和东安门遗址，包括望恩桥的两段障墙和桥的两个雁翅遗址，均位于现状地面以下约2.3米。为此修建了两个下沉式遗址展示区。

二、牛郎织女会鹊桥

农历七月初七是中国神话传说中牛郎织女天仙配（天河配）的好日子，民间称之为乞巧节，亦成为中国古代的情人节。唐朝林杰《乞巧》曰：“七夕今宵看碧霄，牵牛织女渡河桥。家家乞巧望秋月，穿尽红丝几万条。”牛郎织女的故事最早出现在西周时期的《诗经·小雅·大东》：“维天有汉，监亦有光。跂彼织女，终日七襄。虽则七襄，不成报章。睆彼牵牛，不以服箱。”诗中的“牵牛”即是如今所说的“牛郎”，当时牛郎和织女已经是天上的星星了。

牛郎织女与桥梁建立关系是因“鹊桥”，又名乌鹊桥，见《风俗通》：“织女七夕当渡河，使鹊为桥。”① 鹊桥是一座桥，不是分为牛郎、织女两座桥的。

可是天安门东西两侧就各有一座牛郎桥、织女桥，在南池子的是牛郎桥，在南长街的是织女桥，据传说明代就有了。那么，为什么在承安门（明代）两侧各建一座牛郎、织女桥呢？据传说是永乐皇帝传下的旨意。说的是朱棣自比天上的玉皇大帝，将皇宫比作天宫，将承天门前的金水河比作天河，将金水桥视为“鹊桥”，故而在承天门两侧各建一座小桥，意为遥遥相望的“牛郎”和“织女”。还传说皇帝曾带着后妃们在七夕节之夜，来到金水桥旁观星游乐，并令嫔妃们在金水河里放灯，说是为牛郎织女相会引路，所以民间有“御河桥畔看河灯”之说。此只可为传说而已。

---

① ［唐］韩鄂. 岁华纪丽：卷三引·风俗通［M］. 上海：商务印书馆，1937：16.

据《京师坊巷志稿》：

> 织女桥，桥一。内务府所属掌仪司署在桥南。明史：永乐二十二年十二月，作观天台于禁中。芜史：御用监又南向西，则银作局也，再南过桥（即织女桥），曰灵台，亦有观象台。铜铸浑天仪，以测星度观云气。……观星台。案：明灵台遗址，在织女桥南，今尚存，俗称观星台，互详衙署。①

《日下旧闻考》也有：

> 日知阁建石梁上，其下为水闸，太液池水从此出，达于织女桥。
>
> 牛郎桥，桥一。东河沿有马鞍桥、平桥。芜史：迤东沿河稍北，则吕梁洪、东安桥，再北有亭居桥上，曰涵碧。又北则回龙观止焉。其殿曰崇德。观中多海棠。旧闻考：河东今为南箭亭，北有平桥，在东安桥南，当即吕梁洪漾金亭旧址。东安桥北又有桥，桥上遗石础二，相传有楼骑河。今桥西街，尚名骑河楼，则芜史所云有亭居桥上曰涵碧者也。又北，今为北箭亭，崇德殿旧基，当在其地。……吴长元《宸垣识略》：明南城宫殿额名，无涵碧亭。崇德殿在河东，即回龙观，似与南内相接，为今南箭亭地，未闻越东安门北而有别馆也。据芜史，有东安桥再北五字，因以骑河楼北箭亭当之。窃以东安桥，明称皇恩桥。下云：水从御马监东，东安门桥下，不直称东安桥，可知。疑吕梁洪、东安桥，即今马鞍桥；有涵碧亭覆其上者，即今平桥。又西苑之水，从牛郎桥出涌福阁，所谓骑马河，以阁跨水上也。②

看来，至少织女桥与设于该桥南边的观星台和掌仪司即负责内廷祭祀礼仪乐舞的机构，还有所对的南府胡同有关。因为南府与掌管宫廷戏曲演出的升平署有关。③

牛郎桥、织女桥首见于地图，即清《乾隆十五年京师全图》（1750 年）之中。牛郎桥绘制在皇城东南池子券门内的菖蒲河上，即外金水河，南北向石台

---

① ［清］朱一新. 京师坊巷志稿［M］. 北京：北京古籍出版社，1982：40.

② ［清］朱一新. 京师坊巷志稿［M］. 北京：北京古籍出版社，1982：28.

③ 戴季. 细说《乾隆京城全图》之京水桥——皇城水系：鹊桥（织女桥）与牛郎桥［J］. 文津流觞，国家图书馆古籍馆主办，2018：49.

木板梁桥。织女桥绘制在故宫西侧南长街南端、自南海所出东流的织女河上，也是外金水河，南北向单券拱桥，东侧为社稷坛（今中山公园）。织女桥上标注的文字为“鹊桥”二字。

综合上述信息，织女桥源于礼仪，更有可能源于天上的织女星；而牛郎桥则为了与织女桥相配，同时源于天上的牵牛星，当牵牛和织女一东一西分布在银河两侧时，中间还有一颗星即天津四，西方的天鹅座。这些要素汇总在一起，严丝合缝地表达了这样的信念，天上有银河，地上有金水河，天津四即金水桥，天津桥两边有牵牛、织女，金水桥两边就要有牛郎桥、织女桥，织女星在天上偏北，织女桥在地上也稍偏北。这完全是中轴线象天设都的一种带有浓厚情感、深厚心意的一种表现，表现的是夏季星空大三角，也是七夕夜良宵美景。

历史记载织女桥是略有弧度的拱券石桥，桥大约南北走向，桥下的水是从西北向东南流向，桥面呈长菱形的斜方桥。桥头岸旁原有两株枝繁叶茂的老槐树，树干直径 1 米多，其树龄在 500 年以上。1918 年将织女桥改建为三孔石桥，长 17.2 米，宽 17.66 米。1951 年，织女河改为暗河，织女桥被埋入地下；1970 年拆除，只留有地名“织女桥东河沿”。1913 年，打通南池子大街，把牛郎桥改造为石拱桥。20 世纪 60 年代菖蒲河也被改为暗河，牛郎桥被填埋。2002 年恢复河道水面，建设菖蒲河公园，新建木桥、平桥、拱桥（飞虹桥）、曲桥四座，只有最靠近南池子大街南口处比较接近历史上的牛郎桥。

有关爱情的桥梁，中轴线上正中央曾经有一座——元大都的周桥，位于今端门附近。如果把周桥和牛郎、织女桥联系起来，更加符合美丽夏夜的大三角格局，源于周文王娶亲的周桥，才是那座真正的鹊桥。

在颐和园昆明湖东侧有铜牛、西侧有耕织图，也是农耕文明中男耕女织的巧妙意象营造。《颐和园史话》中评价铜牛与耕织图二景为“镇水、重农和造园艺术三结合”的造景艺术杰作。咸丰十年（1860 年）“英法联军”焚毁清漪园时，铜牛身上的金箔被毁坏，后得以修复，而“耕织图”被夷为废墟，慈禧重修颐和园时未能恢复，而在此修了水操学堂。直到 2004 年才重修“耕织图”景观。

第十三章

天街天桥

第一节　天街之上——通天丹陛桥

桥梁最高莫过于天桥，天桥意为通天之桥，祭天之桥，故称“天桥”。永定门内大街号称天桥大街，简称永内大街，为元明清三代天子到天地坛、天坛和先农坛祭祀昊天、地祇等神明的必经之路。天桥就在永内大街北端、前门大街南端的交会点，南北向跨越龙须沟。清《光绪顺天府志》记载：“永定门大街，北接正阳门大街，井三。有桥曰天桥。”

永内大街南端是永定门城楼，北端是天桥，道路东侧是天坛，西侧是先农坛和太岁坛（山川坛），坛墙均为灰色大城砖，坛门为朱红色。天街本来是雄伟宽阔的，但自清末以来，大街两侧坛墙墙根处，逐渐被各式建筑占领，形成了最接老北京地气儿的老北京天桥，天南海北三教九流无所不包。直到2008年奥运会前，政府拆除了多年以来的各种违建，展露出两侧坛墙。如今过了永定门脸儿，通往天桥的大街两边豁然开阔了不少，两边依次是先农坛体育场、天坛医院、天坛公园西门、旧货市场、天桥商场、自然博物馆、中华电影院、天桥剧场等，给人的感觉像天街了，就是天街了。

天街应该是高高的、神圣的。其实就在永定门内大街的东边，天坛公园里面还真有一条高高的天街，高于地面一至四米的天衢——丹陛桥，这是中国最高最大的天街。丹陛桥又叫海墁大道，既是道路又是桥梁，始建于明永乐十八年（1420年），呈南北走向，长360米、宽30米，其南端稍高出地表1米，接圜丘坛成贞门（南天门），北端高出地面则超过4米，接祈谷坛南砖门，将圜丘坛与祈年殿结为一体，构成天坛中的神圣中轴线。在这条巨大漫长的砖石平台下面，因为有两孔东西向的券洞所以可称其为桥。北边的券洞在祈谷坛南门前，走人。中间的券洞叫进牲门，每当祭牲被抬向祭坛，这里是必经之路，俗称

民国年间天坛丹陛桥，满铁株式会社，1939—1940 年

“鬼门关”。丹陛桥上有三条石道，中为神道，东为御道，西为王道，因北高南低，自南而北步步登高，如临天庭。

丹陛桥平坦宽阔，中间神道海墁白石，石面稍向上凸起呈弧状。昔日祭典时此路为神舆行经之路，连皇帝都不能走，故称为神道。神道左右为城砖海墁，左侧西边御道专供皇帝行走，右侧东边王道供王公大臣行走。此天街之左右非比寻常，不是左东右西，因为面北为上，所以是左西右东。当你漫步在自南而北逐渐升高的丹陛桥上，似乎从树下慢慢地升上树梢，耳听周边松柏的阵阵涛声，一种与天地同呼吸、与宇宙相呼应的通感从脚下油然而生。在古今桥梁中，如此给人以精神作用的可以说凤毛麟角，作为心理之桥有机会应该体验一把。特别提醒一下，走丹陛桥必须脱鞋穿袜慢慢行走，平整细腻的石面将令你终生难忘。

丹陛桥桥东有一方形砖台，称具服台，三面有雕石栏杆，是皇帝祭祀时洗漱更衣的地方。每年在祈年殿举行祈谷礼时，先在此台上支搭圆形幄帐，称为“幄次”，通称“小金殿”，相当一座活动房屋。皇帝由斋宫到祈年殿行礼，先到这“小金殿”中更换礼服。明朝皇帝到这里时，还要脱掉鞋再到祈年殿上行礼，以为洁净，不将微尘带到神坛之上。脱鞋以后，所经过的神路便是铺满棕毯的走道了，这条宽大的甬道直达祈年殿，可以说是通天之路。

说到这里，是否可以说北京有三条天地中轴线，第一条是古代中轴线，即金中都皇城中轴线；第二条是古都中轴线，即元明清北京城中轴线；第三条则是这条神圣中轴线，即天坛丹陛中轴线。这三条中轴线都是具备天街、天桥与天地相互呼应的建筑物。此外还有其他如地坛、日坛、月坛、社稷坛、孔庙、太庙等坛庙宫殿的中轴线，但都是局部的、短小的。

第二节 天街之中——平民之天桥

一、老天桥

老北京最有名的“天桥”就在天街正中。在古代，中轴线上的金水桥可不是一般人能够走上去的，谁能够走上去呢？只有皇帝和皇亲国戚、文臣武将，以及通过科举考试“鲤鱼跳龙门”的进士及第。对于普通老百姓，虽然上不去金水桥，可是倒能够走天街、上天桥，而且同样是走在北京的中轴线上。

元代以前，天桥一带属于金中都城东的郊野地区，这里当年水资源极为丰富，一派水乡景象。随着大都城的修建，此处正好位于新都的正南，因此元代奉祀昊天上帝和皇地祇的郊坛便设置在这片水域的偏南偏东一带。为了方便皇帝到郊坛祭祀，在此处兴建了一座汉白玉石拱桥，与北部的万宁桥也是遥相呼应，从建筑布局上形成南有天桥、北有人间之桥的局面。所以也说明，有人称万宁桥为天桥是有问题的。

天桥自其“出生”便是“奉天承运”为皇帝祭天、祈谷和祭奠山川时所通行之桥。本篇第一章指出从象天设都的理念来看，中轴线北端点为钟鼓楼（齐政楼），如果以崇天门即今午门位置为中轴线的中心点，与之等距离的南端点则应在天桥位置。中轴线在此穿过天桥中心，而真子午线以天地之数 55 元步穿过天桥西侧的斗姆宫。天桥与元大都有什么实质的联系吗？确实，至今虽然尚未发现历史实物和记载，但从中轴线的规制上可以初步判断它们之间是有关系的。特别是天桥和斗姆宫，笔者推测大致是元大都和明北京前期（扩建南城前）的中轴线南端点，可以将其看作大都建设完备后，代表向北进入大都领地的界标起点。而向南则是走向天地坛的范围。

天桥上的巡警，摘自《从阿穆尔到北京到紫禁城》

天桥，摘自《从阿穆尔到北京到紫禁城》

民间一直流传北京城在正阳门关前有一个特意建造的连环关隘，“臆想”用来防御敌人侵犯。其中第一道关口就是“天桥”，既高又陡，横跨天空云端，敌人要想过此桥，难比登天。第二道关口是天桥北边的“老虎洞”和“山涧口”（胡同地名）让敌人寸步难行，其后还有“兵窖”（冰窖斜街）可藏兵百万。第三道是北京城最大的关口正阳门城关。正阳门的箭楼、城楼、闸楼和瓮城，不仅固若金汤，可攻可守，前面还有岸陡水深的护城河和正阳桥，可以阻绝敌人

改造后降低桥面坡度的天桥，《天桥往事录》黄宗汉主编，北京出版社，1995 年 10 月

天桥（引自老北京网）

的进攻。这些都是由街巷地名构成的虚拟关隘，是北京城的神来之笔。①

民间传说，北京城中轴线是一条龙，正阳门是龙头，天桥是龙鼻子，而桥下的这条水沟则是龙须，因此这条沟得名为龙须沟。历史上这一带河渠蜿蜒，水草丰茂，在明代此处颇富园林之盛，可见其水量丰盈。作为北京南城主要的排水渠道，龙须沟源自西边的虎坊桥一带，是金中都东护城河的余脉乱水，沿先农坛和天坛北墙自西而东流过，在天坛北部汇成若干池沼，名为金鱼池。其北面亦有源头，即前门大街东侧鲜鱼口、三里河迤南一脉，也汇入金鱼池。估计天桥起初可能是一座大跨度的木桥，清代大约在乾隆十八年（1753 年）改造天坛时，天桥才改为单拱石桥。此桥在乾隆《京城全图》中剥蚀不清，难辨形制。

① 张淑媛，张淑新，韩然. 北京深处［M］. 北京：中国旅游出版社，2010：72.

据记载，天桥是一座汉白玉单孔石拱桥，桥面分为三道，设有四道栏杆。每道栏杆各有望柱10根，栏板9块，抱鼓石2块。中间御道铺青石条，专供皇帝祭天行走；两侧铺花岗岩石条，供民众通行。桥面的弧度较大，张次溪在《人民首都的天桥》里说道："若从桥南之处向北望，不见正阳门。同时，在桥北之尽处南望，亦不见永定门。"由于桥身很高，甚至高于北京城所有道路，故称"天桥"，可能就是因为桥拱陡峻给人的印象所致。清光绪三十二年（1906年）整修正阳门至永定门的马路，将这条路上原来铺的石条一律拆去，改建成碎石子的马路，高拱的天桥也因而改成了一座低矮的石板桥，降低了高度。从天桥老照片中尚可见栏杆中间的原弧形栏板，可见其弧度相当大，坡度很陡。民国八年（1919年）年翻修马路，对天桥进行改建。据"京都市营造局"档案记载：改造后"桥面全宽22.8米，净宽21.7米，桥身长11.3米，全长22.5米。桥台是带燕翅型，拱券是半圆形，跨径5.6米"。1927年，因有轨电车行驶不便，就将天桥的桥身干脆修平，但两旁仍有石栏杆，接着对龙须沟也进行了改造。1934年，为拓宽正阳门至永定门的马路，就将桥洞埋于地下，两旁的石栏杆全部拆除，从此天桥不复存在，但天桥作为一个地名，一直保留下来。

近人陈宗蕃著《燕都丛考》引《顺天时报丛谈》记载天桥形式："桥仅三梁，石栏四"，与民国初年老照片不符合。按陈宗蕃著成书于1934年，所引资料应是1927年铺设电车轨道改造过的桥身结构。天桥以北为猪（珠）市口，20世纪30年代在其西南建了一座基督教堂，至今还存在。①

2006年，北京市文物研究所的研究人员在一次勘探中发现了天桥的基础，并确定了天桥的基本位置——永安路与天坛路衔接处。为了恢复古都风貌，市政府决定复建天桥，兴建一座历史文化景观桥。为了不影响交通，它与原桥相比南移了四五十米，处于中轴线天街的绿化带正中。新落成的天桥于2013年正式完工，看起来还真像一座景观桥，小桥南北向、单孔石拱券内径4.48米，桥长14.4米，最宽处8米。不过不是站在桥上看风景，而是禁止上桥的，形同盆景的一座模型般的小桥，失去了天街天桥的宏大、舒坦、雍和气象。在新天桥旁边复原立起了两通石碑，东侧为《正阳桥疏渠记》，西侧为《御制帝都篇》和《御制皇都篇》。

二、《正阳桥疏渠记碑》

天桥商业的发展，还有一个重要的原因，就是乾隆皇帝对这一带的改造。

---

① 王世仁. 当代中国建筑史家十书 王世仁中国建筑史论选集［M］. 沈阳：辽宁美术出版社，2013：369.

立于乾隆五十六年（1791 年）的《正阳桥疏渠记》石碑讲述了当年的这段往事。不过这幢石碑与正阳桥倒没有直接关系，反而与天桥关系紧密。《正阳桥疏渠记碑》立于原崇文区西部红庙街 78 号（原为弘济寺即红庙），建于清乾隆五十六年（1791 年），碑文记载了北京水道情况，对研究北京地理和历史变迁有着重要的价值，1984 年被列为市级文物保护单位。碑体为方柱形，南向，高约 8 米，各面宽均为 1.45 米，顶部有四角攒尖式的碑盖，四脊各雕一龙，龙昂首曲身，似欲腾飞状，辐辏于宝顶。碑下为束腰须弥座，浮雕出覆、仰莲瓣及云、龙、菩提叶等纹饰。碑额和碑身四周有龙纹边饰，碑四面均为汉满文字合璧的碑文，正面上首为汉字题名“正阳桥疏渠记”。兹将碑文录于下：①

正阳门外之石衢抵正阳桥，桥之左右，市廛栉比，允帝王都会万方辐辏之綦也。桥之南为天桥，其南石衢直达永定门，则答阳黄道，荡荡平平，会极归极之宗也。衢之左为圜丘、祈年殿之西外围垣；右为太岁坛、先农坛之东外围垣。各有石衢二，横接围垣之南、北门，为诣坛辇路。盖地势东高而西低，故石衢之西恒积水，而东之沙土常因西北风吹壅西垣之半，每诣斋宫，怵弗惬观。今年上辛祭毕，爰命司工于天桥南石衢之左右自北而南各疏渠三。第一渠长各一百六十余丈，宽北各三十余丈，南各二十丈；第二渠长各百三十丈，宽各二十丈；第三渠长各五十五丈，宽各二十丈；深各三尺。其四达坛之横衢，命各辟土道，宽二丈，以为往来车路，并各去其向禁人行之木栅。（东西诣坛之横衢四，旧设木栅，以禁行人往来，盖地近坛垣，理宜严肃而重，车皆由正石衢以行，易致石弊。今石衢左右既开广渠，且各留土路，是四横衢之南北皆有界限，木栅亦可以不设矣。）疏渠之土即篑为渠岸之山，周植以树，兼培行车之土路，于是渠有水而山有林，且以御风沙，弗致湮。坛垣一举而无不便，向来南城井多苦水，兹胥得饮渠之清水为利亦溥，而都人士之游涉者咸谓京城南惬观瞻、增佳景。然予之意原不在此也。洁坛垣而钦毖祀，培九轨而萃万方，协坎离以亨既济（都城南为离位，今开浚水渠六，坎为水卦，是为水火既济之象，亨之道也），奠经涂以巩皇图。其在斯乎，其在斯乎。故不得考工之请而为之记，亦合向之《知过论》所谓不可已者，仍斟酌为之之义。值此耄龄，复得蒇一大工作，孰莫非昊苍鸿，钦承开国家万年有道之

① 张展. 北京文博［M］. 北京：北京燕山出版社，2008：82.

长也哉。乾隆五十有六年岁次辛亥仲夏月御笔。

《正阳桥疏渠记》石碑（图片引自网络）

据碑文可知，当时天桥至永定门一带地势东高西低，正阳桥至天桥御路西面的先农坛，坛根下常年积水，东部则由于北京地区多风沙扬尘天气，刮过来的沙土已经把天坛西坛墙埋了近一半了，而且这些累积的尘土，经常被吹到天坛西侧的斋宫里，皇帝每次祭天到这里斋宿，都要受风沙之苦。于是乾隆皇帝决定彻底整治这一带的环境。当时的设计方案，是在两座坛墙之间的空隙处，开辟出东西两列，每列自南向北各三条水渠，总计六条水渠（嘉庆《京城全图》中可见这六条水渠）。经过整治之后，原来“晴天一身土，雨天一身泥”的景象彻底改观，这些水渠的岸边呈现出一派花红柳绿的景致，简直可以和江南媲美。当时的文人有诗曰：“种柳开渠已十年，旧闻应补帝京篇。天桥南望风埃小，春水溶溶到酒边。”

乾隆皇帝当时对这一改造也非常满意，在乾隆五十六年（1791 年），他亲自题写了《正阳桥疏渠记》，并刻在石碑上，立于天桥桥头东侧，后来他又把早年间立于永定门外的《御制帝都篇》和《御制皇都篇》石碑复刻了一座，立于天桥桥头西侧，这样天桥桥头东西两侧各有一座石碑。在《正阳桥疏渠记》中乾隆没有说是否重建天桥，但提到了在天街石路两侧各修了一条 2 丈宽的土路专供行车，可见在修路以前天桥上是可以行车的一座平桥。经乾隆整治后的天桥，成为一座礼仪桥，专供皇帝祭天时坐轿通行，不再供平民百姓行车交通之用。可惜，到了嘉庆时这些沟渠被下令毁弃了。

三、“东富西贵，南贫北贱”

天桥地区大致范围是指珠市口以南，永定门以北，东临天坛，西濒先农坛，其核心地带位于中轴线两侧的坛根，集中在天桥附近。自元代以来在正阳古桥以南、新城和金中都南城中间地带，前门外大栅栏前身地区逐渐发展为繁华的商业区。到了明代嘉靖年间，有了外城城垣的保卫屏障，北京城便有了相当大的发展空间，许多商业、文化设施逐步移至外城，北京外城逐渐成为商贸区，还有不少达官显贵居于此处。于是外城地区就形成了为内城服务的商业中心和文化中心，并且给来京会试的全国各地考生提供起居便利的各地会馆基本上都分布在外城。到了清代，由于满汉分居内外城，更加有力地推进了这个过程的形成。为了保持内城庄重、静谧的气氛，清廷又将内城的戏园移至外城，京剧、相声、鼓书说唱等文艺形式就在这里生长发展起来，几百年来，外城地区日益成为京城各种文化艺术的独特发展之处。众多文人聚居于外城，为外城文化的发展注入了强大动力，有琉璃厂的古旧书籍、古玩字画，也有笔、墨、纸张等文化用品的生产和销售，这些又带动天桥周边茶肆酒楼、各式货摊、各种小吃、各样杂耍密布其间，万千游人游憩其间，热闹非凡。

北京城曾经有一句非常形象的描述：“东富西贵，南贫北贱。”其所指既可概况北京全城的东南西北，但若指外城即南城更加形象。1928 年 6 月，国都南迁，北京降格为北平特别市，重新厘定了各区区界，将内城合并为 6 区（内一区至内六区），外城合并为 5 区（外一区至外五区），正是此时期，按照外城五区方有了“东富西贵，南贫北贱”一说，当然其起源甚早。“东富”特指原崇文区大部，因其挨近通惠河和进京铁路，包含前门、大栅栏、鲜鱼口、打磨厂等商业圈，交通便捷，自古即为商人进京落脚经商之地，所以商馆也多，富人也多。“西贵”的说法更早，特指原宣武区大部，尤其宣南地区，早在明初即为全国科举试子们进京会聚之地，也是朝廷官员的首选“官气充足”之地，会馆星罗棋布，胡同四合院密集，文人学士应酬唱和的去处也很多，如长春寺、法源寺、陶然亭等，上自军机大臣，下自穷酸文人，以至于达官贵人，后来清末民初戊戌变法、洋务运动及革命党人，时不常地出入此地。“南贫”特指天桥一带城市“下九流”贫民区，以及天桥市场的低价值物品、低价值戏剧杂耍娱乐、低价值各地风味小吃汇聚之地。“北贱”比较特殊，指的是以前门商业圈和八大胡同妓院为核心的区域，“南区”天桥是卖唱，而这片“北区”则是既“卖唱”也“卖肉”。从中可以看出天桥地区的社会生活情态，以及在北京城的地位作用和影响力。那个时代，随着城市的发展，中国农村的衰败，大量农业人口开始向城市会集，由于从永定门出入京城的人潮如涌，人们也多在这里驻足小憩，天桥就自然形成了京城最为著名的三教九流谋生的场所，民间艺术表演聚集之地。甚至，到了民国，连刑场也由菜市口迁到了天桥旁边。1926 年 4 月 26 日凌晨，民国时期著名报人、《京报》创办者邵飘萍就是被军阀张作霖杀害于天桥刑场。

历史上的北京，一部分是以皇城为中心的皇家贵族的北京，有清一代无疑特别强化了这种形势。另一部分则是以天桥、万宁桥、前门大街和胡同等为代表的平民的北京，充满老百姓自得其乐的生活情趣，加之贵族意识、文人雅士的影响，使得这种平民化的生活充满自我陶醉、自我调侃、自我戏谑、做事讲究、豁达开放的“玩”的心态，当然还有自残自虐以博众人一笑、混口吃食的悲惨生活。如形形色色的曲艺杂技表演形成了著名的“天桥八大怪”，以及五行

复建中的天桥（图片引自网络）

八作的北京老字号，不入流的行当，因天桥市场的兴起而繁荣发展。而这一市场又是面向平民大众的吃喝玩乐，集文化娱乐和商业服务为一体，它的兴起不仅是一个城市经济现象，也是一个民俗文化现象。天桥在它的发展过程中，逐渐形成了独特的天桥平民文化、玩乐文化。

天桥地区的改造包括龙须沟的治理，从民国时期到中华人民共和国成立前后多次反复进行，天桥的热闹“温度”也是时高时低。近年来，天桥地区与北京其他地区完全一样，开始进行了大量的旧城改造和道路拓宽工程，现代的高层住宅楼和宽大的马路取代了传统的建筑，天桥地区早已经没有了老北京的气息。

第三节　天街长安

一、西洋飞龙桥

中国睁眼看世界第一人是林则徐，看的是现代的世界。古代看世界第一人则是郑和，长安街边、皇城脚下留下了郑和的传说，而且有一处遗迹称得上是飞向海外的飞龙，是桥不是龙。

《日下旧闻考》记载：

> 飞虹桥，虹俗讹龙，井一、桥一。《明英宗实录》：初上（英宗）在南内，悦其幽静，既复位（复辟）数幸焉。因增置殿宇，其正殿曰龙德，正殿之后凿石为桥，桥南北表以牌楼，曰飞虹，曰戴鳌。孙国敉《燕都游览志》：自东华门进至丽春门，凡里余，经宏庆殿，历皇史宬门，至龙德殿隙地，皆种瓜蔬；注水负瓮，宛若村舍。过此则飞虹桥，石刻黑虎禽鸟状，传为西洋僧载而来。案：丽春门，明南城中路门也，见《春明梦余录》。蒋一葵《长安客话》引陶从政诗：中官三宝下西洋，载得仙桥白玉梁。其说与芜史同。游览志言西洋僧所献，传闻异词耳，余详宫禁。芜史：桥以白石为之，凿狮龙鱼鰕海兽，水波汹涌，活跃如生，云是三宝太监郑和自西域得之。桥前右边缺一块，中国石工补造，屡易屡勒。桥南北有坊二，曰飞虹、戴鳌。姜立纲笔。东西有天光，云影二亭。

此段引文较长，但信息丰富。首先说一下地点，“南内”，包括今南池子周边地区，原本是景泰年间英宗皇帝被囚禁之地，其复辟之后在此处大兴土木，形成了相对紫禁城的一座“小南城”，其中最主要的殿宇为南部的龙德殿。南池子西侧，沿着太庙的东墙外，明代自北向南，分别有玉芝宫、环碧亭、乾运殿、飞龙桥、龙德殿等建筑。飞龙桥在龙德殿后，这座石桥上的雕刻异常精美，按照上述记载，这些石雕应该是当年郑和下西洋时带回国内的。飞龙桥南北两侧各有一座牌楼，分别为飞虹和戴鳌，左右则各有一座亭子，分别为天光亭和云影亭。过了桥北侧便是人工堆砌起来的一座假山，名曰“秀岩”，山上建有乾运殿。

《唐土名胜图会》中的飞龙桥，冈田玉山等编绘，日本文化二年刻成（嘉庆十年，1805 年）

据说当年 34 岁的郑和，身材魁伟、相貌威严。他参加过“靖难之役”，具有军事经验，深得朱棣信任。特别是郑和还具有穆罕默德后裔的高贵身份，对信仰回教的西洋各国，很有号召力。他又是佛教徒，在与东南亚各信佛国家交往时，也极具亲和力。宣德八年（1433 年），郑和第七次、也是最后一次远航归来时，已是 62 岁的老人了。他被尊称为“三保老爹”，他所居住的胡同，也被称为“三保老爹胡同”，即今北京西城区德胜门内大街的三不老胡同。①

郑和留下的唯一遗迹就是飞龙桥。如今桥早已不见了，龙德殿也没有了，但留下了飞龙桥胡同，可资一游。

二、御河新柳看世界

北京长安街的东西向延展，冥冥之中应该是通惠河奠定的基础，或者说是通州与京城之间的密切联系，逐渐酝酿强化了这一意识。

在元代，御河（玉河）自南河沿南口文明门（今东单位置）西水关出皇城，沿今台基厂二条、船板胡同汇入今北京火车站一带的泡子河，出大通桥后，一路东流至通州高丽庄入白河。在文明门外原有文明闸（分上闸、下闸），为郭守敬修建的通惠河二十四闸之一。

据《元史·河渠志》载：

> 广源闸二，在护国仁王寺西；西城闸二，上闸在和义门外西北一里，下闸在和义水门西三步；海子闸三，在都城内；文明闸二，上闸在丽正门外水门东南，下闸在文明门西南一里；魏村闸二，上闸在文明门东南一里，下闸西至上闸一里；籍东闸二，在都城东南王家庄；郊亭闸二，在都城东南二十五里银王庄；通州闸二，上闸在通州西门外，下闸在通州南门外；河门闸二，在高丽庄；杨尹闸二，在都城东南三十里；朝宗闸二，上闸在万亿库南百步，下闸去上闸百步。
>
> 成宗元贞元年（1295年），其西城闸改名会川，海子闸改名澄清，文明闸仍用旧名，魏村闸改名惠和，籍东闸改名庆丰，郊亭闸改名平津，通州闸改名通流，河门闸改名广利，杨尹闸改名溥济。
>
> 从至大四年（1311年）至泰定四年（1327年），又陆续将原木建诸闸改造为砖石闸。

自明代外移皇城后，河水放弃了通惠河故道，沿着一条新开辟的河道笔直向南，穿过正阳门东水关，进入南护城河。在这段新开的河道上，依次横架了北、中、南三座石拱桥，即东长安街上的北御河桥、江米巷（今东交民巷）的中御河桥和紧靠南城根水关的南御河桥。这条元辟明接的新御河自此成为北京

① 侯仁之. 北京历史地图集·明代北京城图［M］. 北京：北京出版集团公司，2013：31-32.

城北部、中部的排水主干渠，流经紫禁城的内金水河和天安门前的外金水河均流经太庙南、皇城内侧的菖蒲河，最终汇入这条御河。

北御河桥

明代在北御河桥南侧的东、西两岸曾各立一座牌坊，额题“御河东堤”和“御河西堤”，岸边高柳垂荫，葱郁可观。“御河新柳暗如烟，万缕长条碧可怜”，作为当年的京师一景，“御河新柳”常为诗人题咏。诗人中估计以官员居多，因为此处直至天安门前T形广场的东千步廊，布满了兵部、工部、鸿胪寺、钦天监、太医院、翰林院、詹事府、太仆寺等朝廷最高机构，邻近所在的正义路、台基厂、东交民巷（明代称江米巷）一带，见证了中国百年来的兴衰与辉煌，也成为中国人民睁眼看世界的一个窗口。

中御河桥

南御河桥，甘博

北御河桥又称御河桥、长安桥，位于今南河沿大街南口外的东长安街北侧，为当年长安街跨御河的一座单孔石拱桥。《日下旧闻考》载：“理藩院在玉河桥东长安街，南向。”说明理藩院位于北御河桥东北侧，“是清廷统治蒙古、回部及西藏等少数民族的最高权力机构，洋务运动前也负责处理对俄罗斯的外交事务，可见东交民巷一带的区位功能涉及对外事务由来已久。”①

中御河桥又称江米桥，也称江米市桥，为东交民巷横跨御河的单孔石拱桥，位于今正义路与东交民巷交叉路口处。明正统六年（1441 年），在中御河桥西北侧建有一座用于接待少数民族官员和外国使臣的会同馆。为了与位于十王府南面的会同馆相区别，此处又称“会同南馆”，“是最早在东交民巷一带设置的外事机构，可视为东交民巷最终成为使馆区的历史渊源。”②

清代后期，这段御河被划入了外国使馆界。1900 年，八国联军打入北京城时，就是以保护东交民巷使馆区的名义而来的，并且是从御河南水关即正阳门东水关进入的北京内城。1901 年使馆界拆除了南御河桥，将北至中御河桥一段改为暗沟，作为六国饭店的停车场。

---

① 刘文鼎. 东交民巷志：使馆界内的旖旎风景——御河与御河桥［EB/OL］. 搜狐网，2019-08-30.

② 刘文鼎. 东交民巷志：使馆界内的旖旎风景——御河与御河桥［EB/OL］. 搜狐网，2019-08-30.

1900年庚子之变八国联军进攻北京城时，英军攻入广渠门后进入外城，但因内城城墙高大坚固，一时无法攻克正阳门和崇文门。战事胶着之际，一个英属印度士兵发现了正阳门东水关，当时河水已干涸，于是英军破坏了水关下的铁栅栏，由此冲入北京内城，直接进入被义和团及清军围困的东交民巷地区。1901年《辛丑条约》签订后，东交民巷一带被正式辟为“使馆界”，各国使馆、城堡林立，东交民巷地区自此成为法外之区。1905年，外国使馆将水关扩大，改造为供该区域人员出入的高大门洞，门洞下部为河道，中间架桥通行人马。门洞外西边不远就是京奉铁路正阳门东车站。水关正式名为“水关门”，镶嵌题额英文“WATER GATE”的石匾，开启了外文标识横行京城的历史。

1900年后，为便于御河东、西两岸联系，在北御河桥与中御河桥之间、英国使馆大门前略北侧位置新建一座跨越御河的三孔两墩梁式铁桥，桥两端设铸铁护柱和护链，成为第四座御河桥。这座桥可能是北京城区第一座现代钢铁桥梁，而北京城外第一座则是卢沟桥西边的小清河铁桥，建于1894年。

清人富察敦崇著《京都记变百咏》中有《御河桥》诗：

> 长安门外御河桥，轿马纷纷事早朝。不料皇宫居冠地，炮台高筑欲凌霄。

“记变”即庚子事变，诗人愤恨之情跃然纸上。

民国十三年（1924年），前三门护城河南水关到东长安街一段全部改成暗沟，填平植树，中间辟为绿化隔离带，原河两岸修路，东岸称正义路，西岸称兴国路，后将两路中间地带辟建为街心公园，统称正义路。民国二十年（1931年），东长安街到望恩桥（东安桥）一段也改成暗沟。1924年刚通有轨电车时，此地曾有“御河桥”一站。到了20世纪30年代南河沿改为暗沟以后，北御河桥拆除，也被改为马路，御河桥全部消失。抗战胜利以后，命名御河桥东侧路为兴国路，西侧路为正义路。中华人民共和国成立后，两侧统一命名为正义路。

三、中轴线的东西穿越

由古及今，放宽视野，860余年来，北京城的历史发展自长安街于20世纪50年代开通后，东西伸展的横向轴线——百里长安街，代表了新北京也是中华人民共和国的又一次伟大的历史选择。可以说古老的北京城体现皇家威严和传统礼制的南北轴线，已经让位于新时代体现人民群众对新中国、新社会、新生活的向往和开放精神的东西轴线。

御河铁桥

北京的长安街是一条政治性非常浓厚的大街，为了视野通达维护其深远庄严，也是为了政治活动、阅兵等需求，长安街沿线是不允许建造上跨桥梁的。所以，从木樨地到大北窑（国贸）之间，无论复兴门和建国门两座立交桥，还是人行过街设施，都必须下穿长安街。如果说北京城南北中轴线是一条建筑中轴线，长安街则是一条交通中轴线。至于是否称其为中轴线，值得讨论，但论其对于城市空间的纲领性作用，长安街与中轴线有着相同的重要意义和价值，尤其对于现代北京的发展和北京的现代化与未来，长安街要更加重要一些。正如复兴门和复兴门桥、建国门和建国门桥的文字意义所表达的，一条古老的、历史的轴线，代表中国传统文化的复兴；一条现代的、未来的轴线，代表中国现代化的建国，这也就是北京城市总体规划中屡次强调的“两轴”意义所在。

北京市大规模的道路交通建设开始于 20 世纪 70 年代，其典型代表是立交桥，立交桥中最典型的就是复兴门桥和建国门桥。站在这两座桥上，感觉它们的象征意义已然超出了桥梁自身存在的价值。

复兴门立交桥坐落于西二环路与复兴门内、外大街相交处，建成于1974年，是北京地区也是全国最早建成的苜蓿叶形互通式立交桥。其结构为三跨预应力钢筋混凝土变截面连续T梁，花岗岩蘑菇石砌块挡土墙，大理石栏杆扶手，设置有二十四座梅花形照明灯。整座立交桥造型庄重、秀丽，与四周建筑物和环境协调流畅，混为一体，桥梁及匝道周围的绿地、花坛、雕塑形成美丽的街心花园。而且这座桥梁在一开始就邀请了建筑师参与设计，还特别进行了美学设计，在北京工业设计和建筑设计史上是可以大书一笔、留下历史印记的，是值得作为建筑工业遗产予以保护的。

1974年，复兴门立交桥

1979年，建国门立交桥

建国门立交桥位于东长安街与东二环路交叉处，建成于1979年。这是我国第一座机动车与非机动车完全分行的三层苜蓿叶形互通式立交桥，它的建成标志着我国道路立交工程设计技术开始迈出坚实的步伐。建国门立交桥梁上部结构为箱形截面预应力钢筋混凝土简支梁，采用青石板护坡。东西方向自行车道设计在第二层，南北方向自行车在桥东西两端主路下通过，桥上是东西向进出建国门的东长安街机动车道，最下层是南北向通行的二环路机动车道。转向车辆可通过南北两侧的匝道改变行车方向，无论南北方向还是东西方向车辆，右转弯时可直接右转，左转弯时必须盘桥右转。全桥共有三座桥梁六个桥洞，造型美观大方，布局合理，通行能力强。

四、长安新境界

改革开放以来，从十里长街，到 38 千米，到 45 千米，再到如今 51 千米的百里长街，首都北京的东西轴线愈发壮阔美丽，在这条宽广的还在延伸的东西轴线上，又崛起了两座地标性的重要桥梁，其西端一座就是位于长安街西延线永定河上的“和力之门”大桥（新首钢特大桥），它代表了新北京的最新历史定位，即以此为新北京的又一次集结、又一次凝心聚力的出发点；其东端一座就是建在通州北运河上的“千荷泻露”大桥，它则代表了新北京高屋建瓴、一泻千里的新的梦想、新的跨越和新的追求。一个全新境界的北京正在沿着百里长街，从永定古渡向着通州新渡而去。由此，我们可以看到桥梁对于历史的北京和未来的北京都是不可或缺的关键节点和重要角色。

和力长安

永定河上的“和力之门”大桥（新首钢特大桥）是长安街西延线最重要的节点工程。西延线是北京市重点民生工程，全线贯通之后，“十里长街”真正延长至“百里”。新首钢大桥成为继故宫、国家大剧院、军事博物馆、中华世纪坛等地标性建筑后，长安街上的又一颗“明珠”。大桥全长 1.35 千米，主桥为斜桥横跨永定河，全长 639 米，主跨跨径 280 米，桥面最宽处 54.9 米，主路设 4 上 4 下 8 条车道，宽度居全国桥梁第一，当然也是北京最宽的桥梁。该桥为全球首例双塔斜拉钢构组合体系桥，采用全焊接钢结构，钢结构总量达 4.5 万吨，一举超越国家体育场鸟巢 4.2 万吨的钢结构用量。

新首钢大桥于 2016 年 6 月正式开工建设，2019 年 9 月 29 日正式开通。新首钢大桥为全钢倒“U”形双斜钢塔斜拉桥，两座倒“U”形钢塔分别向东、西两侧倾斜，从高空俯瞰，仿佛两个面对面席地而坐的拔河健儿，脚抵着脚，手拉着手，各自向后用力拉伸，就像一座兼具力与美的钢铁艺术品。2020 年 8 月，新首钢大桥荣获“2020 年国际桥梁大会（IBC）尤金·菲戈奖”。

需要冷静思考，这座象征性的巨大“合力之门”建于何处最为合理？北京

永定河“和力之门”新首钢大桥

的西部邻近山区，即使跨过永定河并不能走向一种交通性的畅通，似乎是进入了略感“后院”的一个大门，不是走出大门、走向未来的感觉。作为北京的而不是门头沟的标志性交通和桥梁建筑物，如果建在通州或大兴，似乎更加合乎交通文化的观念，它本应该是“通州之门”或“大兴之门”。

千荷泻露

长安街向东，穿过通州区中心，一座建设中的景观大桥横跨北运河，这就是“千荷泻露”大桥，桥梁全长360米，分为主桥和引桥两部分，主桥五跨，跨径分别为30、40、70、40和30米。大桥于2014年3月开工建设，不久将正式投入使用。大桥的钢体骨架是由一系列不规则异形构件组成的，钢梁结构总重8000余吨。桥梁设有三层景观步道，上层挑檐为下层游人提供了遮阳避雨的功能，与之配合的一体化座椅供行人休憩观景；平台边缘向上微微卷起充分保证行人的安全。最下层会有水流倾泻，呈现千荷泻露的奇妙景观，成为北京城市副中心特有的一景，还将为游人创造妙趣横生的亲水体验。

通州北运河“千荷泻露”大桥（摄影 王锐英）

设计师说：大桥造型源于现场踏勘时所看到荷塘中露珠从荷叶边上滴落的景致，故命名为“千荷泻露”。核心是想通过导入“友好型”环境策略，以一“桥”激起千层浪波及整个区域环境，充分体现了新时代“城桥友好”的“城景”，“河桥友好”的“河景”，以及“人桥友好”的“桥景”三景合一的“三友好”中国环境艺术设计思想。

北京的古桥独具传统美感，大多位于中轴线上和三山五园之中；北京的新桥独具现代艺术美感，最新的比如和力之门大桥和千荷泻露大桥，它们必须出现在大河之上和通衢大道上，这是现代技术力量与现代艺术的完美结合。对于桥梁美学各有各的感觉和理解，如果将其置于一个历史悠久的地方文化中、一个具有深厚历史的文化区域环境中观察，桥梁更宜作为文化的标识物，其最高的美学价值不在于其形式和装饰，而在于位置、方位、走向、寓意和文化空间的联系作用。

第十四章

永定之门与永变之桥

第一节　永定桥和永胜桥

一、永定之门率先开启

北京永定河最为知名，但说起来，永定门要早于永定河。

永定门最早称为“正阳外门”，瓮城的闸楼和箭楼是一体的，箭楼城门就在正中间，正对着永定门城门。箭楼城门外的护城河上架着一座不宽的桥，这就是永定门护城河桥。不过这座堪称北京大城之桥的护城河桥，看起来并不那么扎眼，更谈不上壮观。直到明嘉靖三十二年（1553 年）开始扩建外城，到嘉靖四十三年（1564 年）才建成瓮城和护城河桥，正式命名为“永定门”，寓意“永远安定”。永定门桥虽然比正阳桥晚了 200 多年，但因其位置在中轴线的起点，自然不可小觑。而且，永定门桥命名早于康熙三十七年（1698 年）将无定河命名为永定河 134 年。

1693 年《康熙南巡图》中的永安门

永定门城楼、箭楼和护城河桥，1900 年

1902—1905 年，永定门西南面、瓮城外护城河、护城河桥

永定门和永定门护城河桥，1921 年

永定门北侧人行地道桥（摄影 王锐英）

今日永定门护城河和立交桥（摄影 王锐英）

二、南顶永胜桥

真正的永定桥在永定门外的凉水河上。古代京城的东、南、西、北、中五个方位，各有一座号称“顶”的庙，其中南顶碧霞元君庙在永定门外五六里地，大红门凉水河北岸，今南顶村，坐东朝西，始建于明代。南顶旁边凉水河上有一座桥名为“永胜桥”，曾经称为永定桥。因位于皇家园囿南海子北大红门之外，所以又称红桥、大红桥、大红门桥、北红门桥、北大红门桥，即今大红门桥。如果不求精准的话，这里才是北京中轴线的南端起点。

据《宸垣识略》记：“南顶以南之河名凉水河，桥名永定桥。（河边）土阜名九龙山，乃乾隆间疏浚凉水河时堆成。环植桃柳万株，开庙时游人皆敷席携榼，群饮其下。近则土阜虽存而桃柳零落矣。”《宸垣识略》为吴长元编写于清乾隆五十三年（1788 年）。虽然众多文献记桥名为“永胜桥”，但《宸垣识略》文之“永定桥”似乎也不是笔误，可能受到永定门的影响，至于不嫌与永定门护城河桥重名，因为北京各个城门外的护城河桥，一般没有特定名称，通称“某某门桥”，也简称为与城门同名的“某某桥”。但其中正阳桥比较特殊，自始就是正名。

永胜桥建于明永乐年间设立南海子苑囿时期，因永定河屡发洪水，其下游的凉水河更易泛滥，加之沙土地质，桥梁也是屡修屡毁、屡毁屡修。明宣宗于宣德三年（1428 年），当时命太师英国公张辅等调动部队修治南海子“周垣桥道”，再次修建了北红门外“大红桥”和南红门外的“圣石桥”。“大红桥”是横跨凉水河上的最重要桥梁，因为北大红门和大红桥是帝王来往南海子的必经之路。自明宣德七年（1432 年）到天顺二年（1458 年）对其就进行过六次大修。直至清代也是如此，例如最大的一次修建在《永胜桥记》石碑有记载：桥自清康熙三十三年（1694 年）起造，至清康熙四十八年（1709 年）竣工。工期长达 15 年，显然受到了各种因素的左右。1695 年康熙还曾大阅于南苑，应该是迫切需要这座桥梁的。1696 至 1697 年两次亲征噶尔丹，1698 年巡幸塞外，正是在此一年将无定河命名为永定河的。此后几年，康熙四次南巡、多次巡幸各地，要事频繁，可能难以兼顾。《永胜桥记》石碑园林立于桥头，现在由丰台区文物保护部门保存在万泉寺碑林中。

大红门外永胜桥（图片引自网络：《旧京遗韵》“寻找北京南顶和中顶的踪影”）

史料记载，永胜桥是一座五孔连拱石桥，全长约 44 米，其中桥身约 33 米，桥面宽约 10 米；桥上两侧各有 18 根望柱，17 块护栏板。此桥在明代 30 年间有过七次修建，清代一次修建更用了 15 年。20 世纪 60 年代中，因对凉水河截弯取直和道路拓宽，决定拆除石桥。据说，当时著名的桥梁专家茅以升曾提出了保护此桥的建议，但没有被采纳。最终，还是被拆除了。永胜古桥最终还是消失了，看来政治形势是外部因素，水文地质才是内部因素，施工技术则是关键因素，其建造经验值得仔细研究。市政府在原址上建起了一座钢筋混凝土结构的跨河公路桥——北大红门桥。2009 年，为了适应新的交通发展，又对北大红门桥进行了扩修重建，直到现在。

永胜桥旁边的南顶才是最为有名的北京南郊名胜。《日下旧闻考》:“大红门外碧霞元君庙，士人(土人)呼为南顶。”此为“小南顶”。另弘仁桥(今马驹桥)碧霞元君庙则被京城人称为“大南顶”。《京城古迹考》载:“今此庙曰大南顶，旧曰南顶。”大红门的小南顶，又名“灵通庙”。

《万历野获编·卷二四》:

碧霞元君庙，在南苑大红门外，土人呼为南顶。九龙山在南顶永胜桥北岸，乾隆间疏浚凉水河之土堆成。自西至东，约长三里，高二三丈不等。委蛇起伏，宛如游龙，环植桃柳万株。开庙时，游人挈榼敷席群饮。夏木阴阴，水田漠漠，不减江乡风景也……

《燕京岁时记》:

南顶碧霞元君庙在永定门外五六里，西向，左右有牌坊二，左曰广生、长养，右曰群育、滋藩，皆乾隆三十八年重修时御书。每至五月，自初一日起开庙十日，士女云集。庙虽残破，而河中及土阜上皆有亭幛席棚，可以饮食坐落。至夕散后，多在大沙子口看赛马焉。

《京都竹枝词》中也有一首诗:

但开南顶极喧哗，近水河棚数十家，纨绔少年归更晚，天桥南面跑新车。

此新车可不是汽车，而是马车，自天桥经永定门到南顶，道路是宽阔的，又赛马又赛车，上上下下不亦乐乎。所以，从老北京文化的喧嚣风味来看，北京的中轴线南端应该以此南顶和永胜桥为起点才最为合适。

如果说中轴线北延伸线的奥林匹克森林公园有着多座桥梁作为一种展望，中轴线的南延伸线南海子公园也有着更多座的桥梁可作为北京桥梁世界的延伸。历史上，有南海子七十二桥一说，据《帝京景物略》:“原城南二十里有囿，曰南海子，一百六十里，中有殿，殿傍晾鹰台。台临三海子，筑七十二桥以渡，元之旧也。”“台临三海子，水泱泱，雨而潦，则旁四淫，筑七十二桥以渡，元旧也。”说明南海子不仅桥多，这些桥早在元代就出现了。但是至今也都无迹可寻了。不过，近些年来，随着南海子的绿化美化和生态环境的改善，这里已经成为北京城南一处值得玩味和修身养性的郊野公园，还有众多的大大小小的桥梁构成郊原风景的重要组成部分，延伸着人们的情怀和畅想。

三、永胜桥的悲怆与抗战精神

这座“永定桥”如此不安定，名为“永胜”更像是一种祈求、一路进取、一个过程，但也是一种精神。正如附近九龙山的佟麟阁中学和赵登禹学校（前身为大红门中学）所昭示的。这两所中学的起名源于抗战时牺牲的佟麟阁将军和赵登禹将军。

1937 年“七七事变”爆发，7 月 7 日夜，在卢沟桥日本侵略军开了第一枪，一直延续到 7 月 28 日，日军又在大红门发动了攻击南苑——中国 29 军驻地的战斗，29 军副军长佟麟阁将军和 132 师师长赵登禹将军，以及近 5000 官兵壮烈殉国，7 月 29 日北平沦陷。永胜桥见证了中国军队的英勇和惨败，可称为北京继高梁桥、八里桥和卢沟桥之外的又一悲怆之桥。

当年 7 月 28 日，就在南苑大红门永胜桥东侧北岸的九龙山高地上，指挥抗击日军的佟麟阁将军与日军激战时头部重伤，后因失血过多，于九龙山下的时村壮烈牺牲。后时村南顶路中学改为佟麟阁中学，以纪念牺牲的佟麟阁将军。佟麟阁牺牲的确切地点时村，是北京史地民俗学会的冯其利先生从北京档案馆资料中发现的线索，线索只有一句话“佟麟阁牺牲地点在时村”。根据这一记载，北京档案馆研究人员根据多方面的调查和现场考察，确认佟将军当时指挥撤退部队已经跨过凉水河，到达大红门东北，在大红门与红寺之间的南顶路与日军激战。日军飞机轰炸了 29 军的高地九龙山，封锁了南顶路和西侧直通永定门的大路。佟将军只得率部由南顶路向北进入时村。但在时村又遭遇日军阻击，激战一个多小时后，不幸牺牲在时村路上。

7 月 28 日当天，中国军队受到日军的猛烈炮火冲击，决定向大红门转移，赵登禹布置骑兵旅先撤回城内，自己准备撤退的路线“天罗庄”被隐藏在 29 军中的日本特务周思observe听到，他马上用电话报告了日军，日军急调军队在天罗庄设下伏兵。赵登禹乘坐的轿车，前后各有一辆坐有卫兵的卡车保护，当军队行进到天罗庄时，受到日军机枪猛烈射击，赵登禹英勇抵抗，并向敌阵冲击，在交锋中，他和大部分卫兵殉国。那么天罗庄在哪里呢？天罗庄是个村名，就在大红门一带，村东的干道即大红门南路，村西的铁路即京苑小火车线路。天罗庄与当地比较有名的遗迹黄亭子相隔一条火车道。所以有些文献记载赵将军牺牲在南苑黄亭子。

大红门桥虽然永定不定、不定屡定，但永不言败、方为永胜。为了保护和传承珍贵的历史文化和桥梁文化，2020年1月，由大红门街道办事处发起，经市人大代表联名提议申请将大红门桥恢复其原历史地名——永胜桥。2020年8月25日，经过逐级提议、调研，北京市规划和自然资源委员会审批，终于把这座桥恢复了其历史的名字“永胜桥”。

今日永胜桥和旁边北京最长的磴步桥（摄影 王锐英）

如今大家来到永胜桥，桥下的凉水河已经今非昔比，昔日的臭水沟变成了潺潺清流，两岸花树繁茂，一派水乡景致。永胜桥下东侧20米还有一处北京最长的磴步桥，42块磴步分为三段，在水面上总长近40米。磴步桥，又称踏步桥，古代称为渔梁，是桥梁的老祖宗了。而且桥梁的“梁”字就起源于渔梁，源于等间距分割的意思。

第二节 永变之桥

一、永定门桥

古往今来，永定门桥虽然名为永定，却也难以永定不变。正如永定门城楼，在北京的桥梁中，因故拆建、迁建、复建、重建者众多，比如西直门桥从元代的木桥、明清石梁桥、民国及中华人民共和国成立后的混凝土梁桥，到1980年左右建成环形立交桥、1999年改为定向式加苜蓿叶互通立交桥，数起来有不少于5次大的变身，但桥下护城河早已没有了踪影，后来的桥梁也与护城河没有了关系。其他如各城门外的护城河桥梁，也差不多都经历了木桥、石桥、混凝土桥和立交桥的变化，可是没有一座桥像永定门桥那样被多次地原地拆改重建，在其多次反复变身的历史中，最为难得的是一直保有着永定门护城河桥的名声。

1956年，永定门箭楼外，自东南向西北，右侧为新建护城河桥（图片引自网络）

永定门护城河桥（图片引自网络）

今日永定门（图片引自网络）

虽然永定门桥比正阳桥、西直门桥等建于元代的桥梁晚了有 200 多年，但其也经历了许多变化：明代木桥和石梁桥之变、清代石梁桥之变、民国石台木梁桥之变，1956 年东侧修建木桥，1960—1970 年改为混凝土梁桥，1990 年建成半互通菱形跨河立交桥，2004 年改建为跨河永定门广场桥和互通式立交桥。至少发生过 8 次有记录的原地大改建，其间河道位置有所调整，但桥梁的走向、位置没有太大的变化。

1957 年，永定门外修建了永定门火车站，永定门城楼成为阻碍交通的一个“障碍物”。1958 年，永定门城楼、箭楼被拆，老桥也被拆掉，在原址上建造了一座宽大得多的桥，使进出城拥堵的交通变得顺畅多了。在桥的东边还有一座有轨电车专用桥，铁轨下铺着窄木板，能够看到桥下的河水，电车公司的整备厂在河南边，每天电车出入都要在这座桥上通过。过护城河桥往南是一块宽阔的三角地，再往南偏东一点就是进京火车必经的铁道桥。

改革开放后，护城河桥已经不敷使用，加上南二环路的修建，到了 1990 年拆掉旧桥，建起跨护城河的现代立交桥，南北横跨东西方向的南护城河及南二环主路，为钢筋混凝土结构，共三跨，每跨长 16. 8 米，桥长 51 米，桥宽 31 米，南接跨路桥。每跨中有 T 型梁 16 根，东西各有箱梁 2 根。T 型梁每根重 8. 5 吨，箱梁分体后每根重 8 吨。与跨河桥相接的跨路桥共两跨，每跨长 19 米，桥长 38 米，桥宽 31 米，每跨中的承重梁基本与跨河桥相同，只是中间的 T 型梁为异型梁。

直到2004年，人们又重建了永定门城楼。重建后的永定门城楼门洞上方所嵌石匾，楷书“永定门”三字，苍劲雄健，就是仿照明代原配石匾雕刻的。说起这块石匾，还有一个故事：在重建永定门城楼的前一年——2003年，人们在先农坛北京古代建筑博物馆门口的一株古柏树下，发现了一块保存完好的永定门石匾。据考证这块石匾正是明嘉靖三十二年（1553年）始建永定门时的原配石匾。现在人们看到的重建永定门门洞上方所嵌石匾上的“永定门”三字，就是仿照这块石匾雕刻的。

2004年复建永定门后，又将这座护城河跨河桥和南二环路跨路桥同时拆除了，在原永定门立交桥东西两侧50米处又各建设一座新的跨河立交桥，立交桥为苜蓿叶形互通式立交桥，桥梁各长123.5米，各宽34.9米，桥梁为钢砼组合梁结构。中间为永定门城楼南广场桥，跨越南护城河及巡河路和滨河路、南二环主路和南侧辅路，与永定门城楼城门及广场南侧绿化区相接，由1座28.0m+44.5m+44.0m+4.85m的钢-混凝土组合连续梁桥和两座主跨相同、边跨为4.83m的现浇简支板梁桥组成，桥梁面积达到8393.2m^2。

二、永定门外的燕墩

就在新建永定门桥的西南角，可称之为北京中轴线的“永定物事”景观中，值得一提的就是燕墩，有人推测这是一座墩台式的烽火台，也有人认为烽火台不准确，但它的身份确是北京城的“五大镇物”之一。元明两代，就在京城南方五行属火的方位筑起了这座烽火台。对于京城“五镇”有多种说法，清乾隆皇帝在他所做的《神木谣》中为之亲自进行了明确定义，特别提到此神木“远辞南海来燕都，甲乙青气镇权舆”。明显地将神木作为北京的镇物。清末光绪年间当时出版的一本北京旅游指南小册子《都市丛载》（李象寅）对北京五镇做了详细的描述：

> 东镇为木，黄木：大木翰（疑为轮）囷百丈高，东方作镇记前朝。魄奇犹忆岩阿里，老干亭亭耸碧霄。
>
> 南镇为火，燕墩：沙路迢迢古迹存，石幢卓立号燕墩。大都旧事谁能说，正对当年丽正门。
>
> 西镇为金，大钟寺之钟：钟大难悬梁上穿，深深楼覆韵飘然。游人到此占祥瑞，鹅眼青钱费万千。
>
> 北镇为水，昆明湖：昆明湖上晚晴初，眼望铜牛柳半疏。水远楼深难画处，顿教俗虑自消除。

中镇为土，景山：地安门里绕红墙，树影重重映夕阳。玉蝀金鳌桥上望，煤峰耸峙在中央。

其中一句“正对当年丽正门”引发了元大都与明清北京中轴线是否一致的争论，不过这里的“正对”，是在诗人嘴里说出来的，还真较不得真。

值得考量的是五镇的分布非常奇怪，除了中镇景山和南镇燕墩之外，其他三镇并不是如同“五顶”一样分布在北京的正东、北、西三面。对此，笔者提出如下的推测：

按五行说法，东镇为木，木生于水，传说其位置在广渠门外黄木厂（皇木厂、神木厂），就在庆丰闸南边。其道理有两点，一是神木由运河运来，就近方便又挨着水；二是东方甲乙木，甲为阳木居东偏北，乙为阴木东偏南，为避免阳木克中央皇土，所以取乙地安置。西镇为金，大钟寺偏居西北，金生水，西北为天门龙脉和水口，如果连线东镇地点，中间正好穿过万宁桥、前海、后海和积水潭汇通祠下的水关，向西北则指向青龙桥北侧的龙脉山潜之地，脚下即京密引水渠和北旱河交汇处——青龙桥。这条金、木之线落在北京水脉之上，完美体现了金生水、水生木的意义。再有一个特别之处，站在万宁桥上，这条线也正是北京冬至日出照射线，正东偏南31°。

再说北方水镇昆明湖，实则为铜牛，可是它居然比西镇大钟寺还要靠西。如果连线南方火镇燕墩和北方水镇铜牛，水火之线即子午线，这条子午线偏斜得也太离谱了。但是，这条线也指向了昆明湖进水口的青龙桥附近。再说还有一个巧合呢，燕墩火镇位于中轴线偏西将近40米，向北再看看万宁桥旁边的火神庙，发现也是中轴线偏西40米，燕墩与火神庙在一条线上，而且完全平行于中轴线。这是不是也太巧了，奥秘何在呢？可以看到燕墩“正对当年丽正门”，以火对火都是没有道理的，而元代火神庙处在都水监，可以看作治水之宫。燕墩似为瞭望塔之象征物，可以出警避火，南火北水即子午线的象征，所以燕墩和都水监似乎应该成为子午对，在今日申报世界文化遗产之时，不可忽视其作为北京中轴线意象的实物表达和文化价值。

至于火镇燕墩和水镇铜牛的象征，而且还与月坛共线，这些都是到了清朝才完备起来的象征物，其空间含义还需要仔细探讨。

回到燕墩，在明嘉靖年间以前是一座土墩，嘉靖年间修筑外罗城时进行了包砖。清乾隆年间于燕墩之上立起了一块御制碑，上面有乾隆皇帝的两篇文章，即《御制皇都篇》和《御制帝都篇》，这两篇文章应该算作当时封建帝国最高统治者对于受之于天的皇权的明正宣示，现在看来也可以看作皇帝为定都于北京、奠定北京中轴线所做的最权威、最有力的宣示和广告，将其镌刻在京城南大门外，向来往过客宣传北京城。所以说，这两块碑实在是首都北京定都之碑，成为北京中轴线上的重要节点之一。

燕墩（图片引自网络）

第三节　中轴线上的第一座现代桥梁

北京中轴线上的古桥不少，现代桥梁也有一些，但都在南北延长线上。例如南中轴的永定门立交桥、铁路桥、南三环、四环和五环立交桥和沿线的人行过街天桥等；北中轴的北二环高架桥、护城河桥和北三环、四环和五环立交桥和人行过街天桥等。特别在奥林匹克森林公园还有一座跨越北五环的生态廊道桥，这是北京最大的一座人行过街生态天桥，也在中轴线上。可是你可知道北京中轴线上曾经出现过北京城历史上第一座现代桥梁吗？

这就是北京城第一座跨河铁路钢桥，也代表着北京中轴线上也是北京城历史上第一座现代桥梁和真正火车站的出现。不过，要说北京城第一座铁路桥和火车站可不是在这里，而是修建于1886年的北海西苑铁路，在五龙亭西侧为通行小铁路而修建的石梁涵洞桥，离中轴线也不太远。北京最早的火车道是在1865年，英国商人在北京宣武门外修造了一条长约0.5千米的小铁路，试行小火车，不料，由于当时的中国人视火车为“怪物”，没过多久，慈禧太后紧急饬令步军衙门将其拆除了。

永定门西铁路豁口临时桥梁

1900 年 8 月，八国联军占领北京后，天坛成了英国军队的兵营，为了运输军用物资，在永定门西边的城墙开扒了一个豁口，在护城河里利用所拆的城砖修建了砖砌墩台，上架钢梁，铺设枕木和铁轨，把铁路修到了天坛西门。清末北京城墙的拆除，就是因着这个铁路豁口的开扒，从永定门开始的。当时的背景是，为了方便军用物资和士兵的运输，英军决定弃用已经被焚毁的马家堡车站，而将京津铁路（卢汉铁路）继续往东北方向延伸至天坛西门，并在永定门城楼下凿开了城楼西侧的城墙，以方便火车的来往。如此说来，北京城的第一座城砖墩钢梁桥就在永定门旁边的护城河上出现了，虽然它很小。这座永定河护城河铁路桥应该算作北京城的第二座铁路桥，但却是第一座真正跨河的钢桥，而且可以说是中轴线上第一座现代化铁路桥。由此观之，这条铁路线和天坛西门外的火车站，尽管它们早已消失，自然亦应成为北京中轴线上的历史纪念物了。当时，清政府认为将皇帝专用的祭坛大门改成车站实在是有失体统，要求他们重新选址。后来，英军就把新的火车站选在了今天的正阳门城楼东南侧，并着手兴建正阳门东车站。此后，永定门西侧的豁口被封上，永定门附近的铁路也被拆除，而在天坛东墙南侧新开了一个豁口，铁路自此进城斜向东北穿东便门北侧及西侧城墙再转向西，经内城东南角楼外和崇文门瓮城而直达前门火车站。铁路拆除后，永定门开通了有轨电车，不过永定门有轨电车存在的时间非常短暂。

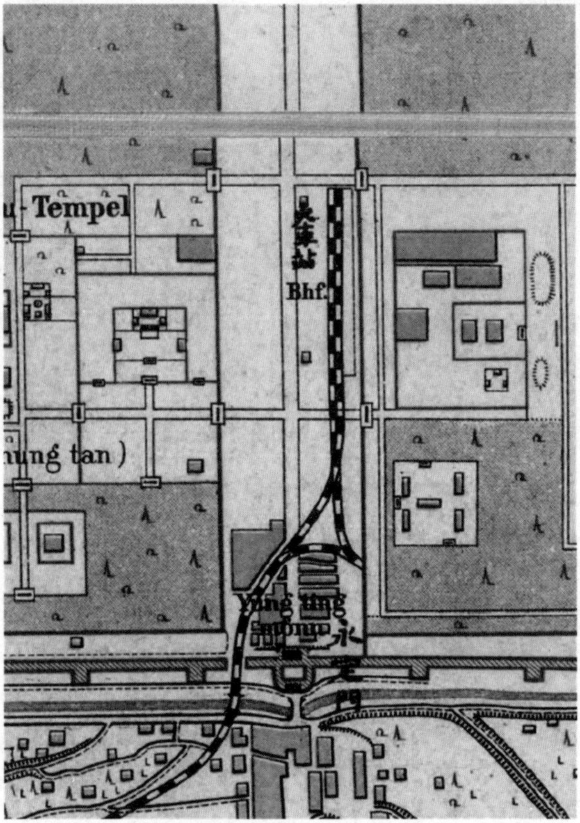

1900 年 9 月，铁路从永定门西豁口进城到天坛火车站路线图和桥梁位置

第四节　龙脉余音

一、现代文明的延伸

北京的中轴线还在向着南北延伸，这从北京城的规划和发展中是可以观察到的，而且从奥林匹克体育中心和奥林匹克公园的空间规划、从大兴机场正中心的国旗标识中也是这样强调的，在许多专家学者的文章中和政府文件中都可看到这样的说法。本质上，北京中轴线的延伸是现代文明发展的结果，早在清末民初即已发生了。

现代意识开始融入北京中轴线，从永定门进来的火车是强行闯入的，而且还是破墙而入的。东交民巷的枪炮和喧嚷是一种咄咄逼人的外来侵略威胁。自明代开始到清末，受西方文化的影响，在皇城南北的前门、万宁桥商业街上，早就发生了建筑结构和立面的变化，尤其前门大街及其左右一带商业街最为明显。前门火车站修到了皇家门口，有轨电车爬上了前门大街。皇城圈里，最大的变化发生在正阳门内棋盘街两侧、东交民巷和西交民巷中的西洋建筑。

西洋的不见得就是现代的，比如从元朝开始，罗马天主教就传入到中国内地。1293 年在元大都设立教堂三座，其中一座教堂“屋顶竖有红色的十字架，在城内是一个显目的标志”。据徐苹芳先生考证，这座教堂位置可能在元皇城的正北门厚载红门外，今地安门以北紧邻中轴线东侧。① 真正体现现代意识的是在中华人民共和国成立后，以天安门广场改造为核心、以“十大建筑”为标志的中国现代化进程。在北京中轴线上，中国人自己建造的第一座现代化桥梁，是 1960—1970 年永定河护城河混凝土梁桥，第二座是 1990 年北京亚运会时，在此建成半互通菱形跨河立交桥。1990 年左右，北二环路北中轴的钟楼北桥高架跨线桥的修建，才是中轴线延伸的第一步。1992 年 9 月，环绕北京市中心区的 33 千米的城市快速路——二环路全线建成，这是我国第一条全立交控制出入的城市快速路。自此，北京中轴线在南北两端与北京的城市快速路系统有了接驳，现代文明在桥上得到延伸。

1990 年以来，特别是 2008 年以来，北京中轴线的南北延伸，一方面缘由亚运会和奥运会的机遇，一方面是大兴国际机场的建设，出现了许多更加现代化的桥梁。

二、一路向北：充满生机之桥

自钟楼北桥起，有鼓楼外大街北护城河桥、北三环安华桥、北土城小月河北辰桥、北四环北辰桥、北辰西桥、北辰东桥、大屯路横向隧道、奥林匹克体育中心和奥林匹克森林公园里近十座桥梁、北五环生态廊道桥、北五环奥林西桥、北五环奥林东桥等，多为大型立交桥。

值得一提的是北五环生态廊道桥——天辰桥，中国第一座城市内跨高速公路的人工模拟自然环境的绿色大桥，在设计上属国内首例。生态廊道桥为大型过街天桥，长 218 米，宽窄有变化，最宽处 84 米，最窄处 60 米，南北横跨北五

① 徐苹芳. 元大都也里可温十字寺考［C］//中国考古学研究——夏鼐先生考古五十纪念论文集. 北京：文物出版社，1986：309-316.

环路。桥上设计为立体绿色生态空间，种植各种乔、灌、花、草和地被植物 60 余种，可以让野兔等野生小动物和昆虫们穿行南北两个园区，将奥林匹克森林公园系统从岛屿式逐步过渡到网络式，为物种提供传播路径。在林中还设计出一条 6 米宽的道路，可供行人和园内小型车辆通行。

桥梁结构为 V 型钢结构，混凝土柱，预应力混凝土梁板。因桥面覆土，地势起伏，还要种花种树建立生态系统，在动植物的生长、桥体的承重能力、排水系统、防冻等方面，都是北京桥梁历史上从来没有出现过的最新挑战。奥林匹克森林公园总占地面积 6.8 平方千米，相当于十个北海公园的大小，位于奥林匹克公园北部。在北京城市中轴线的最北端，以一座绿色生态大桥作为标志，足见中轴线的弘远意境和桥梁的伟大作用。

据设计者介绍，在“生态廊道桥”的建设中，进行了多项景观生物通道技术的试验和论证。为了减轻桥的负重，将绿化用无机轻质土和普通土壤按照 1∶1 的比例进行混合，在充分保证土壤养分、植物固定效果的基础上，比单纯使用普通土壤减轻了 1/4 的荷载重量；采用“植物隔根防水技术”，避免了植物根系生长对桥梁建筑造成的危害；利用“蒸汽阻拦层”应对桥体气温变化，使土壤保持适宜植物生长的温度；采取了管道填埋的滴灌方式，水分直接在植物根部被吸收，既有利于水的节约，又避免了桥面浇水对桥下的影响；为了保护动物的生活环境，“廊道”上的灯光也进行了必要的处理。

北五环奥林匹克森林生态廊道桥——天辰桥

值得关注和欣赏的是奥林匹克森林公园中的桥梁有62座，分布于园区各处河流、湿地和道路之上，其中车行桥31座、人行桥31座，各占一半。五环路以北的园区以自然、粗犷、淳朴为特色，南部园区以细腻、轻巧、俊秀为风格。这里有“绿桥”——生态廊道桥，有沉水廊道桥，还有斜腿刚构和比较少见的槽型梁桥、坝桥结合的桥梁。①

复建后的永定门城楼和南侧的道路、铁路桥

三、一路向南：志向高远

自永定门立交桥起，有始建于1900年其后多次改建的铁路桥、南三环木樨园桥、丰海北街环形天桥、凉水河大红门桥、南四环大红门桥、南苑路小龙河桥。至此向南为已经废弃的南苑机场，南中轴路尚不连通。过南苑机场可接南中轴路志远新桥、大兴机场高速团河桥。

中轴线向南的延伸线不是很直，也不是唯一，但是从空间上连接了两个机场，一个是陈旧的南苑机场，一个是世界上最现代化最气派的大兴国际机场，机场高速公路的高架桥可直接接驳机场，寓意了北京城的高远志向。

思考中轴线的延伸，中轴线首先是传统的，传统的中轴线有起终点，不可能无限延伸，至少在地面上如此。比如，南端点定位在永定门桥，在礼仪上，在此处，每个人都具有端正衣冠、整顿心情，等待大门开启的一刻，都可以体

① 张晓林，李文会，周志亮. 小桥流水——奥林匹克森林公园桥梁之美［J］. 桥梁，2010（33）：34-37.

验到发生迈步跨过河界、走向中轴起点，并由此登入天街的仪式感和空间转换的心理知觉。北端点定位在钟鼓楼，代表着中轴线自此向上，在观念上是指向北极星的。不仅是指北，或仅仅是一座纪念物，而是因为钟鼓楼的形态、功能和意念具有指向北极的作用，并且人们可以通过“操纵”它们，如使钟鼓齐鸣的仪典，产生心理共鸣和余音绕梁的心理感应，这也是每个身临其境的人能够感受到的。我们说建筑文化的教化作用即由此而来。

当然，我们不能固守传统，对传统观念的扬弃，对封建迷信的批判，需要现代文明和科学理念的弘扬。所以，为什么要延伸中轴线？延伸到何处为止？难道仅仅是为了从图片中、从空中看到它的效果吗？况且，绝大部分人根本就没有机会做出这样的欣赏，也没有人能够做出这样的观察——体会到中轴线的奥妙。

无法带给人、带给大众真实感受的东西，就不是真实的，也是没有价值的。北京中轴线上无论旧的（如正阳桥）、改建的（如天桥），还是新的（如永定门桥）要素，都应该精心维护、精心设计和给予鲜明的标识，以彰显中轴线的理念、仪式感和文化意蕴。

北京中轴线的延伸应该适可而止，应该做出适度规划和做出适度的设计，应该是有建筑、有桥梁、有道路的，应该是有中心点、有起终点、有方向、有角度、有时间、有意义的。

附　录

北京市文物保护单位中的桥梁一览

第一部分：直接为桥梁的重点文物保护单位，13 座（去重）

一、北京全国重点文物保护单位，二座：

1. 卢沟桥（金，1189—1192 年）；

2. 琉璃河大桥（明）。

二、北京市文物保护单位，13 座：

1. 卢沟桥（金，1189—1192 年）；

2. 广济桥（明，清河大桥）；

3. 万宁桥（元、明，又名海子桥、后门桥，位于北京中轴线北部）；

4. 永通桥及石道碑（明、清，又名八里桥）；

5. 朝宗桥（明）；

6. 琉璃河大桥（明）；

7. 通运桥及张家湾镇城墙遗址（辽、明，又名萧太后桥，含区保单位张家湾东门桥、虹桥遗址）；

8. 南岗洼桥（明，因京港澳高速公路工程施工挖掘出土）；

9. 大运河五座桥：高梁闸（桥）、广源闸（桥）、平津闸（桥）、庆丰闸（桥）、澄清中闸（含东不压桥）。大运河北京段包括：白浮泉遗址、黑龙潭及龙王庙、广源闸（桥）、高梁闸（桥）、什刹海、玉河故道、南新仓、庆丰闸（桥）、平津闸（桥）、永通桥及石道碑（桥）、通州燃灯塔、张家湾城墙及通运桥（桥）等文物点；其中玉河故道包括澄清上闸（含万宁桥）、澄清中闸（含东不压桥），含桥八座，但与此前的万宁桥、永通桥、通运桥重复，所以应计入五座。

第二部分：与桥梁相关、包含桥梁的重点文物保护单位

一、北京世界文化遗产，7处：

长城、北京故宫、周口店北京人遗址、颐和园、天坛、明十三陵、大运河。

其中包含古桥的有4处：

1. 北京故宫（含内金水桥、断虹桥、东华门内石桥等近二十座）；
2. 颐和园（十七孔桥、西堤玉带桥等六桥、知鱼桥等四十余座）；
3. 明十三陵（五孔桥、七孔桥等近三十座）；
4. 大运河（高梁桥、万宁桥、东不压桥等桥、闸或闸桥三十余座）。

二、北京全国重点文物保护单位，138处，其中包含古桥的有16处：

第一批，18处（1961年3月4日），含桥梁6处：

1. 北海团城（明清，金鳌玉蝀桥、永安桥、陟山桥等）；
2. 故宫（明清，内金水桥、断虹桥等）；
3. 卢沟桥（金，1189—1192年）；
4. 十三陵（明，五孔桥、七孔桥等）；
5. 天安门（明，外金水桥）；
6. 颐和园（清，十七孔桥、西堤玉带桥等六桥、知鱼桥等）。

第二批，6处（1982年2月23日）：无桥。

第三批，11处（1988年1月13日），含桥梁2处：

1. 圆明园遗址（清，四十景百余座桥梁记载）；
2. 正阳门（明清，正阳桥遗迹，湮没）。

第四批，7处（1996年11月20日）：无桥。

第五批，18处（2001年7月16日），含桥梁1处：

金中都水关遗址（金，城墙水关涵洞）。

第六批，38处（2006年6月1日），含桥梁4处：

1. 大觉寺（辽金，明清，功德桥等）；
2. 京杭大运河（元，通惠河闸桥等）；
3. 静明园（玉泉山，金元、明清，垂虹桥等）；

4. 中南海（明清，蜈蚣桥、垂虹桥等）。

第七批，31 处（2014 年 7 月 21 日），含桥梁 3 处：

1. 琉璃河大桥（明）；

2. 京张铁路南口段至八达岭段（清末民初，铁路桥涵和隧道等）；

3. 大运河。北京段包括：高梁闸（桥）、什刹海、玉河故道、白浮泉遗址、黑龙潭及龙王庙、广源闸（桥）、平津闸（桥）、庆丰闸（桥）、永通桥及石道碑（桥）、张家湾城墙及通运桥（桥）、南新仓、通州燃灯塔等文物点；其中玉河故道包括澄清上闸（含万宁桥）、澄清中闸（含东不压桥）等。

第八批，9 处（2019 年 10 月 16 日）：无桥。

三、北京市文物保护单位，357 处（一至八批）其中包含古桥的有 24 处：

第一批（1957 年 10 月 28 日，36 处）——其中含古桥 8 处：

1. 故宫（明清，内金水桥、断虹桥等）；

2. 中南海（明清，蜈蚣桥、垂虹桥）；

3. 北海、团城（明清，北海大桥——金鳌玉蝀桥、永安桥、陟山桥等）；

4. 颐和园（清，十七孔桥、西堤玉带桥等六桥、知鱼桥等）；

5. 静明园（玉泉山，金元、明清，垂虹桥等）；

6. 卢沟桥（金，1189—1192 年）；

7. 十三陵（明，五孔桥、七孔桥等）；

8. 潭柘寺（西晋、明清，怀远桥/界凡桥等）。

第二批（1979 年 8 月 21 日，33 处）——其中含古桥 3 处：

1. 圆明园遗址（清，四十景桥梁遗迹等）；

2. 正阳门与箭楼（明清，正阳桥，湮没）；

3. 大觉寺（辽金、明清，功德桥等）。

第三批（1984 年 5 月 24 日，111 处）——其中含古桥 7 处：

1. 广济桥（明，清河大桥）；

2. 万宁桥（元、明，又名海子桥、后门桥）；

3. 永通桥及石道碑（明清，又名八里桥）；

4. 朝宗桥（明）；

5. 琉璃河大桥（明）；

6. 静宜园（香山，辽金、明清，眼镜桥等）；

7. 正阳桥疏渠记方碑（清，与天桥和水道相关）。

第四批（1990 年 2 月 23 日，20 处）——其中无古桥。

第五批（1995 年 10 月 20 日，56 处）——其中含古桥 2 处：

1. 通运桥及张家湾镇城墙遗址（辽、明，又名萧太后桥，含张家湾东门桥、虹桥）；

2. 金中都水关遗址（金，城墙下水关涵洞）。

第六批（2001 年 7 月 12 日，40 处）——其中含古桥 1 处：

南岗洼桥（明，因高速公路施工挖掘出土）。

第七批（2003 年 12 月 11 日，30 处）——其中无古桥。

第八批（2011 年 6 月 13 日，31 处）——其中含古桥 1 处：

承泽园（清，因建筑工程挖掘出土一座清代石梁桥）。

第九批（2018 年 2 月 7 日，39 处，重新划定）——其中含古桥 1 处、近代桥梁 1 处：

1. 大运河（元、明，北京段，通惠河闸桥等）；

2. 京张铁路南口段至八达岭段（清末民初，铁路桥涵和隧道等）。

第三部分：北京市区级文物保护单位（待统计）

高梁桥、德胜桥、银锭桥、玉河遗址（含东不压桥）、永定河三家店水闸老公路桥、西山古道及桥梁、石景山万善桥、平谷烈虎桥、通州土桥、张家湾虹桥、张家湾东门桥、京门铁路桥及碉楼、龙泉寺金龙桥、云居寺断龙桥、卧佛寺放生池桥、四柏一孔桥、采育镇石碑桥、旧宫衙门桥、丰台草桥、通州漷县东门桥、延庆积善桥等。

区级登记文物（待统计）：

丰台永济桥、宝胜仙桥及古香道、万佛堂村桥、王村罗锅桥、石板桥、西大桥、南官园村枫桥、东马各庄桥、西马各庄桥、桥耳涧村一号桥、苇子水村一号桥和二号桥、岢罗坨村娼妓桥、天桥浮村梁桥、三店村孙桥、潘涧子村玉成桥、鳌鱼桥、板桥村金锁桥、福龙桥、黑牛寺桥（卧虎桥）、千军台村老桥等。

参考文献

一、参考资料

（1）茅以升. 中国古桥技术史［M］. 北京：北京出版社，1986.

（2）中国公路交通史编委会. 北京交通史［M］. 北京：北京出版社，1989.

（3）罗英. 中国石桥［M］. 北京：人民交通出版社，1959.

（4）彭成. 卢沟桥［M］. 北京：文物出版社，1979.

（5）唐寰澄. 中国桥梁技术史·古代篇［M］. 北京：北京交通大学出版社，2018.

（6）京华彩虹编委会. 京华彩虹［M］. 北京：中国建筑工业出版社，1990.

（7）刘霆燕. 北京的交通［M］. 北京：北京燕山出版社，1991.

（8）李海泉. 北京立交桥［M］. 北京：北京出版社，1996.

（9）张润普. 漫谈老北京的桥［M］//北京市政协文史资料委员会. 北京文史资料：第 60 辑. 北京：北京出版社，1999.

（10）房山桥梁厂史志审委员会. 房山桥梁厂志 1954—1995［M］. 内部资料，1998.

（11）北京辽金城垣遗址博物馆. 金中都水关遗址考览［M］. 北京：北京燕山出版社，2007.

（12）孔庆普. 中国古桥结构考察［M］. 北京：东方出版社，2014.

（13）梁欣立. 北京古桥［M］. 北京：北京图书馆出版社，2007.

（14）周坤朋，王崇臣，陆翔. 什刹海水文化遗产［M］. 北京：中国建筑工业出版社，2016.

（15）吴文涛. 北京水利史［M］. 北京：人民出版社，2013.

（16）孙东虎，许辉. 北京交通史［M］. 北京：人民出版社，2012.

（17）潘洪萱. 古代桥梁史话［M］. 北京：北京出版社，2018.

二、参考古籍书目

（1）［北宋］范成大. 揽辔录. 州桥：范成大笔记六种：唐宋史料笔记［M］. 北京：中华书局，2008.

（2）金史：卷五十八 地理志·中都路［M］. 北京：中华书局，1992.

（3）［元］熊梦祥. 析津志辑佚［M］. 北京：北京古籍出版社，1983.

（4）［元］陶宗仪. 南村辍耕录［M］. 北京：中华书局，1958.

（5）元史：卷一百五十七 刘秉忠传［M］. 标点本. 北京：中华书局，1977.

（6）元史·河渠志［M］. 北京：中华书局，1977.

（7）许嘉璐. 二十四史全译［M］. 上海：汉语大词典出版社，2004.

（8）［元］宋褧. 燕石集［M］//钦定四库全书. 北京：中国书店，2018.

（9）［元］王恽. 秋涧集［M］//钦定四库全书：秋涧先生大全集. 北京：紫禁城出版社，2007.

（10）［元］李志常. 长春真人丘处机西游记［M］. 北京：北京白云观出版，2001.

（11）［元］郝经. 陵川集卷一［M］. 太原：山西古籍出版社，2006.

（12）［元］孛兰肹，等. 元一统志［M］. 赵万里，辑. 北京：中华书局，1966.

（13）［元］张昱. 辇下曲［M］//［元］柯九思，等. 辽金元宫词. 北京：北京古籍出版社，1988.

（14）［明］萧洵. 元故宫遗录［M］. 上海：商务印书馆，1936.

（15）［明］刘若愚. 酌中志［M］. 冯宝琳，点校. 北京：北京出版社，2018.

（16）［明］蒋一葵. 长安客话：卷三白云观条［M］. 北京：北京古籍出版社，1982.

（17）［明］袁宏道. 袁宏道散文注评［M］. 孙虹，谭学纯，注评. 上海：上海古籍出版社，2016.

（18）［明］刘侗，于奕正. 帝京景物略［M］. 北京：北京古籍出版社，1992.

（19）［清］朱彝尊. 日下旧闻考［M］. 北京：北京古籍出版社，1988.

（20）［清］孙承泽. 春明梦余录［M］. 上海：上海古籍出版社，1989.

（21）［清］朱一新. 京师坊巷志稿［M］. 北京：北京古籍出版社，1982.

（22）［清］缪荃孙. 光绪顺天府志［M］. 北京：北京古籍出版社，1987.

（23）［日］冈田玉山. 唐土名胜图会［M］. 北京：北京古籍出版社，1985.

（24）侯仁之. 北京历史地图集·明代北京城图［M］. 北京：北京出版集团公司，2013.

三、参考文献

（1）北京建设史书编辑委员会编辑部. 建国以来的北京城市建设资料：第三卷 道路·交通［M］. 北京：北京建设史书编委会，1986.

（2）朱祖希. 北京城：中国历代都城的最后结晶［M］. 北京：北京联合出版公司，2018.

（3）北京市地方志编纂委员会. 北京志-规划志（城市规划卷）［M］. 北京：北京出版社，2001.

（4）喻沧，刘自健. 中国测绘史［M］. 北京：测绘出版社，2002.

（5）朱祖希. 北京城中轴线的文化渊源［J］. 北京观察，2011（04）.

（6）岳升阳. 国家大剧院工地的金口河遗迹考察［J］. 北京大学学报（哲学社会科学版），2002（03）.

（7）蔡蕃. 金口新河考辨——大都运河研究［M］//苏天钧. 北京考古集成 6. 北京：北京出版社，2000.

（8）吴文涛. 北京水利史［M］. 北京：人民出版社，2013.

（9）郭超. 金太宁宫空间位置考辨［M］//张妙弟. 北京学研究 2011：北京线性文化遗产保护与传承. 北京：同心出版社，2011.

（10）蔡蕃. 历史上京杭运河进入北京的路线［C］// 绍兴：中国水利学会水利史研究会学术年会暨中国大运河水利遗产保护与利用战略论坛论文集，2013.

（11）林徽因. 我用一生的时间来回答你［M］. 武汉：长江文艺出版社，2016.

（12）姜舜源. 故宫断虹桥为元代周桥考——元大都中轴线新证［J］. 故宫博物院院刊，1990（04）.

（13）林梅村. 大朝春秋·蒙元考古与艺术［M］. 北京：故宫出版社，2013.

（14）李学文，等. 紫禁城漫录［M］. 郑州：河南人民出版社，1986.

（15）杨宽. 中国古代都城制度史［M］. 上海：上海人民出版社，2006.

（16）郭京宁. 穿越皇城［M］. 上海：上海古籍出版社，2014.

（17）朱偰. 北京宫苑图考［M］. 郑州：大象出版社，2018.

（18）王同祯. 老北京城［M］. 北京：北京燕山出版社，2000.

(19) 王剑英. 明中都研究 [C] //单士元，于倬云. 中国紫禁城学会论文集：第1辑. 北京：紫禁城出版社，1997.

(20) 却拉布吉，元上都元大都哈喇和林蒙古族三大宫殿探微 [J] //第一届元上都学术研讨会暨第一届锡林郭勒盟蒙元建筑文化论坛论文集. 锡林郭勒盟：锡林郭勒元上都研究中心，2009.

(21) [意] 马可波罗. 马可波罗行记 [M]. [法] 沙海昂，注. 冯承钧，译. 北京：中华书局，2004.

(22) 党宝海. 青山 (K ke Aγula) 与元大都 [J]. 中国史研究，2011 (04).

(23) 北京市文物研究所，北京市东城区文化委员会. 北京玉河2007年度考古发掘报告 [M]. 北京：科学出版社，2008.

(24) 段天顺，李永善. 水和北京：北京历代咏水诗歌选 [M]. 北京：中国水利水电出版社，2006.

(25) 汪德华. 中国城市规划史 [M]. 南京：东南大学出版社，2014.

(26)《建筑史专辑》编辑委员会. 科技史文集 (二)：建筑史专辑 [M]. 上海：上海科学技术出版社，1979.

(27) 梁思成，林徽因. 中国建筑史 [M]. 北京：生活·读书·新知三联书店，2011.

(28) 元大都考古队. 元大都的勘查与发掘 [J]. 考古，1972 (01).

(29) 欧阳哲生. 欧洲与中国文明对话的新开端 [J]. 北京大学学报 (哲学社会科学版)，2013 (05).

(30) 高亦兰，王蒙徽. 梁思成的古城保护及城市规划思想研究 [J]. 世界建筑，1991 (03).

(31) 张淑媛，张淑新，韩然. 北京深处 [M]. 北京：中国旅游出版社，2010.

(32) 王世仁. 当代中国建筑史家十书 王世仁中国建筑史论选集 [M]. 沈阳：辽宁美术出版社，2013.

(33) 张展. 北京文博 [M]. 北京：北京燕山出版社，2008.

(34) 徐苹芳. 元大都也里可温十字寺考 [C] //中国考古学研究——夏鼐先生考古五十纪念论文集. 北京：文物出版社，1986.

(35) 任明杰. 金鳌玉蝀桥的历史变迁 [J]. 古建园林技术，2010 (02).

(36) 朱祖希. 侯仁之与北京城 [M]. 北京：北京工业大学出版社，2015.

(37) 蔡蕃. 元代的通惠河—大都运河研究之二 [C] //水利水电科学研究院水利史研究室. 中国科学院、水利电力部水利水电科学研究院——水利史研究室五十周年学术论文集. 北京：水利电力出版社，1986.

(38) 岳升阳，马悦婷. 元大都海子东岸遗迹与大都城中轴线 [J]. 北京社会科学，2013 (04).

(39) 侯仁之. 试论元大都的规划设计 [J]. 城市规划，1997 (03).

(40) 蔡蕃. 北京古运河与城市供水研究 [M]. 北京：北京出版社，1987.

(41) 侯仁之. 北平金水河考 [J]. 燕京学报，1946 (30).

(42) 什刹海研究会. 诗文荟萃什刹海 [M]. 北京：北京出版社，1998.

(43) 侯仁之. 元大都城与明清北京城 [M] //侯仁之. 历史地理学的理论与实践. 上海：上海人民出版社，1979.

(44) 朱祖希. 营国匠意 古都北京的规划建设及其文化渊源 [M]. 北京：中华书局，2007.

(45) 梁从诫. 最后的湿地 [N]. 中国青年报，2002-06-12.

(46) 于德源，富丽. 北京城市发展史 先秦—辽金卷 [M]. 北京：北京燕山出版社，2008.

(47) 吴文涛. 从《水经注》看古代北京地区水系原貌 [M] //王岗. 北京历史文化研究. 北京：人民出版社，2015.

(48) 朱偰. 元大都宫殿图考 [M]. 上海：商务印书馆，1936.

(49) 赵正之. 元大都平面规划复原的研究 [M] //《建筑史专辑》编辑委员会. 科技史文集：第 2 辑. 上海：上海科学技术出版社，1989.

(50) 元大都考古队. 元大都的勘查和发掘 [J]. 考古，1972 (01).

(51) 徐苹芳. 古代北京的城市规划 [M] //侯仁之. 环境变迁研究：第 1 辑. 北京：海洋出版社，1984.

(52) 王世仁. 北京天桥的变迁及景观建设的意义 [J]. 北京规划建设，2012 (05).

(53) 傅熹年. 元大都大内宫殿的复原研究 [J]. 考古学报，1993 (01).

(54) 傅熹年. 中国古代城市规划建筑群布局及建筑设计方法研究 [M]. 北京：中国建筑工业出版社，2001.

(55) 孟凡人. 元大都的城建规划与元大都和明北京城的中轴线问题 [J].

故宫学刊，2006（01）.

(56) 王壁文. 元大都城坊考［J］. 中国营造学社汇刊，1936，6（03）.

(57) 王世仁. 考释：北京古都中轴线确定之谜［J］. 北京规划建设，2012（02）.

(58) 李建平. 魅力北京中轴线［M］. 北京：文化艺术出版社，2012.

(59) 王子林. 元大内与紫禁城中轴的东移［J］. 紫禁城，2017（05）.

(60) 吴良镛. 北京旧城与菊儿胡同［M］. 北京：中国建筑工业出版社，1994.

(61) 徐苹芳. 元大都在中国古代都城史上的地位——纪念元大都建城720年［J］. 北京社会科学，1988（01）.

(62) 曹子西. 北京史志文化备要［M］. 北京：中国文史出版社，2008.

(63) 张宁. 关于北京城传统中轴线的历史考察［C］//偃师：中国古都学会. 中国古都研究：第13辑——中国古都学会第十三届年会论文集，1995.

(64) 朱启钤，阚铎. 元大都宫苑图考［J］. 中国营造学社汇刊，1930，1（03）.

后　记

桥梁是实用的，但像个大玩具。本人对桥梁的第一次记忆是在儿时，过桥就像坐过山车，所以记忆很深刻。那是在四五岁还没有上学的年龄，有一次随父母坐公共汽车过万宁桥。那时自然不知道也不记得桥梁的名字，但很清楚就是后门桥，而且还是从南向北，一上一下的惊吓倒很有乐趣，还记得旁边的海子那一片水色。因为后来走过几次，小时候特别盼望坐车过这座桥，也就经常回想一番。再有的儿时记忆则是一次回老家，坐在火车上，从车窗里看过桥，好像桥梁很短，但是绝对高，高到就像跨过极深的地缝，而且下面还有汽车。想来，从北京到衡水，也没有高山大川，那一定是因为自身的渺小吧。

有了桥梁的体验，然后就没有关于桥梁的然后了，这种体验深埋在记忆之中。直到上大学，所学正是道路与桥梁工程专业，开始有了桥梁的知识，从此与道桥打起了一辈子的交道。但是，真正把桥梁作为文化研究对象，还是做了北京建筑大学图书馆馆长以后，开始对北京建筑历史文化的探寻。应该是爱屋及乌吧，我是爱屋及桥，屋是建筑，桥梁也是建筑的一种，建筑是文化，桥梁自然也是文化。研究建筑文化就要追寻建筑的本源、类型和风格流派，比如要解释与建筑相关的文字本源和技术体系的流变。由此，转而迫使自己必须回答桥梁的“桥”字、“梁”字，以至于浮桥、拱桥的起源。还好，经过长时间的努力，关于道路桥梁基本构成的文字本源，包括道、路、桥、梁和梁、拱、券、寻杖、柱、宽、窄，以及与过河相关的河、沟、渔梁、端，还有与建筑有关的匚、方、建、筑、墙、版、装、斗、拱、榫、卯、檩、椽、檐等相关文字逐一做了自圆其说的破解，也就有机会进行了宣讲。正是在对大中小学生的宣讲中，逐渐明晰了把北京的桥梁历史整理一下的冲动，并且成了行动。其中一些心得发表在《北京桥梁》微信公众号上。

也许是因为本初就把桥梁和建筑糅合为一体，如何阐释清晰，如何破解历史的谜题，如何给出审美意象的营建和欣赏，方方面面成为一个“跨界”的杂家，桥梁确实是个“杂家工程”，它既是工程结构物和构筑物，它也是独特的建筑物，有时还是一个艺术品。桥梁可以从一根木头变幻成为一个空间转换装置，变幻无穷，其乐无穷。

机缘巧合，2015年在夏树林老师的努力下，我们成立了北京古桥研究院，并承担了筹建北京桥梁博物馆的任务。在北京市交通委时任周正宇主任、方平副主任和公路局侯晓明、孙忠阁、刘长革、王众毅、李亚宁及刘宝林、乔学礼等各位领导，北京建筑大学张爱林校长、李爱群副校长、张大玉副校长、李维平副校长和宣传部孙冬梅部长等各级领导的推动下，也是众多老师、同学、同事、校友、朋友的热心支持，《翩若京虹 宛若游龙——北京桥梁博物馆筹建前期展》获得成功。本人有幸参与到北京桥梁博物馆的论证和筹建中，并且作为主要负责人做了一些工作，得到了很大的收获，无论是资料的来源还是现场调研，都为写作本书奠定了坚实的基础。在此特别感谢夏树林老师、胡达和老师、方志禾老师、冯国明老师对我的指导，感谢我的大学和北京古桥研究院的同事焦驰宇、龙佩恒、王毅娟、王健、王玮、韩文学、侯苏伟、刘启迪老师和各位道桥专业的老师、同事们和在校学生们的付出，感谢道78-1胼手胝足的同学们的鼓励，还有我的学生后来成为同事的李旭阳老师的劳作，也要感谢我的图书馆同事毛发虎、卢玉海、魏智芳、何大伟、张文成、孔娟、马琳老师的帮助。此刻还要提到北京史地民俗学会《北京古桥》一书的作者梁欣立先生，我们经常切磋探讨，受到梁先生的言传身教和《北京古桥》的启发与帮助，受益匪浅。

我的收获其实是最大的，因为收获的是一颗按捺不住的心，因为心中有桥，还有各位朋友的支持帮助，而桥梁最终都要走向连通。写一本《北京桥梁史话》把北京的桥都联系起来，成为放不下的工程，并且断断续续地走上了一座编年史的桥梁上。2018年，汤羽扬教授建议突出桥梁在北京城市空间变迁中的作用和价值，引发了我的深入思考。加上当时承担编写《宛然西郊——展览路街道街巷胡同史话》的任务，对北京桥梁历史文化发展的脉络和北京城的空间关系重新做了探索。如今本书《北京中轴线上的桥梁》的内容和结构就是这种探索的成果，风格体裁还是史话，而且是《北京桥梁史话》中的重要组成部分，也是其最核心的部分。因为是与北京的中轴线紧密联系的，更加凸显桥梁建筑物的历史价值、文化价值和艺术价值。因为偏重历史文化，本书只好厚古薄今了。

2020年9月，有幸得到北京建筑大学文化发展研究院孙冬梅院长、孙希磊院长的热诚支持和很好的建议，还有文发院李守玉、李伟、毕瀚文老师的热心帮助和联系，本书得以出版。在此对他们表示衷心的感谢！

最后还要致以衷心感激的是我的爱人赵艳君女士，在我夜以继日写作中，对我的无微不至的关怀和对家务的默默付出，以及陪同我四处考察北京桥梁的辛苦，使我能够心无旁骛完成本书的写作。

2021 年 3 月 14 日夜完成初稿